大狀筆記

一位商事律師的壓箱故事

楊榮寬 著

開明書店

這是一本相對淺顯、簡潔的書。

與之前的出版相比，這一本書的風格有明顯的不同，不太注重專業術語的運用，而是更着眼於一些真實的感受和經歷。原因在於一段時間來，很多朋友問我討書，竊喜之餘，才了解真實目的不是閱讀，而是助眠，「翻第一頁，立馬就能睡着。」

於是，我決意寫出一本不太助眠的書，以避免他們睡眠時間過長。書中觸及一些苦難，但我不歌頌苦難。如同畢淑敏在《握緊你的右手》中說，「歲月送給我苦難，也隨贈我清醒與冷靜。」我在第一篇小文提到的泥坯壘成的小院，曾經是長城般的存在，然後無聲倒掉、被廢棄，無聲、無息，但在這種庸常中，這樣的鄉村其實是歷史的前沿，譬如三國時期，曹魏和蜀漢的分界線，在於天水 — 漢中陳倉 — 上庸一線，曹魏和孫吳的分界線，在於襄樊 — 合肥一線。1141 年，宋金達成和議，以東起淮水，西至大散關一線為界，以北為金統治區，以南為宋統治區。小院所在的區域就是兵家必爭的前線。中原地區在明末鬧過驚人的饑荒，在民國時期更有《1942》中的場景出現。因此，我兒時的飢餓只能是微塵，最後成為筋骨的組成和法律的原始經驗。

我們都聽過這樣一句話：「歷史從未過去，歷史永遠都在不斷地輪迴」。就像對於法律 —— 粗淺中懵懂，泥草中萌芽，到後期一案一卷的磨礪，生命中出現的一切物事，均無法抓取，只能經歷。因此，無所謂失去，只是經過而已；無所謂失敗，只是經驗而已。生老病死、成住壞空，

得失隱顯，無非雲舒雲捲。

　　多年來，我嘗試把自己對法律的敬畏、責任的實踐，以及一些附隨的理性和前瞻，濃縮在文字中。日出而作，日沒而息，我的職責是平整土地，而非焦慮時光。每一卷、每一案、每一寸成長，都需要在地底度過漫長又孤獨的時光。

　　碼字是一個孤獨的過程，也是審視、認識自己的過程，這正與馬爾克斯的體會類似：「比起有人左右情緒的日子，我更喜歡無人問津的時光，一個人最好的狀態，就是獨處的時候；安靜自在不用周旋於別人的情緒，也不必刻意判斷他人的心思，自己陪同自己，回歸一個真實的自己。」但盯電腦屏幕的時間過長，確實需要揉揉眼睛，在公園裏跑跑步，看時間如何流逝，如何改變了草木的容顏。

　　森林的更深更廣處，有春日迎春，夏日荷花，秋日黃柿，永遠有預約的安排和希望。這煙火人間，事事值得，事事也遺憾，那些未與人言或不與人言的記憶，將鮮活在書卷中，於無聲處，於生活裏……

目 錄

第四章　以我觀物

第五章　須彌芥子

第一章
初心為始

我們來自同一個深淵，然而人人都在奔向
自己的目的地，試圖躍出深淵。我們可以彼此
理解，然而能解讀自己的人只有自己。

—— 黑塞《德米安》

一、夢中的泥牆小院

我在夢中經常會回到童年的小院。

院牆是泥土壘成的，準確地說是黃泥和着麥草，合着方形的規範，在烈日下一一砌成土坯，晾乾，然後砌成院牆。泥牆最大的風險，也是我記憶中的感傷，就是牆總是容易在夏日暴雨下「躺平」—— 這也經常會發生在夜裏，因此，我兒時總是對黑夜降臨有莫名的擔心。

「宋有富人，天雨牆壞，其子曰：『不築，必將有盜。』其鄰人之父亦云，暮而果大亡其財，其家甚智其子，而疑鄰人之父。」對於《韓非子》裏的這一篇寓言，我之所以總能精確地背誦，其實不是因為其背後的深刻含義，而是因為「天雨牆壞」的深刻衝擊。兒時的牆，大片倒掉了三次。

院子裏有五間房，牆的主體結構還是土坯，只有外牆有些碎磚，廚房一間，連接雜貨間一間，堂屋一間，東西臥房各一間，正房會高一些，父親說正房的梁木、檁條是杉木的，會比廚房裏的直順很多。記憶中，後來條件稍有改善，在西臥房、廚房的西邊，又接了一間牛棚，在雜貨間的南邊還加蓋過一間有高低牀的睡房，以緩解孩子眾多的困難。

廚房門口靠南邊兒，種着的一顆大大的棗樹，是我兒時最大的歡樂源泉，也是驟雨最大的補償 —— 驟雨後，會有半紅的棗兒落下，混着泥土，稍洗，便是美味。在高低牀的睡房的南邊，還有一棵馬眼棗樹。於是，院中的成棗會有兩種形狀，一種是球形，稍小；另一種是偏長圓形，也叫馬眼棗。熟透的棗兒，是兒時有限糖分的主要來源。

張愛玲在《童言無忌》曾描述說：「童年的一天一天，溫暖而遲緩。正像老棉鞋裏面，粉紅色裏子上曬着的陽光。」對於我，童年只是大棗，

那是我除了地裏莊稼，能吃到的最遠、最高的食品。於是，那年大哥在新疆當兵，探親帶回來的一包葡萄乾，便是人間極品。幼小的我，為棗兒，甚至生過不少嫉妒和嗔恨，譬如對能搶先吃到棗兒的小鳥，還有大人。

蘇軾《浣溪沙》曾道：「簌簌衣巾落棗花，村南村北響繰車，牛衣古柳賣黃瓜。」在春天，我對棗花的記憶是：粉黃的顆粒，鋪滿堂前有限的磚階，少有芬芳。我對棗花充滿期待，對於紅棗，垂涎三尺 —— 吃不飽，是我童年持久的課題，這個課題一直持續到我研究生畢業後兩年，那年我已經 27 歲。

小院還有一個最大的功能是可以晾曬豆豉，讓先炒後煮的黃豆發酵，然後晾曬，條件所限，期間總有各種小蟲伴奏，然而，豆豉絕對是不可多得的調味劑。

在春天，小院兒不僅是小雞兒被孵化的地方，還是母親放養小雞兒的理想場所。用不了太久時間，小雞兒的羽毛就從嫩黃色變成了斑爛多彩。小雞是雞蛋唯一的供應源頭，也是我學費為數不多的來源 —— 豆豉和小雞，都承載了一種無可逃避的現實：短缺和飢餓。

飢餓，首先是一種生理知覺，後來會發展成一種心理重壓。人言「富不過三代」，其實對我而言，我曾開玩笑說支撐我長大的最大動力就在於這句話的變通：「窮不過三代」。

小院承載了父親和母親太多的辛勞，但它的底層邏輯是貧窮的。父親說，院子是村裏地主楊明奇家的。後來我查過資料，1949 年夏至 1952 年初，在黨的領導下，河南省在新解放區開展過轟轟烈烈的土地改革運動。能蓋上小院，應是土改的大成果。小院裏不光和着泥土、草芥，更有心血和汗水。

那年，不知道珍惜，不知道疼惜，只知道無停息地喊餓。對清水麵條兒，充滿嫌棄，與紅薯乾兒，勢不兩立。

雞蛋、豆腐和肉是稀缺的，只在來客、逢年過節才會吃到。於是，兒時，我對走親戚莫名地嚮往，因為走親戚就會有吃的，能填飽肚子，實在是件美差事。但生性腼腆、好靜的自己，又從骨子裏對走親戚懷有深深的

牴觸，在這種生理和精神的雙重矛盾中，我常在小院的小凳上思考世界有多麼宏大，以及多麼渺小，抑或是多麼矛盾。

「常常覺得不可解，街道上的喧聲，六樓上聽得分外清楚，仿佛就在耳根底下，正如一個人年紀越高，距離童年漸漸遠了，小時的瑣屑的回憶反而漸瀕親切明晰起來」，讀到張愛玲《公寓生活記趣》的這段話，我頗有感觸，兒時的小院特別明晰起來，如北京窗前的雨，淅淅瀝瀝，如密如織。

小院前些年開始荒蕪、廢棄，今已不再。在新農村建設的洪流中，在家庭關係的變化中，在物質大潮的衝擊下，小院已無全瓦，隨之消失的，還有那棗樹、小雞、晾曬的豆豉……

在今日的北京，雞蛋、大棗，我總時常來做、來吃，不曾厭煩。這是對小院的紀念，更是對小院的補償。路遙在《平凡的世界》中說，「我們出身於貧困的農民家庭 —— 永遠不要鄙薄我們的出身，它給我們帶來的好處將一生受用不盡；但我們一定又要從我們出身的局限中解脫出來，從意識上徹底背叛農民的狹隘性，追求更高的生活意義。」

小院，其實給予了我很多。

二、遠看山有色

正房的正間，叫堂屋，擔負客廳功能。有一天父親從遠方搬回一張桌子，圓形三條腿的，桌腿兒是自行車輪轂截斷後，焊接而成，與坑窪不平的地面是絕配，從來沒有桌子晃悠的問題。

因此對於三角形的穩定性，我在小學前已完成啟蒙。相反，四角形缺乏足夠的穩定，常常需要找廢舊報紙和硬紙殼墊桌腿兒。家裏最大的桌子，也是老舊的，是在常年不穩固的狀態中存續着的，它擔負年節祭祀的重要功能，也寄託着全家生活的期待。

堂屋裏，父親最早粘貼的一幅畫題字「有山、有畫、有鳥」，我識字

後才知道完整題字為「遠看山有色，近聽水無聲。春去花還在，人來鳥不驚。」放學後，最大的任務是看那隻鳥兒是否飛走。後來讀書讀到王維，知道他的風格，聯繫到西臥房門上草草的一幅對聯，「清泉石上流，明月松間照」，是《山居秋暝》中的句子，前兩句是「空山新雨後，天氣晚來秋」。現在想來，頗多感慨。

　　詩，是抒情達意的工具。王維在經過安史之亂後，心中有頗多無奈和創傷，然而他的詩深諳佛學影響，悠然自得，結淨無塵，空靈簡潔，一句一字，皆出常境。我在中國古典文學的研究中，深深為之震撼，仔細推敲他在終南山輞川下幽居時的每一句每一字，以及以山水寄情、不理是非的境界。

　　後來能吃飽飯的時日，我總是試圖揣度父親與王維的那一段緣分，是偶然的心境，有意的訴求，還是隨手而來，現在均已無法得知。唯一確定的是我兒時對詩歌如縷的記憶，而後來文學研究的徐徐展開，是一種繼承、傳遞和暗示。

　　我也喜歡王維的其他句子：「行到水窮處，坐看雲起時」，以及「大漠孤煙直，長河落日圓」。在世俗糾纏中，自有境界；在萬千沉浮中，自有格局。

　　記憶中堂屋的地面，從來沒有平整過，因為不曾有裝修的概念和財力。鄉下雨季的雨，總會酥軟所有的土地，使其成為泥濘，然後親和於大人們的腳底，一片一片沉澱於堂屋，於是堂屋也會肥沃起來。

　　肥沃的原因在於，屋頂經常漏水，瓦片上會生長一種名叫瓦松的植物，它有淺淺的綠意，更有強勁的拔力，足以移動一切堅石，何況農家的土瓦。於是，「屋外大雨，屋內小雨。屋外不下，屋內下」的場景，對我而言，是格外熟悉的 —— 北京有一年流行一首侃侃演唱的歌曲《嘀嗒》，據說是一部電視劇的插曲，歌詞說的是時間的流逝，但對我而言，它更像是在形容切膚冰涼的漏雨，即便家中把所有的臉盆和水桶用上，也還是無濟於事。

　　關於雨水，對兒時的我而言，不曾有多麼美好的記憶。韋莊《章台夜

思》中說「清瑟怨遙夜，繞絃風雨哀」，應該是我一段時期對雨水全部的感念。

堂屋還有一個功能，就是充當教育孩子的場所。魯迅先生在《海上的兒童》一文中寫道：「中國中流的家庭，教孩子大抵只有兩種法。其一是任其跋扈，一點也不管，罵人固可，打人亦無不可，在門內或門前是暴主，是霸王，但到外面便如失了網的蜘蛛一般，立刻毫無能力。其二，是終日給以冷遇或呵斥，甚於打撲，使他畏葸退縮，仿佛一個奴才，一個傀儡，然而父母卻美其名曰聽話，自以為是教育的成功，待到他們外面來，則如暫出樊籠的小禽，他決不會飛鳴，也不會跳躍。」其實，作為下游的家庭，記憶中父親教育孩子的場景是存在的，很多時候他是讓孩子跪地懺悔，進行餓飯教育。慶幸的是，我捱打較少，捱打多的是二姐和三哥，孩子多，口糧少的壓力，想來在父親那個年紀，肯定不輕。

感謝父親，對我不曾有頻繁的訓罵，於是，我有比較自在的童年。猶如紀伯倫所說：「孩子雖是藉你而來，卻不屬於你；你可以給他愛，卻不可給他想法，因為他有自己的想法。如果你執意把孩子引上成人的軌道，當你這樣做的時候，你正是在粗暴地奪走他的童年。」由此，我也深刻提醒自己，對於孩子的空間，應該有足夠的保障。

堂屋的山水畫後來被換掉了，換成了天地君親師的條幅。「天地君親師」思想發端於《國語》，形成於《荀子》，在西漢思想界和學術界頗為流行，[1] 據說最早將這五個字正式排列在一起的，則是東漢時期的道教經典《太平經》。[2] 明朝後期以來，崇奉「天地君親師」更在民間廣為流行。作為社會倫理道德合法性的合理依據，它對普羅大眾的物質生活和精神生活各方面都產生巨大影響。[3]

「天地君親師」既是無形的精神信仰，也是有形的具有象徵意義的

1　https://baike.baidu.com/item/%E5%A4%A9%E5%9C%B0%E5%90%9B%E8%A6%AA%E5%B8%AB/9048067，2023 年 2 月 13 日。

2　https://new.qq.com/rain/a/20211112A0AMW100，2023 年 2 月 13 日。

3　參見 http://news.nankai.edu.cn/nkzs/system/2018/05/15/000382214.shtml，2023 年 2 月 13 日。

符號。[1]魯迅在《我的第一個師父》一文中也有類似的記敘。在這樣的條幅下，呵斥、打撲孩子，想來並不違和，他是萬千家庭中再普通不過的場景。

在不經意間，我經歷了兩種教育理念的洗禮：一種是「遠看山有色」的時空觀、動靜觀和天人合一觀；一種是「天地君親師」的禮教觀、世界觀和人文觀。

帕蒂・史密斯在《只是孩子》一書中說，「人生的長河裏沒有哪一種關係，能去丈量人存在的意義，幸福的方式或許也不止一種。」我明白，在這一間堂屋的時空裏，在那段時間，我交付了孤獨和不安，又用期待和努力去填補了它，直至現在。

三、我的百草園

魯迅先生的《從百草園到三味書屋》寫於 1926 年，是我們課本上的名篇，「不必說碧綠的菜畦，光滑的石井欄，高大的皂莢樹，紫紅的桑椹」「油蛉在這裏低唱，蟋蟀們在這裏彈琴」，我對此深有同感。

我的百草園有一大名號：「聯產承包責任制和自留地」。後來我查過資料，1979 年 9 月 28 日，北京下發過《中共中央關於加快農業發展若干問題的決定》，1980 年 9 月 27 日，再次印發了《關於進一步加強和完善農業生產責任制的幾個問題》，首次將在生產隊領導下實行的包產到戶落到農民實處。所以，印象中，魯迅的百草園屬於私宅，我的百草園屬於公產，但更廣闊，更有時代感。

記憶中，我在西臥室得過一次很嚴重的感冒，發高燒，是村東的赤腳醫生給醫治好的。那天深夜裏父親的後背，是我永遠記得的溫暖。在堂屋

1　http://chinakongmiao.org/templates/T_common/index.aspx?nodeid=17&page=ContentPage&contentid=6377&contentpagenum=1, 2023 年 2 月 13 日。

的小凳子上，赤腳醫生還給我做過最驚心動魄的外科手術，他把鋒利的手術刀夾在指縫裏，騙過了我幼小的信任，至今讓我的脖子上銘刻着傷疤。

兩場大病，間隔不長，姐姐從田間摘來豌豆角，一種碧綠的豆莢，用小手直接剝開，將豌豆放在我口中，純甜的味道療愈了我的虛弱和惶恐。現在的豌豆角兒，是網上的「名、優、特、新、生態、環保、綠色農產品」，但吃法是加工、附油鹽等，已不得要領。我總是懷念睡在豌豆角兒地裏，仰望星空，看白雲飄過，聽鳥兒劃過樹梢的日子。

芝麻在快成熟時，它的蒴果是香甜的，而且醇厚；再老一些，需要烈日的暴曬，芝麻莢才能自然裂開，攤開上衣。輕輕拍打芝麻杆兒，褐色、白色、黑色，五顏六色的芝麻顆粒滑出，不一會兒就聚集成一堆兒，用手捏起，顆顆醇香。芝麻開花時，還有歇後語與之相配：「芝麻開花節節高」。

其實，貪玩兒的孩子，更關心絢麗花叢中的蜜蜂 —— 躡手躡腳走過去，輕輕地封住鑽進了蜜蜂的花口，便有了一個天然的花袋。但你必須忍受一旦失手，蜜蜂的絕地反擊 —— 你的手上肯定要添上一道小刺兒，那是蜜蜂絕命的一槍。

你如果能忍耐更高階的刺痛，就會在黃豆地裏，在秋天成熟的季節，享受到特別肥美的草蜢、螞蚱和油蛉。饞嘴兒孩子通常需要輔以膽大、迅猛的手法，才能在火堆中嚐到秋風起時的第一遍味道。再看那蟋蟀，有角鬥士一樣的剛健與勇猛，南宋賈似道專門創作過昆蟲名著《促織經》，到了明朝，明宣宗更是因為過於喜好蛐蛐，被叫作「促織天子」。

高大的皂莢樹下，有尖利的大刺，必須特別小心。尤其在下雨天，赤腳的孩子，猝不及防受了傷，總是鑽心地疼。紫紅的桑椹，總是要讓舌頭和小手變色，讓孩子樸素的謊言，披露於顏色下。巨大的葉子下面，通常會藏着一種咬合力特別強的昆蟲，我至今不知道它的名字，它長有特別鋒利的雙顎，用小繩拴牢它的鬚角，可以不停地切割一般的水草。

用牛尾或馬尾的細毛繫在長杆的頂端，可以粘知了。最佳的捕捉知了的時間是在夏雨黃昏後 —— 它們會用前爪扒大洞口，爭相恐後地爬出，

脫殼展翅，吸風飲露；在熟悉的小樹邊，每晚的等待，總有所獲。書上說的守株待兔是虛幻的期待，但守株捉蟬，確是真實的場景。洗淨、下鍋、少油，便有飄過天際的香味，那是勉強裹腹日子裏的稀有盛宴。

「守株捉蟬」有很多技巧和祕笈，但需要自己認真地摸索。真正的高水平，是可以在黃土中直接判斷，請出蟬來的，而非「看天吃飯」，還得必須等到下雨。閆紅在《從尊敬一事無成的自己開始》中說，「說到底，人與人之間自有個體差異，事情的走向，也常常差之毫厘，謬之千里，我對各種祕笈、雞湯不以為然的原因是，它們總以為可以把大千世界，囊括到它們非常簡陋草率的規則中去，讓誤信者，用自己的人生來買單。」許多年後，我也確認，所謂的做法、祕笈，必須結合自己的推敲、琢磨才能發揮效用，否則只是霧裏看花。

余秀華的《人間》描述過一段場景：「要一個黃昏，滿是風，和正在落下的夕陽。如果麥子剛好熟了，炊煙恰恰升起。那隻白鴿貼着水面飛過，棲息於一棵蘆葦。而蘆葦正好準備了一首曲子。如此，足夠我愛這破碎泥灣的人間。」這樣的場景，我在那時千般經歷，熟悉到無感。那些黃昏，我總是在現已乾涸、無處尋覓而那時卻是波光粼粼的池塘裏練習狗刨和泡澡。

那些年，我總是用洗得發白的手，飢腸轆轆地在田間尋找清香的玉米穗兒、西瓜、甜瓜、紅薯和野果兒。太陽總是把頭皮曬得生疼，鞋子總是破的，衣服要縫上好幾層，風總是熱的 —— 在深一腳淺一腳的日子。

四、生產隊長

父親做過最大的官兒，就是生產隊長。生產隊長，在農村聯產承包責任制前，也就是農村大集體生活時期，負責記記工分、分糧食、敲鐘開會。生產隊是公社化時期，特有的編制名稱，村裏成立生產大隊，下設幾個生產小隊，生產小隊的領頭人便稱生產隊長，父親就是這樣的「大官

兒」。在此角度，我也是一個「官二代」。當然，生產隊長，並不在行政編制序列，不會吃到傳說中的「卡片糧」。

父親的「從十二品官職」，主要體現在開會和敲鐘上。開會的主要場地，是家門前池塘邊上的小樹林。婦女們邊開會，邊納鞋底子，俗稱千層底兒。開會場面從來是七嘴八舌，亂哄哄的。小孩子的任務，總是在會場穿梭，用鞋子拍打老牛身上的牛虻，那是一種比蚊子厲害十倍的傢夥，叮一下，老牛皮都直接流血。

那年，家裏有很多賬本，主要用來記工分。集體勞動，集體食堂，房屋是集體的，老牛也是集體的，屬於個人的東西很少。印象最深的是一種所有人參與感都特別強烈的活動：「放哄」，也就是放開哄搶的意思，通常是集體的小麥收割完成後，遍地的遺撒麥穗兒，機器無法撿拾，於是讓老人、小孩、婦女來撿，撿到了可就是自家的。這樣的活動頗受歡迎，歡迎的程度，可以用「炸裂」來形容。一聲鐘響，千人竄動，孩子們經常被擠倒，在麥田邊，哭聲一片，但也無人搭理。窘迫和困頓，是那個時代持久的主題，仿佛誰也無法躲過。父親敲鐘的形象，甚是高大，似乎擔負着一項宏大的使命。

但這個使命，是得罪人的，且得罪的人不少。家裏的手壓井在一個深夜被人投入鐵丸堵死水口，一個月內，我們只能在村裏挑水來吃。父親也許知道是誰幹的，但從沒有吭聲。父親一次外出喝酒吃飯，眼睛撞在了樹上，留下了視力嚴重下降的後遺症；還有一晚，掉進了糞坑，爬出來十分不易。一切小事情和蹊蹺的後續，都與不滿、傷害和報復有關。

許多年後，我認真閱讀《史記》《資治通鑒》的相關章節，許多段落仿佛就有父親爬出糞坑的影子，無數的黑夜和大雨，世間總有糾纏、誤解和嗔恨，但解釋仿佛是無用的，就像很多邊界永遠無法劃分。

我在公社大集體時期，最值得炫耀的事應該是在一個凌晨，坐上了父親生產小隊的大型拖拉機，負責對數十畝田地的翻耕。拖拉機的效率確實驚人，一個上午，目之所及，皆為黑土，散發着泥土的芬芳。那一天，我對農業機械化有了真切的理解，對現代化的憧憬，深刻地印在腦海裏，

「樓上樓下，電燈電話，洗臉盆會說話」。人是應該有些夢想的，這些夢想，對於偏僻之地、愚昧之人，仿佛是觸不可及的 —— 但是萬一實現了呢。

對於現代的科技，「樓上樓下，電燈電話，洗臉盆會說話」已經頗為陳舊，但在旭日的金色朝陽裏，我暫時忘記了飢餓，只記得夢想：堅定自己，一定要有見識，一定要去見識大場面。在 2017 年越南峴港 APEC 會議以及 2019 年巴西利亞的金磚工商領導人峰會現場，我總能想起集體生產隊裏的大型拖拉機。

生產隊最大的貢獻，還在於舉辦夜校，也就是通過文化補習班，掃除文盲。沒有電燈的時日，煤油燈就是唯一的光源，一群人不再打牌、賭博，而是認真地坐在課堂，吸收不一樣的知識，聽到覺知以外的人情物事。在冬日，可以伴着烤地瓜的芳香，一塊兒進步。燈光搖曳，那是不一樣的亮光。

父親的生產隊長寶座，很快易人。也許是受到不公，萌生退意，也許如老子的無為，事遂，身退，天之道。我不知道答案，父親此後，經常撫摸自己受傷的眼睛，從未提起，從不解釋。

現實是，父親的生產隊長、工分簿、拖拉機，幾乎一夜之間消失得無影無蹤，無處可尋，仿佛從來沒有存在過，一切都留在記憶裏。席慕蓉說，「記憶是無花的薔薇，永遠不會敗落。」那台拖拉機，消失在風中，它不會知道，在這世上，我一直牢記着它，如同丁立梅說的：「就像風會記得一朵花的香，凡塵來往，莫不如此。」

後來，村裏的老牛、老屋、老人開始做了分配，土地開始分配到各家各戶，再也沒有「放哄」的偉大的喜悅。村裏的夜校，開始停辦，許多大人的文化停留在一個不可捉摸的階段，他們的認知，也仿佛被一雙無形的手摁在一段階梯上，不再攀升。土地的春種秋收，開始將一些理想固化，使其堅硬，並且堅硬得無懈可擊，無可奈何。

余華曾在《在細雨中呼喊》中說，「回憶的動人之處就在於可以重新選擇，可以將那些毫無關聯的往事重新組合起來，從而獲得了全新的過

去，而且還可以不斷地更換自己的組合，以求獲得不一樣的經歷」。如果真的可以組合，我期待保留那台拖拉機和那間夜校，他們是不一樣的種子，可以生根發芽。後來讀陳枝輝在《沉痛的生命之殤 —— 律師的心與命何處安放？》中說，「律師工作也一樣，有農閑，也會有農忙，農閑時修煉內功，農忙時就全力以赴。所有努力都會以另一種收穫形式在未來回饋自身，不會白費。」想來，是另一種特殊的巧合和安排。

五、泥塑的玩具

現在的孩子，沉浸於樂高的世界。無限拼接、即插即用，關鍵是乾淨，重複使用性強，觀感好，科技含量也高。

陪孩子們玩樂高，我總想起兒時的樂高：泥塑的戰車與坦克。黃色軟泥，反覆揉捏後，成或板形或輪形或其他適合的形狀，然後拼接，將構樹（樹皮平滑，淺灰色或灰褐色，不易裂，全株含乳汁）的皮稍微割開，便會流出乳白色的汁液，這種汁液塗抹在泥塑上，然後陰處晾乾，可以避免乾裂，且能夠保持平滑和美觀。

黃泥的取處，也是有講究的，要在沒有腐敗的向陽的溝邊、池塘邊，選顏色鮮明、沒有雜色的黃泥；有雜色和腐敗的泥，不宜成型，且容易漚手。但漚手的概率仍是不能避免的，結果總是有些嚴重，手上和胳膊上的皮膚總是鑽心地癢，甚至會有潰爛。鄉下的孩子，久已練就金剛不壞之體，對一般的風邪和真菌感染，大概是免疫的。

很多年後，我才特別理解「水至清，則無魚；人至察，則無友」，也能夠覺知《心經》中「不生不滅，不垢不淨，不增不減」的特別內涵。這些含義，其實就在泥塑的玩具中，就在腐爛、污穢的池塘裏，甚至糞坑裏。

農家的不垢不淨，遠超出城市孩子的想像力。我親眼見過蒼蠅直接孵化出的蛆蟲，蛆蟲更為碩大、健壯的品種，在廁所中，什麼過江之鯽不過

爾爾。我也見識過在糞坑中泡得發脹的豬肉，在一個夏日，嘭的聲響，震耳欲聾，恍然融通恆河漂浮的肉身。

遲子建在《群山之巔》中說：「生活不是上帝的詩篇，而是凡人的歡笑和眼淚。」糞坑中的豬，有兩種死因，病死或無意間淹死，但均屬非正常死亡。困頓籠罩的歲月，有人會偷偷地撈取這樣的豬肉，偷偷地食用。記憶中，父親和母親都是啃過草根和樹皮的，甚至對於觀音土也並不陌生，因此，糞坑中的死豬肉，應該屬於意外之喜，天上之味。我在讀金庸的《天龍八部》時，對於丐幫對食物的特別癖好和執念亦並不陌生。

安徽盛產一種叫作臭鱖魚的名菜，味道有些刺鼻。廣西南寧，也以臭酸粉聞名，在南寧機場候機，時常有具「挑戰性」的味道飄蕩。湖北的街道也遍佈一種臭豆腐，現在也是名吃。但我知道，這些食物的發端，同樣是貧困和飢餓。八大菜系中，味道偏清淡的，追溯起來應該屬於經濟相對發達的地區，反之，過於辛辣和高鹽的菜系所在地區，經濟一般處於困頓和短缺之中。

兒時泥塑的玩具，本質仍是這種困頓和短缺的表達。無山、無礦，無水、無路、無知識的遠村，仿佛被世界遺忘的角落，只有簌簌的麥田、焦渴的秧苗、南飛的大雁、時不時突襲的暴雨，這些鏡像的輪轉，構成那年的關鍵鏡像和色調。

二姐的衣服，是我衣服的主色調，這造成我對自己性別意識的嚴重滯後以及學前班老師和路人的重大誤解。「你是女孩兒吧？」這樣的問話，很長時間以來，我已習慣；也許承接二姐的衣服，也同樣塑造了我的氣質：腼腆，自卑，不愛講話。

現在六月的北京，開始流行到處破洞、綴滿補丁的衣褲，按照這種流行和時尚，我早在兒時就已站在時尚的最前端。我應該是沒有穿過嶄新的上衣和褲子的，包括過年和上學。

當時社會物資的確匱乏，我家也確實貧困。前者可以裝飾我家的虛榮，後者可以註釋社會真實的場景，也是一種相輔相成，相得益彰。但是最悲慘和最尷尬的一幕，還是發生在衣服上面。這種不堪，重擊了我本就

自卑的內心，使其從此更加沉淪。那是我第一次出省，遠方的親戚家在湖北，路上要跑很遠的路。沒出過門的孩子，總是對熱鬧和遠行感到新鮮，在我近乎哀求地請求後，父親和大姐，勉強同意帶上我這個累贅。那年我已八歲，腿上的褲子，已補了再補，無可再補，關鍵是爛掉褲襠，露着屁股。這次同行，必須解決這一關鍵問題。但所有人還是高估了商店的供應，百餘公里的路上，並沒有買到我的褲子，於是我在別人詫異的目光中，夾着尾巴行走，連着三日，如關公紅着臉孔。也只有那三天，我對黑夜有着深情不移的期盼。

多年後，偶爾讀丹麥詩人尼爾斯·哈夫的《任務》，很有感觸：「大地的美被准予在正常範圍內，在連着正常地址的身體裏愛與恨。任務就是，破譯我們的共同經驗；破譯恐懼和圍繞着我們，黏在我們的衣服上，滲進我們體內的痛苦。留意正在發生的事，如果可能，說出事物的真相。」

如同王鼎鈞所言，「少年時的底片感光，不曾顯影，一直儲存着，隨年齒增長，一張一張洗出來」，時至今日，那段日子仍然黏在衣服上，滲出些痛苦。然而，那年並不知道物事的真相，我像蒙着眼睛的小鳥，闖進無垠的森林，枝丫橫飛，樹幹林立，是恐懼和不安塞滿一切空間，幾乎窒息。

在梭羅的《瓦爾登湖》中有這樣的話：「大部分時間內，我覺得寂寞是有益於健康的。有了伴兒，即使是最好的伴兒，不久也要厭倦，弄得很糟糕。我愛孤獨。我沒有碰到比寂寞更好的同伴了。」梭羅以寂寞為伴，並為之追尋不棄，但對於那年的孩子，我其實拒絕寂寞，我被迫與寂寞為伴；因為那件衣服，我關上了自信的大門，久久不敢開啟。然而，我記得心理治療師伊爾斯·桑德說：「高敏感是上天給予你的禮物，有時候雖然束縛了我們，但也給我們帶來機會。」

六、我的學前班

加西亞・馬爾克斯在《百年孤獨》中說：「生命中真正重要的不是你遭遇了什麼，而是你記住了哪些事，又是如何銘記的。」於我而言，在學前班的時光就是我必須記住的事情。

我沒有上過幼兒園，所以對孩子們的幼兒園充滿羨慕。

我在五歲半的時候，突然被送進了學前班。學前班，顧名思義，是為一年級準備的，相當於現在幼兒園的大班。

當年學前班，只有兩門課程：語文和數學，一個年紀已有些大的老師，負責教兩門課。讓我意外的是，平生第一次，我在期末考試中名列全班第一，成績名次是張榜公佈的，貼在教室的外牆上，家長都能看到，我有幸領取了人生第一張獎狀。

那年，還沒有素質教育的概念，甚至也沒有應試教育的概念，有書讀就是不錯。我和大人們上過夜校，提前接受過知識的熏陶。現在的素質教育理論強調思想道德素質、能力培養、個性發展、身體健康和心理健康教育綜合發展。按照這一標準，我肯定是還有太大的距離，譬如心理和能力缺陷明顯，但第一次考試的意外第一，打開了我學習上自信和輕鬆的心態。

如席慕蓉在《透明的哀傷》所言，「原來我們從來也沒有過什麼可以與其他分割獨立而自成一刻的剎那，我們從來也不能將生命分割成小小的段落，所有的遭逢與所有的記憶都一如山路旁的美景，我們彼此互相期許過，或者互相勉勵過的話語只能在生命中慢慢迎來再慢慢滑過。」對於我得到獎狀，父親是欣喜的。現在想來，他應該也是意外的。因為在學前班之前，我在學習方面並沒有太多的天分，有的只是寡語少言，木訥沉悶。父親特別地將《義和團 — 紅燈照》的圖片移到別處，在西牆上開闢出貼獎狀的位置，那一天還特別熬了面水兒。

堂屋的西牆，一向不曾荒蕪，貼過北京北海風光、頤和園風光，還有義和團和紅燈照，每一張圖片，我都認真研究過，「春到頤和園」和「紅

燈照，照紅燈」的芭蕾舞的圖片我印象最深。

　　世間的引線和暗示，總在不經意間完成。在偏僻、困頓的遠村，尚不曾有人到過北京，但圖片傳遞的信息，足以種下一顆種子 —— 與北京的緣分，在漏雨不止的堂屋，悄悄地完成，無需論證。

　　學前班的教室，是破敗的。印象中，我們沒有真正的書桌，只是用土坯和泥土混合的長條，凳子也必須從家中自己帶。我的小凳子，是棗木做的，中間有樹瘤留下的褐色的空隙。桌子上的麥糠粒兒，是可以隨時摳下來的，許多小同學的動手能力特別突出，半年的學前班，足以完成對長條土桌的較勁的深挖「大計」。在學前班，我也被老師狠狠教訓過一次 —— 生平第一次上自習，並不知道自習與自律的關聯，竟生生地大叫了一聲，這一嗓子響徹雲霄，吞吐了五年半的人生豪氣；但後果是嚴重的：挨了老師的鞭子，至今仍覺生疼。

　　學前班教室的窗戶，是沒有玻璃的。那年的冬天出奇地冷，老師用麥秸和報紙共同糊在窗戶上，也算是雙層「玻璃」，但效果是，白天教室裏也是黢黑一片，需要煤油燈照明；而且雙層「玻璃」也不耐呼嘯的北風，小孩子們只能靠縮脖、跺腳、搓臉過冬。

　　沒有暖氣，是黃河以南的通例。幾年後讀到《寒號鳥》，深以為然，寒冬就是用來呼號的，我不可能搭自己的窩。寒號鳥，後來在寒冬中凍死了，不再有呼號，我害怕看到凍死的自己。

　　所以，期末考試的第一名 —— 記憶中語文 98 分，數學 95 分 —— 是頗不容易的，需要克服的太多。我在考試的前十分鐘，根本寫不上一個字，因為手是凍僵的，腳是麻木的，全憑意志力，暖熱小手，寫出答卷，恢復腳的感知力。

　　紀伯倫在《沙與沫》中寫道，「記憶是相會的一種形式，忘記是自由的一種形式。」對於我，心中的恐懼源頭，在「沒有自由」「黑夜」「雨水」之外，又添加了「寒冬」。

　　儘管很多時候，我有意和過去拉開距離，但和我一起生長的記憶，哪怕只有星點兒被擦去，都總是會同時帶走些皮肉。也許，對於我而言，自

己如微塵的改變，從來就不能告別往事，只能告別自己。

　　把這些生活上不可迴避的疼愁抹去，如黑板上的粉筆字變化成點點粉塵，如把灰紫色的暮靄和叢生的雜草從放羊的腳邊忘卻，其實是困難的。

　　我理解王安憶於《空間在時間裏流淌》中的寄語：「多少悲歡變成往事，往事又過去。淡了的淡了，忘了的忘了，不願想的就不去想，不願忘的就寫下來。可是有一種東西是你沒想而又沒忘的，它像是被記憶的篩子誤留下的一顆小小的微粒，躲在記憶的角落。有時候，會突然閃一下，而又熄滅。這短暫的閃爍終究會留下一點什麼。」

七、籬笆、女人和狗

　　博爾赫斯曾在《朋友之樹》中說：「我們生命中的每位過客都是獨一無二的。他們會留下自己的一些印記，也會帶走我們的部分氣息。有人會帶走很多，也有人什麼也不留下。這恰好證明，兩個靈魂不會偶然相遇。」

　　兒時，村東有一女孩，應該在十三四歲左右，個子偏高，身材瘦長，應該是有名字的，但我們都不記得，只記得她的外號叫「憨子」。憨子的腦子可能先天性有些障礙，在法律中應該界定為限制民事行為能力人，她在不發病的時日，表現是正常的，但在發病時卻着實嚇人。

　　我對人的恐懼和擔心，就由這個女孩而起，先是大人叮囑我需要遠離她，然後是親眼所見 —— 她在發病時，會追逐小孩子，牙齒緊緊咬住自己的胳膊，留下深深的咬痕，更會有鮮血流出。她對自己皮肉的拚命的憎恨，深深震撼了一個不諳世事，尚沒有世界、人生、人際觀感的孩子。她的眼睛總是無神，空洞中有些萎縮。很多年後，魯迅筆下的祥林嫂給了我同樣的感覺，她的孩子被狼吃掉，她的生命脆弱無依靠，「只有那眼珠間或一輪，還可以表示她是一個活物」，雙手一叉，生生地是圓規的形狀。我對憨子的畫面感大抵亦是如此，但祥林嫂是不追小孩的，不咬掉自己

的肉。

不發病的憨子，眼神中也有些許的暖意。她家沒有圍牆，有簡易的籬笆，在春日會有大朵的月季綻開，還有一顆絢紅的石榴樹。月季、石榴花是我對這個世界上花的概念和感受直接的源頭。路過村東，我時常會駐足、留意她家的月季花，還有真的純淨的石榴花和石榴。

她家有一條大狗，不知品種，使我莫名地害怕。「此之蜜糖，彼之砒霜」，用在她的大狗身上，應該是最貼切的。那只狗應該是她最忠誠的夥伴，為她掃除寂寞、孤獨和歧視。

我和憨子的交際不多，偶爾的幾次遭遇，也有母親的手牽護，只是遠遠的恐懼和好奇。但有一次近距離的驚駭，突然發生在母親離開的一瞬和一個角落，她突然跑出，咬着自己的手臂，眼睛血紅，我迅疾奔突。但她的狗直接竄出，將我撲到，我霎時魂飛魄散 …… 母親說，她後來沿路喊我的名字，應該有一到兩個小時，我才會嚎啕大哭，才會又回到人間。

關於靈魂的認知，便是來自這最早期的真實體感。關於大狗將我撲倒後，憨子如何離去，人們如何救下我，我一概無所知曉。腦子如酒醉斷片，也如洗乾淨的衣服，什麼也沒有留下，沒有一絲褶皺和痕跡。

但我由此產生了對動物，尤其是大狗的恐懼，無法療愈和清除。這種恐懼和不安，深藏在一個不知名的角落，伺機跑出。也許，它們對我不存惡意和恨意，只為它們的使命和責任，但我還是傾向於遁逃，沒有絲毫猶豫。

很多年來，我沒有飼養寵物的衝動和執念。網絡上和朋友家漂亮、善意的小貓、小狗，甚至是小鳥，我可以遠觀，可以欣賞，但不敢「褻玩」焉。我在非洲的野生動物園，只有被動物審視的感覺，並沒有審視動物的主動性。

但家裏的小院從來不缺乏小雞、小鴨和大鵝，更有豬、牛的養護。我曾負責放羊，從一隻到五隻，七隻是最高峰，父親還在池塘裏放養過一年的魚。但在貧困籠罩的農家，所有的飼養最終的歸宿，就是宰殺和賣錢，偶爾有家禽走失，也是令人心痛不已。

最不能忍受山羊在冬日無草、在秋日淫雨時連綿的嘶號，我充滿無助，仿佛在它們身上，總能浮現出自己的影子。我不忍它們的離去，更不忍它們被宰殺、被買賣，於是，便下決心不飼養，少吃肉。

憨子的狗，出奇地壯大、兇悍，猶如魯迅在《狂人日記》中的話：「為何趙家的狗，總是多看我兩眼」。那隻狗，是看我不順眼的。它仿佛知道我本質不屬於這裏，遲早遠離他鄉，對這裏的守護和貢獻基本為零，於是它那天直接掀翻了幼小的我。

七堇年的《大地之燈》曾言：「生命本身不過是一樹沉默的碑，上面刻下的字早已被塵世忘卻。」聽說，憨子在我上初一時，嫁到很遠的山裏。她的父母 —— 想來她的父母也不願、不忍再看到她 —— 和她的不幸、孤獨、幽怨，以及對小孩子恰當的表達，都隨着她的遠嫁，銷聲匿跡。也許在陝西、也許在山西，也許在更遠的貴州。

1988 年，一部敍述農村生活的電視劇《籬笆·女人和狗》開始播放，主題歌有一句歌詞：「星星還是那個星星，月亮還是月亮」，我很少看，那年我初三，也沒有條件看電視，但我會無端想起憨子、籬笆和那隻超大的狗。

賈平凹《自在獨行》中說，「人既然如螞蟻一樣來到世上，忽生忽死，忽聚忽散，短短數十年裏，該自在就自在吧，該瀟灑就瀟灑吧，各自完滿自己的一段生命，這就是生存的全部意義。」不知現在他們都在哪兒？是否還有家？是否有對這個世界認真、合適、沒有牽掛和限制的表達？

八、瘋小明的筐

瘋小明是我至今印象深刻的另一個人物，具體名字不詳，也無從考據，在我上小學期間，他的屋子已經破敗，人去屋空。

我與他的碰面總共只有三年間的兩次。他住在鄰村，距離我們村有三里地的樣子。他一個人居住，沒有狗。他身材特別高，高出常人很多，

頭髮花白，從不講話；但他的眼睛，卻是有內容的，不空洞，也毫無自卑。

瘋小明的主要工作是要飯，帶着一個別致的小筐，除此之外仿佛也無事可做。一般人要飯，需要遠距離跋涉，最起碼是到鄰縣、鄰省，再不濟鄰鄉也行 —— 主要是臉面問題。孟子說過：「無惻隱之心，非人也；無羞惡之心，非人也；無辭讓之心，非人也；無是非之心，非人也。」在鄰村要飯，便直接關乎羞恥之心。

其實，瘋小明並不瘋，他的精神極為正常。他的「瘋」是人們因感覺到他討飯不迴避，不符合儒家禮儀而「封」的。也就是說，一般人認為的羞恥之行，在他看來並不羞恥。

瘋小明不但不瘋，還是一個文化人，學歷應該不低。因為我能感知到他的文化氣息 —— 不卑不亢，特立獨行，對世界尊重但有自己的原則，無言但有厚度。

嚴歌苓在《陸犯焉識》中說，「終究要失去的東西，不如主動失去。能夠主動地丟失便是施者。怎麼辦呢？不這樣施捨，弱者怎樣表達對於壓迫他們的強者的寬容大度呢？」他有自己的氣度和忍耐，從不解釋。每每看待物是人非，他都用一種降維俯察，而不是弱者仰視的視角來觀察世界。

他只在一年中有限的麥熟季節討要饅頭，然後便足不出戶。他走路飄逸，毫無哀怨。這樣的風骨，我只在石濤、八大山人的畫中依稀見過。弱水三千，只取一瓢來飲；在陋室，人不堪其憂，其也不改其樂。

一般人要飯，一定是要找根棍子的，棍子的主要用途就是打狗。在農村，狗對乞丐的氣味很敏感，對乞丐嚎叫的聲音特別有力，因為它們深知，由於社會地位，他們的反抗能力和維度非常有限。真正的乞丐，一定是有標配的，他們總有反季節的穿着 —— 夏天總是棉襖，冬天清一色的單衣，我曾為此不只一次問詢過很多大人，但總無法理解。現在，我終於能夠透徹地理解其間的邏輯：居無定所，身世飄搖，他們只能靠隨手撿拾的衣服來應付，飯碗是永遠不能丟的，還有用來打狗的棍子，至於其他

的，不可能總是攜帶。

瘋小明是有自己的居所的，所以屬於有資產的乞丐。他的要飯裝備，就是他不合時宜的、仿佛「長生不老」的小筐，總是擦拭得乾淨無塵。許多乞丐，多少有些擾民，他們或吼出不在調子的地方戲，或不停地敲打碗或鑼，也有集體分工的大把式和魔術。小明從不擾民，從來文雅如始，有則謝，無也謝，除此之外，就是永恆的沉默。好事的孩子，會在他身後追尋很遠，他看了也是不急不躁。

狗仿佛也知道他的文雅，因此他的出現很少伴隨激烈的狗叫。多少年後，我才理解一種高於知識、能力、智慧之外的氣場。

從他身上，能看得出乞討的體面 —— 也算是自食其力。只是自食其力是沒有保障的，不僅病不得，老不得，更置不得庫存，那是貧窮的高級形態，是純粹的一無所有。

一提乾淨的竹筐，我就會想起瘋小明的筐，它猶如高僧手中的缽。莫言在小說《蛙》中提到，「窮人是破罐子破摔，富人手捧着她們的富貴，像捧着一件價值連城的青花瓷器」。瘋小明的筐，高於青花瓷器，他很富有。

每個人，其實都是托缽者，如同陸焉識的夢境：「夢中我是一個愛走路的人，喜歡找一條人跡罕至的漂亮馬路悠然地行走，走過斑斑樹蔭的時候像是過了自己心中明明滅滅的悲喜。」

九、羅鍋的不同

劉墉是清朝的一任宰相和清官，他身形奇特，有點駝背，外號「劉羅鍋」。但我看完電視劇《宰相劉羅鍋》後總覺得，劉墉並不是真正的羅鍋，最起碼駝背並不嚴重。

真正的羅鍋，在我們村子裏，是我大爺輩的。大爺的駝背已經嚴重到能夠畫成一個句號；平常說話，很難看到他的臉，但他喜歡熱鬧，每次

人場，[1]總會有他的影子。他愛抽煙，抽的是旱煙，有長長的煙管，竹子做的，一頭有一個透明的煙嘴套着，中間繫着一個煙袋，裝着自己種、自己烤的煙葉，煙癮急的時候，也會隨手抓一把碎樹葉救急。

他經常坐在固定的一棵椿樹下面，椿樹能分泌一種不太好聞的膠水，經常能黏上很多螞蟻和昆蟲，小孩子把它叫春膠。椿樹上原住着一種叫「花大娘」的昆蟲，有彩色的翅膀，眼睛不大，喜歡成建制的聚集，有人還會將它們用火烤來吃。

大爺行動不便，不多言語，但在家裏很有威望，他的家族人員眾多，性格各異，爭吵和打架也是有的，但大爺總能一句話帶來「和平共處」「互不侵犯」。

大學畢業後，我見識過很多肢體殘疾者，他們大多戾氣有些重，內心充滿自卑，以及對平等、尊重的渴望，這使他們在語言表達上不免偏於焦慮。生理的殘疾，總會影響心理，最終導致心理殘疾。心理學就有缺陷心理學的分支，但社會對生理殘疾，還是有不由自主的歧視。

古有晏子出師楚國，備受奚落和侮辱，《晏子使楚》中「不肖者使使不肖主。嬰最不肖，故宜使楚矣」的對答非常剛勁有力。

1983 年 3 月，我上小學三年級，團中央作出一個決定：向張海迪學習。高位截癱的她從沒有沮喪和沉淪，而是以頑強的毅力和恆心與疾病作鬥爭，做出了很大的成績。但對於張海迪的事跡，在羅鍋大爺的面前，我始終張不開口。

羅鍋大爺可能不知道自卑為何物，其次，他從不沮喪，從不為自己「只能低頭看地，不能抬頭見天兒」而心生不平，怨天尤人。不管怎樣，他的嚴重羅鍋是幹重體活兒落下的，而且具有不可逆性。印象中，大人們

---

1   編輯註：「人場」是豫南農村村民對村落社交場合的稱呼。民眾在這個場合之中，聊天、談論村落裏發生的大大小小的事。可以說，「人場」是民眾娛樂、交流信息的場合，也是村落輿論的產生地和集散地。參見王輝：《「人場」：村落社交與民俗控制 —— 以某豫南農村為例》，https://wenku.baidu.com/view/fa31a54d497302768e9951e79b89680202d86b57.html?_wkts_=16772 17718892&bdQuery=%E4%BA%BA%E5%9C%BA%E6%98%AF%E4%BB%80%E4%B9%88%E6%84%8F%E6 %80%9D, 2023 年 2 月 24 日。

給他提示過如何治療他的：用兩塊木板，夾住身體，然後慢慢放上石磨，勻速壓好。想來是玩笑，或是戲謔，他始終不曾被木板夾過，也不曾去過醫院，好像也更沒有看過赤腳醫生。我知道他心中有屬於自己的堅強，如石，如鐵。烈日下的耕田，是羅鍋大爺最享受的舞台，即便走得慢如蝸牛，他也不曾放棄。

羅鍋大爺拒絕過不少次組織的關懷和補貼，說是「用不着」，也拒絕和「五保戶」的相同待遇。農村有五保供養制度，供養對象就是五保戶，五保指的是保吃、保穿、保醫、保住、保葬，所謂生養死葬。五保戶主要涵蓋農村沒有勞動能力，沒有生活經濟來源，沒有贍養扶養義務人，或有但無能力的老年人、未成年人和殘疾人。《農村五保供養工作條例》（2006年3月1日修訂）明確規定：農村五保供養標準不得低於當地村民的平均生活水平，並根據當地村民平均生活水平的提高適時調整。

羅鍋大爺符合五保條件，但因尊嚴拒絕五保。他不像鄰居六指（手有六個指頭），在患重病後，六指嘗試過甲魚所有的吃法，煎炒烹炸，烤溜燉蒸，表現出無限的不捨和強烈的生存慾；也不像麥場邊安於五保下的孤獨、不再與人有任何交流的聾子。

羅鍋大爺最大的理想是「有錢了，地兩頭各放上熱水，到這頭能喝上，到那頭也能喝上。」他的理想最終是否真的實現了，我並不知道確切的答案。其實，實現與否已並不太重要。人的一生，實際純屬偶然，所以每個具體的生命都像一陣風，無牽無掛。

胡適在《人生有何意義》中探討過生命的意義：「生命本沒有意義，你要能給它什麼意義，它就有什麼意義。與其終日冥想人生有何意義，不如試用此生做點有意義的事。」季羨林老先生也說：「在人類社會發展的長河中，我們每一代人都有自己的任務，而且是絕非可有可無的。如果說人生有意義與價值的話，其意義和價值就在這裏。……簡短扼要地歸納一下：如果人生真有意義與價值的話，其意義與價值就在於對人類發展的承上啟下，承前啟後的責任感。」

沈復在《浮生六記》中亦有「人生碌碌，競短論長，卻不道榮枯有

數，得失難量」的感歎。羅鍋大爺的駝背，最後成了真正的圓圈，其生也柔脆，其死也枯槁。

後來，我總思考羅鍋大爺為什麼獨愛椿樹，其味有臭，其膠也黏，無花可看，無果可收。我在椿樹下撿拾過柴禾，椿樹的落梗，可以有熊熊的灶火，也許這也就夠了。生命之火，不是競爭而是展現，展現與眾不同足矣。我想起余秋雨在《文化苦旅》中說，「毫無疑問，最讓人心動的是苦難中的高貴，最讓人看出高貴之所以高貴的，也是這種高貴。憑着這種高貴人們可以在生死存亡線的邊緣上吟詩作賦，可以用自己的一點溫暖去化開別人心頭的冰雪，繼而可以用屈辱之身去點燃文明的火種。」

十、放羊與棉花

我在小學期間，主要任務不是上學，而是放羊。無論是從羊群的規模，還是持續時間來看，那只能局限於「放」的層級，遠達不到「牧」的高度，因為我的羊群，最高峰為七隻，最低谷是一隻。

我放的羊，只是平原普通的山羊，對於地理書上的新疆細毛羊、寧夏灘羊，我只有羨慕的份兒。

從經濟學理論考量，上學是要交學費的，兩塊錢小學學費，還有五毛的雜費，是一筆「巨款」。在一大幫孩子都要上學的情況下，成本是高昂的。同時，成績和獎狀，僅為短期激勵，並不足以支撐十幾年的波動。在功利主義角度，上成學，並不足以改變一家人積貧積弱的本質，在「文化大革命」的十年，知識分子還必須下鄉改造，《朝陽溝》的劇情，我是清楚的，「麥苗韭菜分不清」的銀環，必須接受「前腿弓，後腿兒蹬」的改造。所謂「朝為田舍郎，暮登天子堂」的樸素理想，實際已演變為「朝在天子堂，暮成放牛郎」的圖景。

所以，在家庭層面，基於薄弱的財政基礎，由畜牧業支持農業建設，有其必要性和緊迫性。因此畜牧業建設的重任，只能落在我的肩上，那年

我已滿六歲。

對個人而言，學習和考試，對我並無任何壓力，但畜牧業建設卻「壓力山大」。放羊的法則在於羊不能吃到莊稼，要關注羊群的注意力；讓它們適當飲水，逐草而放。放羊的關鍵在於移動性和持續性，這與我上學的固定性和時間性形成直接衝突。因此，我的羊，長期處於「畫地為牢」的狀態，也就是一個羊橛子繫着一隻羊，啃一片草，一個上午加一個下午，中間換一次場地，構成「上下半場」。但這樣的固定性直接導致的後果是，羊吃不飽，不住哀號，我在小課堂中經常能聽到熟悉的長嘶。

於是，我改革的辦法是讓二姐、三哥儘可能幫忙，增加換場地的頻次，同時，在下午放學後增加割草的數量，研究、分析山羊愛吃的品類。改良措施取得了一定效果，但僅能維持及格水準。本質原因在於我與父親的分歧：上學是兼職抑或主業，放羊是專修還是輔修。

小學階段，課本和考試相對輕鬆，但農活的種類也在增加，譬如撿麥穗、摘棉花、掰玉米，曬豆子、曬小麥、提豆苗、鋤地、挖溝、施化肥，打農藥、收綠豆、打黃豆、澆水、噴灌、交公糧、拉車、磨面、打豆腐……

在不經意間，我家開啟了農業生產的全鏈條操作，由於身材矮小，耕地、犁地、耙地、種地的高水平工作，我沒有作為主力參與，但作為替補，我是經常觀摩的。

夏日的麥地，是蒸籠般的存在，割麥的一套工序：磨鐮、栓扣、擰扣、裝車、卸車、堆垛、攤場、曬場、脫粒、揚場、裝袋、入倉等，不光拼的是體力，還有協作和堅韌，汗珠子砸地上摔八瓣兒也是不夠的，我深刻理解「汗滴禾下土」的真正苦辛。「月亮掉入了煙囪，夜晚的鄉村，在洶湧麥浪中微微傾斜。」《黎明》的句子，多少有些矯柔和不合時宜。

豫西南是棉花產區，因為是盆地，棉花的質量相對不錯。棉花，對現在的我來說，也是不堪回首的存在。棉花極易生蟲，且害蟲的種類層出不窮，研究棉花地裏的害蟲，也能成為昆蟲學家，什麼棉鈴蟲、紅鈴蟲、棉盲蝽、棉蚜、玉米媒、美洲斑潛蠅、棉薊馬、造橋蟲、金剛鑽、象鼻蟲、

煙粉虱、棉薊馬、甜菜夜蛾、斜紋夜蛾，還有什麼地老虎、金針蟲、金龜子、螻蛄、棉蚜、棉葉蟎、煙薊馬等等。於是需要打農藥。棉花地裏打農藥是一極其危險的事情，因為棉花地比所謂青紗帳還密不透風，比蒸箱還可怕。

啶蟲咪、吡蟲啉、甲維鹽、氟蟲氰、阿維菌素、3911、敵百蟲、敵殺死、養花樂果、六六粉⋯⋯多數農藥由於毒性太大，殘留嚴重，已經被禁止生產，但在當時是必須使用的種類。

農藥的毒性，在棉花一人多高相對密閉的空間，在高溫下會加速打藥人的中毒，鄉醫院、村診所中毒排隊的人絡繹不絕，有不少沒能挽回生命。夏天，重體力活兒後，大人一般容易上火，吵架、拌嘴是家常便飯，於是生氣喝藥也成為一種普遍的事。林林總總，棉花是所有農產品中代價最為昂貴的。莫里斯・布朗肖在《那沒有伴着我的一個》說，「凡事都有終結，悲傷卻沒有，它不知疲倦，不會毀滅，每時每刻我都體驗着悲傷；白天不能照亮它，而夜晚是它的極致，是它鮮活的記憶。悲傷無窮無盡，我因此感到窒息；在無窮無盡中人只能窒息，但我的窒息是緩慢的，是無窮無盡的」，仿佛說的就是棉花。

總結而言，我擔負的放羊任務，在一種變量中堅持，猶如一種工程，不斷加入變量，一些變量還延展出新的變量和增量，一些變量漸次演變為恆量，最後所有的元素疊加，成為一種複雜的系統，對我開始產生直接的衝擊，成為我世界觀、社會觀的最初實踐。

這種實踐性原理，我在閱讀「王安石變法」、雍正的「官紳一體當差，一體納糧」的歷史事件時，亦有深切的同感。

布勞姆・普里瑟爾的《塵埃之書》中說，「幾十年以後，我們終將被徹底遺忘。那些沒被遺忘的，與我們曾經是誰、我們曾經如何被銘記毫無關聯。我們將無處申訴，也將無法修正。最終，我們可能成為他人故事的一個支撐或背景：一個情節，一個傀儡。」這對於放羊、棉花、農藥、農活兒，應該是一種詮釋和註解吧。

農務對我而言，並非快樂的記憶，我同意赫爾曼・黑塞在《園圃之

樂》中對農務的總結：「農務都是美好的工作，也富有教育意義，不過到頭來它們仍不免變成我沉重的負荷。人要是能把耕種當作消遣，做個客串的農夫，那的確是美事一樁，可是一旦這一切變成了例行公事和職責，所有的快樂也就消失了。」

十一、運糧河

電影《紅日》的主題歌是《誰不說俺家鄉好》，是一首 1963 年的歌曲，非常有時代感。我們小學的課堂上，老師教唱了這首歌。

「一座座青山緊相連，一朵朵白雲繞山間；一片片梯田一層層綠，一陣陣歌聲隨風傳。」這首歌旋律非常優美，但唱完後，反而增加了我內心的自卑。客觀而言，歌裏有的，我的家鄉基本都沒有。「彎彎的河水流不盡，高高的松柏萬年青；綠油油的果樹滿山崗，望不盡的麥浪閃金光。」也許，能省下的就是麥浪了，但沒有金光，只有汗水。

我們的村子儘管沒有山巒起伏，但還是有一條河的，就是運糧河。據說這條河與曹操、劉表、張繡大戰有關，是赤壁大戰的附屬工程。曹操平定北方後，下令在鄧州境內開鑿了一條人工運河，主要功能是將鄧州的糧草源源不斷地運到赤壁之戰的前線，運河從文曲，經龍堰、桑莊、小楊營鄉注入白河，白河是漢水的支流，漢水是長江重要的注入水系。史料說，安眾古寨，就是依托運糧河而修建的。

兒時的運糧河，水面已不寬闊，但還是有清水潺潺流過，有過人高的蘆葦蕩，也有魚，更有小蝦，這種小河蝦，加上韭菜，用油炒過，放在報紙上，是非同一般的美味。我在小學四年級，在學校樓梯的台階上吃過同學拿來的，頓覺世界的美好，這種心情持續了一整天。

運糧河距離村子還是有些距離，所以我兒時沒能真正地戲水，把游泳練好。但我的一個小學同學，深識水性，據說其偶像是《水滸傳》的浪裏白條。我只能在池塘、水溝裏撲騰幾下，真正會游泳要到 20 多年後。

　　運糧河上有一座「紅衞兵」橋，是我最為貼近的所在。這座橋是大人們上街必須經過的。「湖偃」，也是一個村子，但由於其更鄰近運糧河，交通便利，所以形成集市，這個集市並不是天天有，是隔一天才會有，按照農曆的日子起算。集市的形成，有其應然的社會、地理、經濟條件，我小時候經常詢問無解的問題，現在已能夠找出不少解釋。

　　「紅衞兵」橋是一個頗具時代色彩的橋，猶如當時很多人取名「紅衞」「革命」「建設」等等，1966 年 5 月 29 日，清華附中成立了第一個紅衞兵組織，此後迅速遍及全國，廣義的紅衞兵，泛指戴有紅色袖標的各種民間團體，包括工人、農民、機關、文藝團體的從業者，狹義的紅衞兵，僅指青年學生成立的群眾組織及成員。

　　「工業學大慶」「農業學大寨」「愚公移山」「精衞填海」「吃水不忘挖井人」「學習雷鋒好榜樣」，很多陽文或陰刻的警句，我都能隨口而出。每一個時代都有特有物事。正如喬斯坦・賈德《蘇菲的世界》說，「它點燃生命，而非點綴生命。生命本來就是悲傷而嚴肅的。我們來到這個美好的世界裏，彼此相逢，彼此問候，並結伴同遊一段短暫的時間。然後我們就失去了對方，並且莫名其妙就消失了。就像我們突然莫名其妙地來到世上一般。」許多存在，包括雕刻和語錄，是非和錯誤，儘管渺小，但是作為集體記憶的組成，不能沒有實在的見證，成長的情感不能沒有實在的寄託。

　　那座橋，兒時覺得不是一般的宏大，後來感覺只是一座小橋，但在那座橋上，我曾細看過每一個字，每一段雕刻，還有花紋。它代表一種印痕和記憶。從此，生存於時間，在時間的侵蝕下，風化、剝離、搖搖欲墜，變得陳舊滄桑，面目全非 …… 在昏沉的夜色裏我獨自走在過去的橋上，凝望着那幽暗的土窰，默默地映照千尋不相連續的過往和殘片，直到過去和未來融合成模糊一片。

　　記得紀伯倫在《沙與沫》中說，「我曾七次鄙視自己的靈魂。第一次，當它本可進取時，卻故作謙卑；第二次，當它在空虛時，用愛慾來填充；第三次，在困難和容易之間，它選擇了容易；第四次，它犯了錯，卻藉由

別人也會犯錯來寬慰自己；第五次，它自由軟弱，卻把它認為是生命的堅韌；第六次，當它鄙夷一張醜惡的嘴臉時，卻不知那正是自己面具中的一副；第七次，它側身於生活的污泥中，雖不甘心，卻又畏首畏尾。」

大學回家省親，那座橋已經面目全非，那些精巧的雕刻和語錄，已淹沒在塵埃中。這一幕讓我想起在鞏義的宋陵，夕陽下，石像生頹敗不堪，只有一種無言的訴說。正如奧斯卡·王爾德在《獄中記》所言，「人類的終極祕密就是自己，即使人能稱出太陽的重量，量出了月亮的節奏，標出了七個星星的位置，還是無法了解自己。誰能算出自己靈魂的軌道呢？」

再讀李白的《憶秦娥·簫聲咽》：「簫聲咽，秦娥夢斷秦樓月。秦樓月，年年柳色，灞陵傷別。樂遊原上清秋節，咸陽古道音塵絕。音塵絕，西風殘照，漢家陵闕。」無論陵闕，還是寂寂小橋，都留在了記憶中。

十二、祖父母、外祖父母

在我出生前，祖父就已經去世。奶奶，我是見過的，裹一雙小腳，長長腳布是舊社會的典型標誌。

茨威格說，時間與歷史的車輪滾滾之中，無論是悲哀還是喜樂，都遠超我們渺小的自身，而從前他們只是偏於自己的一隅。

祖父楊文喜，年輕時生活貧瘠，無事產業，一度居無定所。村裏的地主資助過他。後期，他擅長於在村裏調解鄰里糾紛，辦理過不少疑難、複雜家事糾紛。新中國成立前，鴉片和大洋一樣，在一定程度上是流通物。很多受益者，感恩於祖父的傾力定分止爭，會給些鴉片，於是祖父在擔心浪費的心理作用下，開始吸食鴉片，並最後成癮。鴉片有生鴉片和熟鴉片之分。有史料稱萬曆皇帝 30 年不上朝，在宮中試驗、服食丹藥，他的丹藥中就有鴉片，他給鴉片起名叫「福壽膏」。他不上朝藉口是頭暈、眼花，其實是鴉片的毒癮所致。

罌粟是兩年生草本植物，春天開花，其花色絢麗，有紅、粉紅、紫、

白等多種顏色，果實接近成熟時，用刀將罌粟果皮割破，可以滲出乳白色汁液，風乾後凝結成黏稠的膏狀物，這些膏狀物用專用刀具刮下來就是生鴉片。祖父當年應該是逃過荒、要過飯的，居無片瓦，食無粒粟，心中淒涼之感無以言表。後終於對社會有所貢獻，建立口碑，但他對鴉片的愚鈍，釀成大禍，不禁令人唏噓。

奶奶的腳小，但擅長紡線。她經常坐在一部紡線機邊。那是一種圓形的裝置，棉線或粗或細，在其間穿梭。「唧唧復唧唧，木蘭當戶織」中說的織布，是紡線的下一道工序。紡線，是將晾曬好、蓬鬆的棉花一縷一縷地紡織成特別細的棉線，纏繞在固定的籤子上，聚集成不同的籤圈，為織布打好基礎。紡線需要耐心和時間，需要嚴謹和責任心。

金庸《射雕英雄傳》中，我印象最深的就是《四張機》這闋詞，也是說的織布，而非紡線。但它指代的線卻是深深地把線纏繞在周伯通、瑛姑和段皇爺三人身上。所謂「鴛鴦織就欲雙飛。可憐未老頭先白。春波碧草，曉寒深處，相對浴紅衣」。《四張機》其實錄自宋朝一無名詞人的《九張機》，登載在《樂府雅詞》中。

奶奶很愛乾淨。農家紡線，需要充分利用農閑抑或雨雪天不下地的空閑，廢寢忘食連續進行，因為棉線抽成細絲，紡車的效率並不高，需要不怕累，不停歇，紡到夜深，熬到油乾。印象中，奶奶頭髮花白，經常包一黑色的頭巾。

奶奶在我上小學三年級時去世，那年是 1983 年。墳塋就在我上小學的路邊。

我的外祖父姓王，是一個優秀的知識分子，家中藏書不少，很多是線裝書。他的字寫得非常有力、蒼勁，彼時同村農家的對聯，多數出自外祖父之手。可惜，我沒有傳承這手好字。印象中，舅舅的字體還是不錯，隱隱有書寫的功力。外祖父性格偏弱，在吃食堂期間，經常擠不過別人，經常捱餓，受人欺負。他表達能力有限，還曾被人惡意誣陷，說「家中私藏糧食，沒有徹底歸公」，為此沒少被批鬥，很多次的批鬥還是在寒冬臘月、大雪紛飛中。

外祖母的針線活兒出奇地好，她也樂於助人，村子的嫁娶針線活兒，外祖母總是主角。善不是一種學問，而是一種行為。《易經》中說，「積善之家必有餘慶」，想來外祖母的好手藝和熱心腸，也積攢了不少好人緣 —— 她有好女兒 —— 我的母親和小姨，也有善良剛進的兒子 —— 我的舅舅。

越是善良的人，越察覺不出別人的居心叵測。1960 年，外祖父、外祖母相繼去世，中間僅相差一個月。想來，那一年，他們已經不堪重負，飽嚐命運的險惡 …… 生理的壓力，已經演變成心理的脆弱和淤積。

外祖父母離開人世時，媽媽成家不久。也許父母親真正的意義不是給予孩子多麼豐富的物質，而是代表一種能量、方向和溫暖，從而讓子女擁有迎接挑戰，克服困難的勇氣和能力，以此獲得人生真正的經驗和自由。

在世界宏大的敍述中，個體的沉浮約等於一條平順清晰的直線，甚至一個小點兒。在《昨日的世界》中，斯蒂芬·茨威格強調：「我們每一個人，縱使是同類中最微不足道的一個，對現實的了解也勝過最睿智的先祖千倍。但世上沒有免費的午餐，我們為此付出了足額的代價。」

《道德經》說：「善人者，不善人之師；不善人者，善人之資。」善良不僅是一種行為，更是一種心境。說到心境，我想起我的媽媽，而今天恰是六月初六，算來，母親已經去世 11 周年。關於母親的文字，我要留在下一節敍述。

十三、遠外一壟油菜花
—— 我的母親

冥冥中總有安排，譬如母親說，外祖母去世前，她聽到了特別響亮的鐘聲。而我，在她去世 11 周年當日，要寫一些關於母親的文字 —— 並不是規劃，是巧合。

　　和大姐、二姐聯繫，聊了很多以前的事，大姐說，「時間很快，母親已經走了 11 年」。彼此無言。我默默地回到書桌，開始和住在時間裏的母親，嘮嘮嗑兒。

　　相比舅舅能寫出雋秀的字體，母親不識得幾個字。母親愛乾淨，小鋼鏰兒總是用紙包了再包，不小心碰了手，總是洗了再洗。母親如果能有機會上學，成績一定是優秀的 —— 她擁有優秀學生的一切特徵：踏實、穩重、堅持、不要小聰明。但外祖父是一個固守傳統的先生，也因為家道中落，母親讀書成為不可能。因此，母親知道讀書的重要性，讀書與功利無關。母親最後悔的事，應該是沒有保護好外祖父留下的線裝書。我能想像那個收到這些線裝書的商人，嘴角兒掛着的笑意。

　　但當我從小學考到鄉中，第一周極端不適應時，母親卻會說：「要不，咱不上了？」這一句平淡的話，足以沖走我堆積的委屈，第二天，我會揹上書包，「義無反顧」。

　　應該是繼承了外祖父的內斂，母親並不善言辭，她在極端氣憤時，會哆嗦自己的身體，嘴脣發紫。母親吃苦耐勞，從不叫苦，她從不知道自己有先天性心臟病。種地、耕地、鋤地、拉車、割麥 …… 母親是重體活兒的集大成者，也是家裏洗衣、做飯、養雞、鍘草、餵牛、養豬等「輕工業」的承擔者。但勞累間歇，她總是頭疼，她頭疼時的「標配」是頭巾和發白的嘴脣，母親從未去醫院做過像樣的檢查，因為沒有時間，也沒有錢，她只知忍耐。

　　母親是一個有擔當的人，敢於堅持原則，在原則面前，從不低頭。女本柔弱，為母則剛。在父親有時為一些臉面，退避三舍時，母親常常挺身而出，毫不虛榮，務實，不抱怨，不推卸。初二時，英語老師安排我試着在假期賣出幾雙涼鞋，當一雙也賣不出去時，我和父親共同的反應是覺得對不起老師，無臉面回到學校。而母親能夠把我和涼鞋一起，自信地送回學校，至今讓我吃驚不已。母親生育六個孩子，各個成家立業，母親操了不少心。

　　母親患有先天性室間隔缺損症，醫學的判定是「不能生育」，但母親

生育了我們兄弟姐妹六人。北京軍區總醫院心內科的醫生，拿着母親的病歷驚呆無言的表情，深深烙在我的心中，世間其實多有奇蹟，不惟劉謙近景魔術。

卡夫卡有句話：「心臟是一座有兩間臥室的房子，一間住着痛苦，另一間住着歡樂，人不能笑得太響。否則笑聲會吵醒隔壁房間的痛苦。」母親的先天心臟室隔膜缺損，使母親的一輩子少有歡樂。而那很少的笑，留給了孩子。

母親對心臟病的忍耐，持續到了 69 歲，那一次住院歷時 20 天，母親的病歷永久留存在了北京東直門那個三甲醫院。我總想起老家黃土裏的蟬，就像法布爾說的，「四年黑暗中的苦工，一個月陽光下的歡樂，這就是蟬的生活」。母親的心思不停地耗損在對子女日復一日的拉扯和惦念中，消磨在曠日無邊的苦難與無助裏。

漏雨的屋頂，喊餓的孩子，見底的面缸，叫嚷的鄰居……母親心中裝得太多，唯獨沒有她自己。家境清貧，但母親對於外來的乞丐，總是慷慨相助，「他們真的不容易……」這句話我長記心中，也是我日後關注山區孩子一對一助學的緣分所在，2022 年初，我參與的助學，獲得《法治日報》捐資助學典型案例，也算是對母親最大的告慰。

總想起那個萬籟俱寂的夏夜，飛來飛去的螢火蟲，微弱的螢光不斷發亮再熄滅，半夜我被露水打醒，母親還在燈下縫衣，還在懺悔她沒能吃完鐵鍋裏剩下的晚飯，還有堆着的衣服，還有明天地裏的莊稼……

母親的手很巧，能繡花，做鞋子，想必是繼承了外祖母完美的技藝，她能夠將普通的紙片，剪出連綿不絕、手拉手的小人兒，像極了美國動畫裏的場面。也能將家裏大大小小八口人換季的衣服提前做好，還有不斷變化的鞋子。母親的世界，只有解決問題，沒有抱怨問題。物質從不豐盈，但看不到窮意，雖困，卻從不讓人覺得寒酸。

母親在一個冬天，在縣城住了很長時間的院，讓舅舅把我接到醫院，讓我平生第一次吃到了麵包，表層是焦黃色那種，絲絲如棉花。母親從不喊疼。趙越勝在《燃燈者》中說，「並不存在真正的光明能刺破黑夜」，

也許對於母親，她的人生只有些許螢光，但也足夠。昨日種種，譬如昨日死；今日種種，譬如今日生。

上大學後，我較少回家，工作後，回家的機會更是極為有限。《母親的心絃》說：「媽媽又坐在家鄉的矮凳子上想我／那一隻凳子仿佛是我積雪的屋頂……」坐在矮凳子上的母親，裏挾那些貧瘠的土牆，那些黯淡的星光，宿命一生。

老舍說：「人，即使活到七八十歲，有母親在，多少還可以有點孩子氣。失去了慈母就像花插在瓶子裏，雖然還有色有香，但卻失去了根。」母親的腳步定格於 71 歲，時至今日，始知母親心量，對病妥協與遷就，對人慈悲樂喜。就像簡媜所說：「讓懂的人懂，讓不懂的人不懂，讓世界是世界」。

張愛玲在書中說，「媽媽們都有個通病，只要你說了哪樣菜好吃，她們就頻繁地煮那道菜，直到你厭煩地埋怨了為止。其實她這輩子，就是在拚命把你覺得好的，給你，都給你，愛得不知所措了而已。」母親經常燒的豆腐，炒的雞蛋，煮的掛面，我百吃不厭。

我時常站在母親打理過的麥田，記憶如泉，念思劑溶，往事升騰如煙。母親將貧窮難苦過得清潔有禮，應對人事恭謹有儀，對命運決不妥協，不隨波逐流，超越低級和頹廢。

母親去過的城市很少，沒有坐過飛機，沒有出過境，沒有見過我出版的書，沒有見過我寫的文章，沒有看到我的演講和主持……沒有歷史書寫着螻蟻的存亡、孤憤和寒涼。在一個曾經覺得宏大無邊的縣城，我邁開雙腳，用奔跑作出了丈量，其實是替母親了卻一椿心願。縣城並不大，其實就是集市的模樣。

那日陽光照得燦爛，母親的墓瑩邊，開着油菜花。她喜愛的玉蘭花在院裏鬥豔。

我揉揉眼睛，淚濕千行。我想念母親。

十四、古村殿、武當山

古村殿是兒時一個有名的地方，母親經常說起它。我沒有去過，但我知道它與信仰有關。具體說，就是道教。

古村位於現在的鄧州市構林鎮，是一個千年古村落。資料說，秦朝時已經在此地設縣，時稱「山都縣」。古山都遺址就位於此村，先後有明代石匾「古山都」和許多陶器、古井、銅鐵器等文物出土。因村子歷史悠久，故得名「古村」。

時間是有力量的，其力量在於點點滴滴，如水穿行。古村由於歷史的連續性和時間的跨度，受到普通民眾的景仰，供奉有玉皇大帝、太上老君和祖師爺的牌位，所以有「古村殿」的稱謂。

我對道教作過有限的研究，《道德經》和《南華經》是奠基性的文字，東漢張道陵著《道書二十四篇》，自稱「太清玄元」，創立道派，受道者出五斗米，故稱「五斗米道」，以符水咒法為人醫病，教人思過，信徒戶至數萬，其張氏後裔繼承道法，世居龍虎山。

唐朝李氏由於鮮卑族的血統，在眾多的氏族門閥裏地位亦並非很高，出於對中原文化社會影響力的敬畏，以及統治穩固性的考慮，將道教推到較高的位置。有明一朝，在朱棣的推動下，將武當山按照紫禁城的規制建造，武當山成為朱氏家廟。後朱厚熜由於長期居住於湖北鍾祥，距離武當山最近，意外入駐北京皇宮，都應然歸功於道教的加持。而道教對湖北、河南地區民眾的教化和奉持基礎廣泛而深邃。

由於張道陵的卓越貢獻，四川青城山、江西龍虎山均被視為道教祖庭和道場，成都的青羊宮、北京白雲觀、天台的桐柏宮都富有盛名。但武當山基於特殊的敕封加持，被尊為道教第一名山。

查閱地圖，古村殿與武當山的距離，已經是近在咫尺了，傳說有地洞和武當山相通。地洞是否存在，不可考，但古村殿受到武當山的影響和庇佑，卻是事實。古村殿與我們村子的距離，步行有半日的路程，所以道教的親和力，在我們村有應然的基礎。同時，老子學說出現在春秋晚期，屬

於南方的楚文化系統，而鄧州在文化傳承上，歸屬於楚文化系統。

這些是我心之所繫的對母親和古村殿的特殊回溯和理解。我在武當的盤山階梯上，在金頂的大殿前，仿佛看到過母親虔誠的身影。武當山有一奇異的樹木名為榔梅，是武當山生存已久的本土物種，非李非杏、非桃非梅，又似李似杏、似桃似梅。「淡淡著煙濃著月，深深籠水淺籠沙」[1]；「霓為衣兮風為馬，雲之君兮紛紛而來下」[2]。

道教是地道素樸的漢民族的心靈救治良方，也是漂泊無依的靈魂依歸。「善者，吾善之；不善者，吾亦善之；德善。信者，吾信之；不信者，吾亦信之；德信。」「有無相生，難易相成，長短相形，高下相傾，音聲相和，前後相隨。恆也。」《道德經》中的句子，母親可能沒有讀過，但其在日常的清貧持家、與人為善、扶窮濟困中，踐行的就是道家的真言。

魯迅先生曾言：「中國文化的根底全在道教，以此讀史，有許多問題可以迎刃立解。」[3]「凡物各由其道而得其德，即是凡物各由其自然之性。苟順其自然之性，則幸福當下即是，不須外求。」[4]強調所謂「以內樂外」，就是指行為主體以內在的精神修養、平和的良好心態和高雅的審美情趣，去感受外在事物的美好而獲得的歡樂。[5]

《易傳》說，「天尊地卑，乾坤定矣。卑高以陳，貴賤位矣。動靜有常，剛柔斷矣。方以類聚，物以群分，吉凶生矣。在天成象，在地成形，變化見矣。是故剛柔相摩，八卦相盪，鼓之以雷霆，潤之以風雨，日月運行，一寒一暑。乾道成男，坤道成女。乾知大始，坤作成物。乾以易知，坤以簡能。⋯⋯ 易簡而天下之理得矣；天下之理得，而成位乎其中矣。」儒家主張的秩序與綱常，對於農村女性的內心壓力是可以想見的，儘管母親沒有如祖母那樣裹腳，但也被拒絕在教育之外，不能不說是殘酷的現

1　［宋］白玉蟾：《早春》。
2　［唐］李白：《夢遊天姥吟留別》。
3　魯迅：《魯迅全集》第 9 卷，人民文學出版社 1958 年版，第 285 頁。
4　馮友蘭：《人生哲學》，廣西師範大學出版社 2005 年版，第 16 頁。
5　呂錫琛：《道家「以內樂外」的快樂之道》，載《中國社會科學報》，2012 年 7 月 30 日，A5 版。

實。而且，在客人來訪時，母親從不上桌，以此來體現所謂家教的禮儀，無不彰顯「君君臣臣父父子子」下農村女性的犧牲與付出。

「道賦予萬物以存在的可能性。整體性體現在萬物的每一物存在的可能性依賴於其互相之間聯繫，萬物之每一物互相之間的聯繫決定了萬物每一物的存在」。[1]《莊子・秋水》：「以道觀之，物無貴賤；以物觀之，自貴而相賤。」[2] 母親對弱者的平視，對文化的尊重，也源於她對知識本根無功利性的理解和堅持，也是我能堅持讀書的經濟和精神基礎。

物質的匱乏、身體的疾患、家庭的負擔、對知識的嚮往與農村的荒遠、文化的偏狹、秩序的重壓、現實的不堪，在母親的身上糾纏，從不停息。

然而，母親創造的奇蹟和善良，我在泰山的石階上，依稀有知。

「與時遷移，應物變化，立俗施事，無所不宜」，[3] 是為道。

十五、勤工儉學

1997 年 5 月，法國總統希拉克訪華時帶來一件國禮，這就是《鄧小平 1921 年留法勤工儉學時期的工卡》（複製件），當時，鄧小平勤工儉學的單位是克魯梭市施奈德鋼鐵廠。

我在小學三年級，開始早自習，也開始了「勤工儉學」。

初期，我們的「勤工儉學」就是利用暑假在麥地撿麥穗，然後去殼脫粒，向學校交純小麥，每個年級斤別不同，印象中，三年級每人六斤，四年級每人八斤，五年級每人十斤，每年有所浮動。實際上，真正撿十斤麥穗的可能性基本沒有，指標要求是硬的，人的思想是軟的，人的智慧總能

1 　李若暉：《自然與尊嚴：道家思想內核及其普遍意義》，載《杭州師範大學學報（社會科學版）》2018 年第 6 期。
2 　郭慶藩：《莊子集釋》，中華書局 1961 年版，第 577 頁。
3 　曹智頻：《深度思考的道家文化觀》，載《光明日報》，2019 年 2 月 5 日。

發光發熱。譬如，在秋季開學，同學們斤數都是超額的，老師安排一筐一
筐地來稱，也檢驗質量，麥子的來源其實就是各家裏的糧倉，是家長被迫
默許的做法。

對於這種做法，我實際苦惱和自責過，我覺得不夠誠實，但聯產承包
責任制後，每家的麥田，都撿拾得比臉還乾淨，根本撿不到多餘的，只能
撿自家的，撿自家的，還不如直接從麥倉中取。這就是邏輯自洽和圓融。

勤工儉學的種類並非單一的撿麥子。後來兼容並蓄，發展到撿木
柴、綠豆、穀物都成，還直接用錢代表也成。後來我讀唐史中的「租庸調
制」，非常像我們班實行的勤工儉學。租庸調制是有唐實行的賦稅制度，
以徵收穀物、布匹或者為政府服役為主，是以均田制的推行為基礎的賦役
制度。而我們的「勤工儉學」以人頭為基礎，收農產品，包括但不限於小
麥、穀物、木柴等；後來的勤工儉學，也分為暑假和寒假兩次，與唐德宗
建中元年（780年）頒行的「兩稅法」分夏、秋兩季徵收，亦有一拼。

其實，我也能理解當時小學建設的無奈。《中華人民共和國義務教育
法》於1986年4月12日才初次頒佈，後分別於2006年6月29日、2015
年4月24日、2018年12月29日三次修訂，2012年，國務院還出台了
《關於規範農村義務教育學校佈局調整的意見》。所以，我上小學時，學
校還是收費的。義務教育的關鍵在於：「國家實行九年義務教育制度。義
務教育是國家統一實施的所有適齡兒童、少年必須接受的教育，是國家必
須予以保障的公益性事業。實施義務教育，不收學費、雜費。國家建立義
務教育經費保障機制，保證義務教育制度實施。」[1]也就是說，義務教育的
核心原則是：不收學費、雜費。

學費、雜費是我上學階段最為苦痛的壓力，是壓抑在心上的一座大
山，從不曾輕鬆過，也是自覺是家裏負擔，為家庭做貢獻太少的自卑所
在，這種內心的萎縮，延續表現在家庭和學校中，不曾有伸展和自由。

我最不願看見父母因學費的唉聲歎氣，「借學費」和「賣雞蛋」攢學

1　《中華人民共和國義務教育法》（2018年修訂）第2條。

費成為日常，初中時我開始在學校拉小麥換飯票，高中階段也是需要跑50里地，在學校食堂交糧食的。這也是我不太願意直接面對的事情，因為無力、無助，只有逃避，然後儘量少吃，儘可能少吃幾個饅頭，少花錢，也是掙錢。

「少花錢，也是掙錢」的理念，在小學萌發，實施於初中，高潮在高中，延續在大學，其後果是在生理發育關鍵階段，根本營養不足，個子沒有成行，成為另類的「殘廢」。

我記得在小學三年級前，還經歷過自願的「勤工儉學」，就是給家裏做貢獻，譬如摳棉花皮、撿羊屎蛋。有一段時間，聽大人們說還上繳過「老鼠尾巴」，一條條的特別嚇人。

研究生備考階段，我終於學會了借錢，借了在洛陽石化先行工作的同學一筆「巨款」，這是一個不小的成就 —— 能夠求助，也是很重要的一項技能。在人大學習期間，我還兼職在一間公司打理知識產權，每月200元整，補貼學習支出，這才理解勤工儉學真正的內涵。勤工儉學應該是一種路徑，通過支付一定方式的勞動，獲得報酬，補貼學習費用，同時也能提升對社會的理解和適應社會的能力。現在的學生，尤其是大學生，勤工儉學（Work-Study Program, 簡稱 WSP）成為社會實踐活動的重要環節。其兼具多項功能，既能減輕家裏的經濟負擔，也能讓學生獲得初次與現實社會接觸的經驗。

1920 年 9 月，16 歲的鄧小平踏上了赴法勤工儉學的旅程。一群青年學生擠在低等艙裏，鋪位破爛不堪，但他們興奮不已，面朝大海，慷慨而歌：「山之涯，海之湄，少年中國短別離。短別離，長相憶，奮鬥到底，唯有少年有此志氣。」這首歌的作詞人是趙世炎。旅法勤工儉學，是兼讀兼工的重要形式，為中國培養了卓越領導人。歷史評價，留法勤工儉學運動是「五四」精神的偉大實踐，湧現出促進中法友好的第一批使者。

回首來看，我小學的勤工儉學，是為義務教育的實行作出了準備的，儘管我們埋首苦讀，煎熬於學費籌措，但後來的孩子都有上學的機會。受教育不惟權利，更是義務，民族整體文化素養的提高，尤為重要。

十六、文化遺址

上小學的路邊，有當時的村大隊部。

離村大隊部的不遠處，樹有一尊「楊崗文化遺址」的石碑，黑底白字，非常壯觀。

那時，不太理解「文化遺址的」確切含義，就知道村下面埋有好東西。村民們挖紅薯窖，有挖到瓷盤、瓷碗的，有挖到青銅器的，還有陶器、石頭做的東西。

後來，圖書館的資料表明，我們村子下面是一處包含新石器時代文化層和商周文化層的遺址。遺址呈緩坡狀，面積約六萬平方米，文化層厚二至四米。1957 年發現並被原鄧縣革命委員會公佈為縣級文物保護單位。「遺址面積較大，保存狀況較好，是研究鄧州史前文化及商周文化的重要遺址。」[1]

該處遺址採集到的新石器時代的器物有：石器，例如石斧、刀、石鐮等；陶器，例如紡輪、灰陶鼎、罐、碗、杯等；骨器，例如骨箭頭等。在遺址的南部邊沿地帶還發現有戰國時期的墓葬及車馬坑，出土有銅鼎、銅壺及車馬器等。

還有更多的傳說、戲說是有人還挖到了聚寶盆，驢子吃料怎麼也吃不完 …… 還有人鋤草時，鋤到了一窩小金雞 …… 於是，就有可怕的怪物出現。傳說、戲說、怪談，都在不同層面表徵着村人樸素的社會、經濟理想，以及直率、耿直的世界觀、人生觀。

其實，所謂遺蹟與遺址，無非是時間標定的古人類活動信息，在較長時期內發生的一段進程。這種信息關涉此前人群活動歷史的時空變化、社會經濟狀況，甚至與周邊文化技術交流細節。安陽殷墟也是在世代耕種

---

1 楊崗村位於小楊營鄉政府北三公里處，由三個自然村構成，全村轄七個村民小組，345 戶，總人口 1480 人，耕地 1790 畝，黨員 21 名，代表 36 名。村辦小學一所，文化茶館兩個，新農村合作醫療一個，農業生產以小麥、玉米、花生、棉花為主；以養鴨為龍頭的畜牧業快速發展，年出欄十萬隻。http://www.bytravel.cn/landscape/84/dengzhouyanggangyizhi.html.

的村子下面。在村民每年翻動田地的時候偶爾會從土地裏找到一些殘破的龜甲和獸骨。有文字的考古資料，具有更高的價值，其不但能夠讓我們對歷史特定時期的手工業發展進程和藝術發展有直觀的了解，也能夠為歷史學者提供有效的信息。[1] 銅器是鐵器發展的準備階段。現在滿大街的鐵器製品，鐵的發展歷程卻是幾多艱難，哪怕僅僅一個煉鐵爐子由圓形變成橢圓形，也都經歷了幾百年的實踐磨練。冶鐵爐具形狀的細微變化，就能為冶鐵工藝帶去巨大影響，使之產出純度更高的鐵原料，製造出更好的兵器和農具。[2]

文化遺址，是一種過往活動的見證。當年的實物和痕跡使後人能夠觸摸到真實的歷史，觸摸到本質鮮活的時間運動，可以印證、補充和修正後人對歷史的認知、缺漏和偏差，敬畏宏大的時間敍事。就像博爾赫斯所說，個體生命是「每一個孤獨的瞬息」，艱辛又轉瞬即逝，而群體的薪火相傳，就是雄壯的進程。

我最初的小學是幾間瓦房，漏雨是大問題，後來村裏想辦法蓋起了兩層新教室，二樓還是瓦簷式結構，但有樓梯，二樓開始有視野和高度。

小學原址的高台，也進行了修葺，同樣矗立了一個石碑，是為紀念楊氏先祖而立。兒時，村裏有三間大祠堂，也是有不少牌位。但在一個上午，忽然全部被砸爛，祠堂被毀掉，期間發生了什麼，始終沒有答案。我在台灣島的旅途中，看到久違的祠堂，色彩和形狀，均無二致，仿佛是家鄉走出的遊子。後來，看到台灣詩人周夢蝶《孤峰頂上》的詩句：「沒有驚怖，也沒有顛倒；一番花謝又一番花開，想六十年後你自谷峰頂上坐起，看峰之下，之上之左右，簇擁着一片燈海，每盞燈裏有你」，很有同感，他的老家就是南陽。

個體從小學、中學到大學，生老病死、成住壞空，社會發展，何嘗不

---

1 《河南安陽殷墟遺址的發現，對於我國商代歷史研究有着怎樣的意義？》2020 年 12 月 8 日，https://baijiahao.baidu.com/s?id=1685491221008936049&wfr=spider&for=pc.
2 《鄭州文物搶救記：那些對中華文明起源有決定意義的遺蹟，現在保存下來了》，每日經濟新聞，2021 年 7 月 29 日，https://baijiahao.baidu.com/s?id=1706633400810065807&wfr=spider&for=pc.

是從初級階段到高級階段螺旋上升。《莊子·知北遊》中有言：「天地有大美而不言」，誠不虛焉。

　　工作期間，我曾駐足於省博物館，也探訪過縣文化館，我曾期待與和我一樣走出村子的遺蹟、文物有一次隔空的訪談，地上，地下，我們在村子不曾會面，但很熟悉。在另一個空間，我們碰面，但也陌生。似曾相識，此前卻從未謀面。

　　人類群體的歸屬感，屬於時間，還是屬於空間？抑或是時間與空間的交錯？抑或都不是，而是一種文化、價值的認同？在新疆博物館，曾有一具風乾千年的將軍，他來自南陽，從中原千里來到西域，守護邊疆，是不是千年後魂回故里？如果缺乏一種整體性的文化思維，或文化掌控力，所謂文化遺存，無非形式上的保護，而非實質的傳承和繼燃。因此，遺址與文物，不惟是其具有的歷史性和審美性，更着眼於現實性，着眼於當下，關切今人，使今人找到失落的文化認知和文化歸屬感，也只有這種文化歸屬感，[1] 才是生命的本根

十七、岑彭與霍去病

　　村子不遠處，約二里多，有一墓，人說是岑彭之墓。[2]

　　兒時沒有電視，我主要是用半導體聽評書，評書中有王莽和劉秀，其中就有岑彭。光武帝劉秀主要活動區域就在湖北、河南，推翻王莽後，在雲台封將二十八名，岑彭列第六位，據說他的出生地就在磚橋村，就是我們鄰村。岑彭原是王莽的官，後來歸順劉演和劉秀，後為公孫述刺客所殺。《後漢書》中將其與馮異、賈復並列一傳，評書中是有大刀王五的。

　　岑彭墓，是落葉歸根的例子，生於斯，葬於斯。資料說，此墓原來

1　《歷史遺蹟在今日的意義》，載《雅安日報》，2013 年 9 月 29 日。
2　岑彭（？—35 年），字君然，南陽棘陽（今河南省新野縣）人，東漢開國名將、軍事家，列雲台二十八將第六位。

形制很大，封土呈高台狀，方形，邊長 25 米，高 4 米，面積 600 餘平方米。現四周為耕地，年久取土、雨淋，縮小為一小土堆。我很小就聽說岑彭墓被盜過，土堆正上方，是一很小的洞。想來是洛陽鏟的傑作。

稍遠一些有冠軍村，是霍去病[1]的墓，準確而言，是霍去病的衣冠冢。明《嘉靖鄧州志》記載：「霍去病墓州西北四十里冠軍城內」，即指此墓。霍去病的老家在山西，冠軍村是他的封地，其葬制，體現了另一種死葬的思想和邏輯。

霍去病與岑彭分屬西漢和東漢，竟在一個空間可以相遇。

安徽的和縣古稱烏江，項羽自刎於此，有項羽墓，實際也是衣冠冢。和縣的對岸，是馬鞍山的當塗，有李白墓，在一晴日，我憑弔過，規模不小，也是衣冠冢。西漢的項羽和大唐的李白，霸王和詩人，亦可隔江而望。

在割草、放羊的間隙，我聽的最多的也有《岳飛傳》，「朱仙鎮八大錘」「牛皋大戰金兀朮」「楊再興小商河」「挑滑車」「風波亭」，還有《楊家將》「十二寡婦征西」「大破天門陣」「血戰金沙灘」「七郎八虎」「穆桂英掛帥」，還有《薛仁貴征東》《薛丁山征西》《樊梨花征西》《薛剛反唐》《薛雷掃北》……經常聽得如癡如醉，當時的單田芳和劉蘭芳，比現在的網紅要火很多，廣告是有的，但不太多，不像現在目之所及都是廣告。單田芳嗓音沙啞但富有表現力，富含情緒和感染力；劉蘭芳聲音有立體感，富有維度和層次，評書說得連貫，飽含畫面感及節奏感。

「說時遲，那時快」「花開兩朵，各表一枝頭」是評書最熟悉的串詞兒。收音機的便攜性，打破了傳統評書坐堂式的傳播方式，解放了聽眾的收聽限制，在田間地頭、庭院餐桌，大人與孩子扭開旋鈕，即可在固定時間聽到講得栩栩如生的評書故事。每個時代都有自己的造星機制，而單田

---

1 霍去病（前 140 年－前 117 年），河東平陽（今山西省臨汾市）人，西漢名將、軍事家、民族英雄。漢武帝皇后衛子夫及大司馬大將軍衛青的外甥，大司馬大將軍霍光的同父異母兄長。霍去病十八歲為剽姚校尉，率領八百騎兵深入大漠，兩次功冠全軍，封冠軍侯。

芳則是收音機時代造就的明星。[1]

在電視開始走進農村時，《射雕英雄傳》《霍元甲》《陳真》等影視劇陸續走到人們眼前，從黑白到彩色，個體也在更替自己的角色。岳飛的墓在西子湖畔，前方永跪着秦檜的石像，而更多的個體，將是無名的。

在忙碌不知所以的間暇，我總想起兒時的鄰居——一個寡居的老人，無兒女，小腳，不曾富貴，沒有功名，沒有名姓，只有一因失聰而得的外號「聾子」。記憶中她不曾說過話，只有每天慣常的餐食和針線活兒，她的小腳還裹着長長的布，走得很慢。

唐寅在《桃花庵》中說：「不見五陵豪傑墓，無花無酒鋤作田。」其實，上初中後，我就再也沒有見過那個裹着小腳的聾子，我也不曾見到她的墓堆，仿佛也從未有人提起。秋天的桐樹，落葉和梗子是柴灶的歡物，我總思考，生命的無名，譬如無聲的桐樹，無言的「聾子」。

非典期間，一個非常優秀的同事，北大畢業，黑瘦，良善，有一漂亮的女兒 Angel，想來現在已經長大。同事那時驕傲於生命的綻放與事業的伊始，來不及認真地年輕，就得了肺癌，很快病逝，生命旋轉在倏忽之間，尤如在春天的林子裏偶遇的枯枝。

坐在秋日的草地，直面夕陽，看一片葉子斜飛過馬路，然後不停旋轉，沒入埃塵，不知所蹤。個體總如「不想掩蓋的平靜水面下沸騰的火」。[2] 伸開掌心，每一個人，每一棵樹，何嘗不是舊日泛濫，河道縱橫？

功名或是無名，將相還是平民，恰如「苦雨寒簫的哀怨，亦如月落烏啼的失落」。[3] 個體可以如陽，能扶住草的柔弱；個體亦可如月，會把所有心願付寄。生命，就如魯迅所說：「當我沉默着的時候，覺得充實；我將開口，同時感到空虛。」

1 《評書價值被低估　傳統藝術要佔領新媒介》，2019 年 3 月 7 日，https://culture.china.com/chinawatch/13000480/20190307/35382803.html.

2 《真和純的陌生美——論〈青衿〉的藝術風格》，2016 年 2 月 29 日，http://www.chinawriter.com.cn/shige/2016/2016-02-29/266412.html.

3 《郭子儀：你所有的福氣，都藏在厚道裏》，2019 年 6 月 22 日，http://sxgswh.cn/html/lgff/993.html.

　　我兒時的很多知識來自大人的口口相傳，來自評書人的抑揚頓挫，來自好奇心。村子在歷史中傳遞，是一種信息的流動方式，也是互通感情的方式。

十八、地方戲

　　每年農曆三月二十八，是唱戲的日子。

　　唱戲，是因為有廟會 —— 熙熙攘攘的人群，琳琅滿目的食品 —— 這是孩子們十分期待的節日。

　　戲，大多是看不懂的，吃的卻大多能記住很多細節，譬如甜麻團、涼粉、攤餅和冰棒。麻團有白色的、花色的，用棉線穿起來賣，本身就是一道風景。涼粉應該是紅薯面做的，要用大油來炒。毛雞蛋是孵化未成功的雞蛋，可烤、可燒，吃的時候需要一些心理建設。還有爆米花的機器，砰的一聲如禮炮般的響動後，就是一桶桶醉心的香意。譬如在《社戲》裏的句子，「再也沒有吃到像那夜的好豆，再也沒有看到像那夜的好戲了」。

　　農曆三月二十八日，據說是紀念東嶽大帝的誕辰。宋朝開始，就有泰山廟會，以祭東嶽大帝，地點在東嶽廟即岱廟。傳言中東嶽大帝主管世間一切生物出生大權，人們樸素地祈求大帝審慎行使生死的大權。中原的廟會，就是戲台、商販、擁擠不動的人群。

　　戲台是固定的高台，每年有不同的戲種和曲目上演，有梆子、曲劇、豫劇、越調 …… 其中的梆子戲，特點是伴奏中有響亮的粗木塊兒敲擊，調動節奏。越調中，相對哭戲較多，適合旦角嚶嚶不息的訴說。曲劇、豫劇戲目中，清官辦案、武將打鬥的場劇，我印象深刻，常常看到忘了吃喜愛的冰糖葫蘆。

　　清官辦案是最廣泛的題材，主要有包拯、寇準和海瑞，包拯佔的戲份最多，也因為他的黑臉和額頭上特有的月牙兒。農村對清官辦案戲劇的歡迎，來自自身階層的卑微、蒙冤的普遍性和伸冤的艱難性，也因為信息的

嚴重不對稱和糾紛的瑣碎……十幾年前，我曾在台基廠最高法院的垃圾桶上，看見一個情緒激昂的演說家，慷慨陳詞「中國最大的貪污犯，我們村主任，貪污十幾畝地……」，十幾畝地，在一般村子確實是大數目，但在全國，卻並非如此。在大紅門還有常駐上訪的隊伍，吃飯主要靠撿垃圾解決，被天席地是慣常的事情。

「六月飛雪」是竇娥冤的代表，在民間有廣泛的共情。農村表達、解釋的路徑的有限性，增加了共情的深度和廣度。在村子裏家長里短的吵架中，經常有「比竇娥還冤」句子的引用。

清官辦案，是我對法律公平公正、秩序最早的啟蒙。這種吸引力，首先在於威風。「迴避」「肅靜」三班衙役開道淨地，與農村的寒酸、單薄根本不同；其次在於奇特的外形 —— 帽子。村裏人一般是不戴帽子的，最多是草帽和頭巾，圖的是方便；但管帽不同，圖的是炫目。我在戲裏看到過七品芝麻官晃動自己帽翅的功力，最終沒有回家賣紅薯，審下了誥命夫人。再次，在於包拯的鍘刀，共計三頭，龍頭鍘、虎頭鍘、狗頭鍘，大小官員犯案均能一併拿下。還有「尚方寶劍」，見劍如面君。清官的官袍繡着特定圖案，譬如資料上說，清代文官因工作性質嫻靜儒雅，所以多以禽鳥作為補子的圖案，比如一品官補子為仙鶴，象徵長壽；二品官為錦雞，象徵吉祥如意；三品官為孔雀，象徵文明；四品官為雲雁，五品官為白鷳，六品官為鷺鷥，七品官為鴛鴦，都象徵着吉祥；八品官為鵪鶉，九品官為練雀，寓意安居樂業、平安。武官從性格和工作性質上和文官有很大區別，所以多以強壯的動物以及猛獸作為補子的圖案，彰顯武官威嚴的形象。比如一品官以麒麟作為補子，象徵仁厚祥瑞；二品官以龍的九子之一狻猊為補子；三品官以豹為補子，都象徵着勇猛；四品官以虎為補子，寓意有王者之氣；五品官以彪為補子；七品、八品官以犀牛為補子，象徵着堅不可摧，九品官以海馬為補子，寓意能攻能守。[1]

---

1 《清朝朝服圖案，按照品級依次什麼，看完清晰很多》，2020 年 7 月 23 日，https://baijiahao. baidu.com/s?id=1672980262007336177&wfr=spider&for=pc.

《明史・輿服志》記載:「洪武二十四年定,公、侯、駙馬、伯服,繡麒麟、白澤。」明代文官官服補子,一品是仙鶴,二品錦雞,三品孔雀,四品雲雁,五品白鷳,六品鷺鷥,七品鸂鶒(xī chì,古書上指像鴛鴦一樣的一種水鳥),八品黃鸝,九品鵪鶉;雜職練鵲;風憲官獬豸。其中獬豸,就是法律史教科書中特指的單角獸。海瑞長期擔任七品知縣官職,其戲服補子就是鸂鶒。武官一品、二品為獅子,三品、四品虎豹,五品熊羆(xióng pí),六品、七品為彪,八品犀牛,九品海馬。[1]

宋朝官員的朝服上衣下裳都是紅色,裏面穿着白色羅中單(禪衣),外面繫羅料大帶,並有緋色羅料蔽膝,身上掛着錦綬、玉佩,方心曲領,腳上穿着白綾襪黑皮履。宋代的官服以顏色來區分等級,三品以上用紫,五品以上用朱,七品以上綠色,九品以上青色。北宋神宗元豐年間(1078 — 1085 年)改為四品以上紫色,六品以上緋色,九品以上綠色。凡緋紫服色者都加佩魚袋。而且,宋朝官員都得戴襆頭,又叫摺上巾,這是一種包頭的軟巾,因為總是青黑色的,所以人們給它起了個很形象的名字:「烏紗」,就是咱們平常說的烏紗帽。[2]包拯時任開封府知府,級別為從四品,穿的應該是紅色官服,與司馬光應該是一個級別的。

於是,法院、公安、檢察院幹部都是有大蓋帽的,有自己特定的制服,非常威風,就是沒有明清官袍上的補子,但有領章和帽徽。制服和管帽是一方面,地方戲清官,給我最大的震撼,還是能夠解決問題,為老百姓做主,為老百姓洗刷冤情。

審判的基本訴求和功能,還在於定爭止紛,在於量衡曲直。如果不能查明事實、明辨是非,官員的補子、管帽、制服、衙役全是虛幻,並無裨益。

《卷席筒》(又名《白玉簪》《斬張倉》《曹保山中狀元》)為豫劇傳統

---

1 《看懂明清官服》,2018 年 3 月 23 日,https://www.sohu.com/a/226249012_740781.
2 《包拯不會穿繡花鳥衣服　宋代官服上沒繁複圖案》,載《山西晚報》,2015 年 5 月 20 日,http://culture.people.com.cn/BIG5/n/2015/0520/c22219-27030418.html.

劇目，我看得比較多，其間很多唱段至今還記得：「二解差好比那牛頭馬面，我一說話，就把那臉翻⋯⋯」進京赴考的曹保山得中狀元，欽命代天巡撫查訪河南，在復審案卷中，發現了張倉奇案，經過提審蒼娃，察明了事實，懲辦了贓官。於是，我的願望在小蒼娃的淚水中萌生：我應該學法律，當法官，揚善除惡，為老百姓找到公道。

十九、小人兒書

小人兒書，俗名連環畫，是我小學主要的讀物和藏書。其取名基於看書對象，書是給小人兒看的，小人兒就是小孩兒。為此，廣東和廣西人乾脆稱它為「公仔書」，仔，就是小孩兒；湖北人則叫它「伢伢書」，伢，也是小孩兒，顯然這種認同感是一致的。浙江人看重它的普及性，戲稱它是「菩薩書」。

連環畫兒有圖，很生動，有文字，也不長，讀起來頗有身臨其境的感覺。那時小人兒書主要以歷史題材為主，《三國演義》《紅樓夢》《西遊記》《水滸傳》四大名著基本為主角；也有主旋律的本子：《林海雪原》《沙家浜》《紅燈記》《鋼鐵是怎樣煉成的》《在人間》《我的大學》等；戰爭題材的比較受小學生歡迎，比如《雞毛信》《洪湖赤衛隊》《敵後武工隊》《地道戰》《地雷戰》《渡江偵察記》《烏龍山剿匪》《鐵道游擊隊》《秋收起義》《南昌起義》《挺進大別山》《高山下的花環》《英雄虎膽》等；也沒少涉足諜戰刑偵題材的，諸如《黑三角》《神祕的大佛》《405謀殺案》《戴手銬的旅客》《死亡島》《古剎鐘聲》等。

四大名著中小人兒書基本為成套的，收全一套需要耐心、毅力和運氣，集全一套《岳飛傳》《楊家將》《李自成》更為艱難，[1] 因為大家都在努力。小兒書閱讀的規矩和約定俗稱的原則是，大家必須互相換着看，這樣

1　全套《岳飛傳》25 冊，《西遊記》35 冊，《水滸傳》40 冊，《三國演義》60 冊。

才能各取所需，時間一長，很多同學對於看過好幾遍的，還有破爛的，會嫌棄和丟棄，於是這些都成了我的收集來源。買小人兒書基本上是奢望，學費還沒有着落呢。後來知道城市的孩子有小人書舖子，可以租賃書，這是最經濟和有效率的做法，可惜我沒有機會。

由於沒有書櫃，沒有書房，也沒有書箱的位置，我只能用長虫皮口袋（原是裝化肥的）裝小人書。現在想來也是沒有辦法的辦法，其實長虫皮口袋是不適宜存放書的，因為它不能防蟲和防潮濕，書之間摺疊和擠壓也非常嚴重，查找時也不容易定位和尋找 —— 尋找本身也是不斷的傷害。每每想起，痛心不已。後來，那兩袋小人兒書就成了姪子、外甥一輩兒的玩物了，我不知道他們能否看到故事背後的故事。現在它們已蹤跡皆無，瀰散在時間裏，仿佛回到了它們的來處。

資料說，「連環畫」這種說法，最早出現在 1925 年。當時，上海世界書局出版了古典文學《西遊記》等畫冊，在書的廣告宣傳上印有「連環畫是世界書局所首創。」這套畫冊發行量很大，它這一「首創」，還真叫開了。從此，小人兒書就開始叫連環畫了，[1] 小人兒書的特徵是黑白勾繪，動感十足。小人兒書主要用白描手法，畫下來各種故事，畫面不僅有人物，更有江河湖海、日月星辰、花鳥蟲魚、刀槍劍戟，一書一宇宙，一書一江湖，簡單的線條，簡練的文字，四五十頁敍述一個完整的故事，[2] 需要邏輯，更需要抓力。

相比較而言，我當時的主要玩具，彈球、打轉、推鐵環兒、疊四方等，小人書具有突出的價值和吸引力。小人兒書雖小，卻藏着一個偌大的世界。那時農村能見到的圖書很少，所以村子裏有「小人兒書」的人家就是達到書香門第的標準。十幾本東周列國故事的小人兒書，包括《烽火戲諸侯》《搜孤救孤》《楚靈王》《過昭關》《臥薪嚐膽》《魏文侯》《孟嘗君》…… 直接激發了我對歷史、地理的濃厚興趣。想來初中、高中階段，

1　劉一達：《小人兒書》，載《中國檔案報》，2020 年 6 月 12 日，總第 3537 期第三版。

2　《我的「小人兒書」情懷》2021 年 12 月 16 日，https://www.jianshu.com/p/8528dd368c0c

我的歷史、地理成績總能保持靠前名次，小人書功不可沒。它們填補了農村幾代人的文化閱讀空白，那些耳熟能詳的人物、故事，凝聚着中國老百姓樸素的情感和審美趣味，也讓孩子們完成最初的知識啟蒙和傳統文化傳承：他們的童年時光曾因小人兒書而生動多姿，他們曾以小人書為最心愛的夥伴，曾為小人兒書魂牽夢縈……[1]

小人書也增強了我對原著的興趣。我曾找到過一本破敗不堪的《西遊記》，很多字兒都不認識，所以我開始了拚命認字，我可以一個人寫滿一個黑板，也可以一個人寫字，一排五字以上，一直寫出校園，寫到回家的馬路上。當然，用的不是粉筆，粉筆用不起，我用的是廢舊電池中的墨芯兒，把這個黑家伙摳出來，需要費些手腳，然而是值得的。

小人書也促使我有了探索經濟學理論的原始動機，譬如對壓歲錢的渴望，也迫切希望能夠如歌裏唱的，「我在馬路邊，撿到一分錢」，但小學五年，我一筆也沒有撿到，反而還丟了五毛錢，令我整整哭了兩天。過年時舅舅家給了壓歲錢，我特別開心，但最終還是上交充公，交了學費。農家的孩子能掙零錢的路子極少，我當時聽說過「蟬蛻」是一種藥材，可以賣錢，於是收集了不少，但藥舖說，我的「蟬蛻」品相太差，不少斷了腿，不能要，我傷心不已。現在能想明白：中藥不都是搗碎的嗎？只是這需要很長的時間，也需要勇氣。

在一分錢掰成兩半兒花的日子，小人書寄託了無限希望，「精忠報國」「鑿壁偷光」「破釜沉舟」，小人兒書是一條無限的引線，把一個個懵懂引進了未來，把一個個鮮活的歷史人物和故事展現在實踐的路徑中。

前幾年在北京，聽言小人兒書也成了收藏品，價格能翻不知多少倍，依據新舊、薄厚定價。據說連環畫的收藏價值主要是以出版社、作者、版次、印刷數量、品相等幾個參數來綜合評定的。也聽說，有出版社也出版了新版的「小人兒書」，內容與幾十年前完全相同，封面已是彩色的，設計印刷精美、包裝華麗，但我還是沒興趣去買新版的，也許，一些記憶只

1　薛明：《「小人兒書」：成年人的少年夢》，載《哈爾濱日報》，2010 年 4 月 18 日。

屬於時間，而不能翻新、重置。

　　小人書真正的價值，還在於閱讀，一種印象的種植，一種對貧乏、孤獨的填充，把一種匱乏兌換成充盈和延伸。

二十、物理與牀

　　我在小學四年級的時候入選青年團，在填寫表格的時候，我第一次鄭重面對我的家庭成分：貧農。鄰居大爺當時甚至說，應該填寫「赤貧」。而「幹部」「工人」的選項永隔重洋，遙不可及。

　　小學五年級，我最大的成績，也創造了村小學創設以來的記錄，就是在全鄉小學作文競賽中獲得前三名，獲得全縣小學生作文競賽的比賽資格，縣裏的作文競賽名稱是以作家名字命名的，「姚雪銀」，他寫過《李自成》，後來知道，我們縣也有出名的作家「二月河」和「周大新」，二月河寫過《康熙王朝》《雍正王朝》，筆力雄渾，更遠的作家是劉震雲。

　　當鄉里下發的獎狀送達校長手裏時，他一個人做主，直接貼在班裏教室黑板的上方，沒有徵求我的意見，我將真實想法深深地埋在心裏，從來沒有說出口，就是想「拿回家貼在牆上」，因為牆上揭去《紅燈照》的舊畫，還有一大片空間，我要填滿。

　　然而，那張獎狀永遠地留在了二樓的盡頭，最東端的那間教室，不知道最終歸宿在哪裏。也許，名譽本身就是一張可有可無的紙，只是剎那的一片雲而已，去留皆應無意，可惜當時不懂。

　　跨入初中門檻的那年我不滿 11 歲，我還沒有做好充足的準備，尤其在心理層面。初中必須離家住校。學校只提供三間空的寢室，牀及舖蓋必須從家裏搬。母親用力地攢備好舖蓋，但搬牀，是一個不能完成的任務。好在一同升學的好朋友，他家有牀可搬，也答應和我擠着睡。

　　住校最大的挑戰就是自理生活，理髮、洗頭、洗澡這個現在看起來非常普通的事情，當時對我都構成極大挑戰，因為沒有概念，譬如洗衣服要

用洗衣粉，洗澡要用香皂、洗澡要用洗頭水和沐浴液，但當時，這些都沒有，都欠缺，所以全部用洗衣粉或肥皂，洗衣粉洗頭的感覺很不好受，但是必須適應。

最大的挑戰在初一的下半年來臨時，同舖帶牀的那個孩子，成績實在趕不上，宣佈退學。他是我們一起升到鄉中的十個孩子之一。沒有考上初中，直接務農的孩子有 23 個。那個退學的孩子，也是第九個退學的孩子。我成為堅守的、不會自理的、最後的那個孩子。最大的挑戰，仍不是學習，儘管不斷的退學學生，印證着學習的殘酷，但我仍處於小學學習成績的慣性中，尚沒有遇到逆風。但牀舖，成為不能克服的挑戰和障礙 —— 沒有溝通能力、缺乏求助方式、愛面子的重大缺陷，開始將自己推進不可逆轉的暗道：經常在別人睡下後，看空着的舖子和衣躺下，但總是被叫醒，一夜無眠。總是在晚自習第二節，開始心神不定，魂不守舍，不知今晚牀舖何在？我在這種運氣的賭博中，耗費了太多時間和心神，開始擔負心理重壓。

這種重壓，我沒有勇氣和家裏分享，他們也沒有辦法。我的學費已經上漲一個維度，我不能再添別的亂子。學校吃飯排隊的習慣，我還沒有養成，我的個子不是最矮，但是也算接近最矮，在擠飯的隊伍中，我絲毫沒有運氣和優勢可言。從窗口買回饅頭和熱面水兒，擠出隊伍後，經常是饅頭還在，湯已不知去向，稍緩過來，才知道胸口是熱的 —— 湯全部灑在衣服上。那時沒辦法心疼自己，只能心疼洗衣粉，因為洗衣粉用得太快。

牀的問題延續到了初二上半年，我的學習成績開始下降，因為牀與擠飯的問題耗費了我太大的精力和注意力。初二的物理，成為對我的第一個重擊，期中測驗，100 分滿分，我竟然只有 40 幾分，我能聽到夢破碎的聲音。物理學中的浮力、密度、氣壓計算，已經不能簡單依賴我的優秀記憶力解決問題，還需要理解和覺知，需要系統思維和分析，但我開始斷檔。

另一個重擊就是生活自理能力的不及格，幾十人的寢室，沒有公共浴室，衛生條件極端苛刻，最後演變為可怕暴虐的皮膚病，有極強的傳染

性，附帶的虱子、跳蚤，已經是不值得一提的事情。皮膚被撓破，然後延伸感染，直至有牀舖也無法去睡的地步。到了這個地步，學習開始成為奢侈的事情，我被徹底擊垮，被迫休學。

那年我 12 歲，被迫回村裏，找給我做過驚險手術的赤腳醫生，再次治療我的皮膚病，一堆堆的中藥，還有外用藥，我記憶猶新。在母親的寬慰中，我開始感到一絲溫暖，猶如凍僵的兔子，開始有纖細的知覺，儘管痛，但是畢竟又開始真實地感知這個世界，終於有牀，有舖，沒有深夜的呵斥，沒有抱着舖蓋的流浪，我很累，累得連着睡了三天。

初二上學期，是被荒廢的一個學期。我最擅長的學習，已面臨不可想像的挑戰，一切都是新的，毫無熟悉可言。一個班級已經達到 70 人，一個年級兩個班。由於當時貧困是一個鄉普遍的現實，沒有幾個家庭能夠例外，所以在初三考上師範（中專），就可以直接工作，獲得工資保障，因此許多孩子，寧肯不停地留級，只為在師範（中專）的競爭中脫穎而出。在初二，我的同學中，具有這樣堅定目標，並有堅韌毅力的留級生，大有人在，最誇張的例子是，初中上了九年，每個年級三年。他們的學習實力，可以想見。

在如此的競爭中，我如孱弱的蝴蝶，搖曳在大風中，隨時可如紙片被裹挾入塵埃，退學，仿佛是唯一的通途。

但是，我終究沒有退學。在我皮膚痊癒的下學期，病痛和藥水教給我的，比物理老師更多。不能打倒你的，只能讓你更加強大。你只需一步一個腳印，其他的交給時間。

滿血歸來，我已恢復了體力和心智。擠飯的問題，突然有大個子同學幫忙並承包；牀舖的問題，在鄉醫院家屬院住的同學，主動邀請我和他同住，舒適、安靜，窗戶外面還有一棵大樹，大樹上有一鳥巢，它們也萌動着它們的爆發力。

我的爆發力，在初二下學期，開始受到老師們的注意，因為所有的留級生已經被我遠遠落在後面，我開始成為第一，這在歷屆學生中幾乎不可能。

　　學校的物理、化學、幾何、代數比賽等，開始不斷有我的身影，這些已經都不是問題，因為所有班裏同學的習題集，我都一本不落地做過。所有的考題，都在我的腦海中，我只需要在規定時間內謄寫在考卷中。

　　苦難是什麼，是一種物理課，客觀實在，不可想像，也是一張可遇不可求的牀舖，只需要堅強。

第二章
質直為本

　　對於人類來說最好的安慰劑就是知道你
的痛苦並不特殊，有很多很多人，甚至許許多
多傑出的人都像你一樣忍受着同樣的痛苦和不
幸，忍受着這個充滿虛無的人生。

　　　　　　　　　　—— 廖一梅《悲觀主義的花朵》

一、高中的城牆

我對考取師範和中專沒有太大的興趣。儘管老師沒少做我的工作，我對大學的執念，直接帶給了二哥、老師、校長些許的遺憾。我的目標是縣一高中，當時全縣最好的高中。

但我中考的發揮並不理想。考場在構林，一個鄉級鎮，南宋時該地構樹成林；岳飛曾在此抵抗金兵，史稱「構林關」，故取名構林。當時要考試兩天，其中一夜在操場露天休息，蚊子偏多，我尚沒有驅蚊的概念。天氣太熱，覺知體系中也沒有準備毛巾這一項，於是，考卷被汗水打濕一大片一大片，根本看不清楚，越急汗越多。考題難度並沒有超出平時我的習題集，但呈現出來的卻是汗漬一片。我在忐忑中，收到一高中少年班的錄取通知書。考取高中的共計五人，初三兩個班，共計 200 人，如乘小學 33 人的系數，我的背後是 660 人的學生規模。高一那年我不滿 14 歲。上學是離開一個熟悉的場域，開啟另一個陌生場域的過程，然後再行離開。

縣城是我心中的超級豪華城市，不知道有多大，不知道有多遠。此前能到縣城，一回是母親住院，一回是我參加全縣作文競賽，還有一回是二哥在二中生病。我到高中報道是第四回，三哥拖着一袋糧食，我揹着大書包。學費仍是皺皺巴巴，在口袋裏異樣地沉重。入學體檢是我生平第一次體檢，伴隨無知的尷尬，做 B 超時，我只知道按照指令呼吸，一味地呼，一味地吸，所以體檢大夫直接說我是「肺炎」不合格，這種尷尬預示着我的高中生活的基調。

由於心理上的負擔 —— 對高昂學費的愧疚，且我沒有貸款和勤工儉學的機會，我只剩「華山一條路」，就是能省則省。人的飯量是由心理決

定的，絕對不是生理，這個我有絕對的發言權和實踐經驗。當同班同學可以一頓吃掉十個饅頭，喝掉三碗湯的時候，我保持在兩到三個饅頭的水平，這個天花板從未被超越過，背後的代價是，我不能放開跑步，不能踢球和打籃球，至多是散步。

高中校院的邊上，就是著名的城牆，是夯土的高牆，我在後來山西北段的秦長城有過類似的觀察。爬城牆只為逃避一些集體活動，避免美食的尷尬，也為迴避身體不協調的洋相，體育老師總是在上課時，讓我站在前面示範一次，不是標準，而是反面典型。高一的班主任有包公的面容，他第一次排座位，讓我知道了我中考成績的位階。按照分數的序列，我排在了倒數第三排，旁邊的胖曉，坐着也比我站着要高。

初二我應該已經開始近視，但不知道那是近視，只知道看不清楚東西。從來沒有想過配眼鏡。亂花錢的事情，從來是海市蜃樓。坐在少年班倒數第三排，我的眼淚泉湧而出，每每想起，我總能同時想起濟南的趵突泉。

溝通能力的匱乏讓我只能選擇徹底壓抑自己，沒有抗議，沒有怨言。我暗下決心，前三排的座位，我必須奪回來。因為近視，上課依賴自學，數學時看物理，物理課上看化學，這種顛三倒四的方式，極易造成更大的尷尬 —— 老師提問，我從來不知道老師講課講到哪裏，所以從來無法回答出正確的答案。

按照課堂上的表現，我肯定是被放棄的一員。一個班 80 人，後來陸續增加到 100 人左右，高考時註冊到 120 人，所以個別同學的掉隊，不是遺憾的事情，猶如母親每年呵護的一群小雞，迷路和丟失，都是必然發生的事情。

迷失的感覺，深深扎根在我孤獨的影子。我常常在城牆上與苦澀的松針溝通、攀談，並記下本本日記。阿道司·赫胥黎說：「如果你與眾不同，你就一定會孤獨。」馮夢龍《警世通言·老門生三世報恩》亦言：「早成者未必有成，晚達者未必不達。不可以年少而自恃，不可以年老而自棄。」

在城牆上的自我審視讓我知道，我開始走進長大的隊列，已無從依賴和退卻。保羅・喬爾達諾說：「越長大，越覺得孤獨竟是生命的必然，每個人都是質數列中孤單卻特別的存在。或許，說不上特別，也就算個普普通通，再或者說，用『普通』都誇張了些。我們都是那孤獨的質數，我們都承受着質數的孤獨。」

在高一期中考試中，在一系列層層疊疊的尷尬中，我已開始走進班級前十，在期末考試中，我已穩居前三。我的座位前後，開始是年級前十名的同學，但我的木訥仍注定我不是老師喜歡的類型，譬如家庭成分、不事溝通、從沒有得體的穿着、對集體活動的躲避。

《一杯茶垢》說：「這世間，本就是各自下雪，各人有各人的隱晦和皎潔。」我的隱晦更多，但也簡單，我寫在日記本上，也寫給同學們看，在日記的傳閱中，他們說「你寫的比說的好」。

高一學年結束就是分科，儘管我沒有偏科，物理、化學成績也是不錯，但我毫不猶豫地選擇了文科，在班主任的詫異眼神中走進文科班，因為只有十位同學選擇了文科，屬於少數派。

高二我們開始在「覽秀亭」的水池邊讀書、學習。後來知道，這就是歷史上著名的「花洲書院」，為北宋范仲淹任鄧州知州時創建，千古名篇《岳陽樓記》便誕生於此。近千年間，累圮累修，辦學不斷，孕育出了文狀元賈黯、賢相李賢、帝師彭始摶及著名作家姚雪垠、二月河等大批名人才俊，明代稱「花洲相跡」，清代稱「花洲霖雨」。

我們讀書時，這裏並沒有那麼美好。池子也是污水池而已，夏天有特別大的蚊子。對於蚊子，我有特別的心理創傷。但我喜歡《岳陽樓記》中的句子：「至若春和景明，波瀾不驚，上下天光，一碧萬頃，沙鷗翔集，錦鱗游泳，岸芷汀蘭，鬱鬱青青。而或長煙一空，皓月千里，浮光躍金，靜影沉璧，漁歌互答，此樂何極！登斯樓也，則有心曠神怡，寵辱偕忘，把酒臨風，其喜洋洋者矣。」記得曾文正公不善背誦，就折在《岳陽樓記》上。那年，我們搬進了新的教學樓「八角樓」，宿舍也搬進了二樓，二層鐵架牀是學校配備好的，我從此告別沒有牀舖的不堪。

　　我的優勢就在於背誦，我可以將歷史課本從第一頁背到最後一頁，最後能發展到背誦好幾本。成績的穩定，讓我一度當上數學課代表，使我一度認為自己已經成熟，猶如《半山文集》中說：「像是各種維度的整合，比如：主與客、時間與空間、大與小、無常與常在、平衡與流動、輕與重、快與慢、動與靜、近與遠……再把整合的維度回歸到直覺。」

　　但在成績維度，例如年級前十名以及學校單科競賽的成績，總是鮮有收穫，我知道底蘊與厚度的比拚已經來臨，有些東西是補不過來的。

　　理科班的「土著」同學非常想念我，因為他們愛讀我的日記，但我們注定要分離。在成長的維度，「每個人自我逐漸成熟的過程，就是忍受分離、孤獨、失敗、背叛、憤慨的逐一擊破」——對於珍妮特·溫特森《橘子不是唯一的水果》中的句子，我一讀再讀。

二、我的數學

　　初中與高中，我的數學很好，高考時數學得了 115 分，只錯了一道題。數學之於我，「就像黑夜，擁有寂靜和星群」。[1]

　　數學彌補了我英語的缺陷，後期的英語學習感覺有些使不上勁兒，我醉心於攻克數學難題，很多時候是一整天、一整周地和一道題較勁兒，佔用了英語練習不少時間。

　　同學們樂意把難題放在我桌子上，解決難題成為我的一種日常，有同學資助的演算稿紙，不能浪費，我必須對得起這些稿紙。

　　然而演算總是最耗費時間的。我本來打算高考數學拿下滿分，可是未能如願。高考的第一科考完後，我和雲豪分了瓶啤酒，「蜜糖與砒霜」不同認知，我在以後的科目中，水平與酒醒程度成正比，劃出了明顯的拋

---

1 ［智利］巴勃羅·聶魯達：《二十首情詩與絕望的歌》，中國社會科學出版社 2003 年版，第 72 頁。

物線。

　　但對難題的執着無意間養就了我對疑難、複雜、重大案件解決的執念和堅韌，也是日後對工作中太多挑戰，如難解數學題，不怯場，不服輸，不犯愁，且樂在其中的原因。

　　我曾不少次，在老師囑托下，在黑板上演算數學難題，並作公示安排。由於近視，我無法完成眼神交流，但同學們的認可還是有的，由於數學題，我也結下了不少緣分。

　　數學，除了在方法論和意志塑造層面發揮作用，更是認識世界的重要工具，具有工具理性。我在倫勃朗的肖像畫作中，總能看到 45° 角的存在及對其的利用，這種發現和運用，使倫勃朗的肖像畫較於同時期其他畫作尤為卓爾不群。

　　在三亞的海邊總見海螺，其外殼的一圈一圈螺旋線路清晰，與蝸牛的外殼異曲同工。向日葵的花瓣，或者向日葵的種盤，也是呈現同樣的形狀。梵高的畫也存在螺旋，例如星雲。世界固然美不勝收，但總覺得表象之下存在一終極密碼，抑或圖形、數據，他們與整個宇宙的法則和世界的真相息息相關。

　　洛圖河書是數學的表現形式，更是宇宙深層的密碼。現實生活中捲尺的精度總是有限的，只能測量出一個普通的數字。但是，$\sqrt{2}$ 是一個永遠都不會終止的數字。自然界中葉片的生長，鈣化外殼的生長，DNA 的生長，雲層的捲舒，星際塵埃物質的生長，無不保持着與輻射線等角度的前進方向，最終就形成了一種螺旋線的樣子，保持等比生長，這裏就包含着數字 e。自然常數 e，它的數值是 2.71828……，後面有無限的數位。

　　世間萬象，大千世界，萬物並作的區別，惟於 e 的多少次方不同而已，或者具體而言，就是保持跟輻射線的角度不同而已。

　　西方的西塞羅強調法律是理性和永恆的，這就如同我們所說的數學的定理是普遍實用的一樣，如果我們對比一下羅馬法的體系和歐幾里得的幾何，就會發現它們之間的共性：均是建立在不證自明，而且符合自然原則的公理之上，通過自然的邏輯演繹創造出新的定理或者法律條文，並且在

此基礎之上不斷擴展。這樣的法律，就不會隨着統治者的更換而改變，因此具有很強的生命力。這是數學公理演繹在法律中的體現。

在幾何上，公理之間必須具有一致性，不能產生矛盾。我們不能把歐氏幾何、羅氏幾何和黎曼幾何對平行公理的三種不同假設放在一起，去構建一個同時符合這三個公理的系統。而法律就是從基本的客觀事實，也就是我們所說的已知條件出發，採用邏輯，客觀地推導出裁斷結論。大陸法系的審判是以法官為主導，偏重書證，通常用演繹法來推導出案件結論；而英美法系的審判是以律師為主導，注重人證，通常採用類比推理來得出裁斷結論。但在公理的邏輯基礎層面是一樣的，那就是在賦予法官獨立審判地位的同時，確立審判標準，維護法律適用的統一性和前瞻的穩定預期。

法治進程中有「第十二隻駱駝」的著名案例，是數學蘊含法律價值的重要體現：一位富有的遊牧阿拉伯人老酋長立下遺囑來分割他的財產 —— 一大群駱駝。他有三個兒子，老大阿希穆繼承一半，老二阿里繼承四分之一，小兒子本傑明繼承六分之一。不幸的是，當父親去世時，只剩下十一隻駱駝。阿希穆當然要求得到其中的六隻，但立刻遭到他的兄弟們的反對。最後，他們鬧翻了。他們轉而去找伊斯蘭宗教法院的法官。[1]法院說：「我把我的一隻駱駝借給你們，安拉旨意，儘可能早地還我。」現在，由於有了十二隻，分割就容易了。老大阿希穆得到了他的一半：六隻；老二得到四分之一：三隻；老三得到六分之一：兩隻。果然，剩下了他們借來的第十二隻，他們把它餵養得很好並愉快地歸還給卡迪。[2]不難看出，數學在一定程度上蘊含着秩序、公正、理性，但需要發掘。

英國法學家哈特在論述「自然法的最低限度的內容」時，講了五個方面：人的脆弱性，大體上的平等，有限的利他主義，有限的資源，有限的

1　參見吳雲貴：《伊斯蘭教法概略》，中國社會科學出版社 1993 年版，第 189 — 193 頁。

2　參見 Gunther Teubner, "Alienating Justice: On the Surplus Value of the Twelfth Camel", in David Nelken & Jiri Pribam(eds.), *Consequences of Legal Autopoiesis*, Ashgate 2000.

理解力和意志力。這是對人類正義感的人類學原因的說明。[1] 自然法與數學最為接近。我在後續的法律研究中，不斷地感受到這一點。

在一定意義上，法律本質為公式，正義更在於算法。

三、自行車

家裏曾有一輛自行車，是延河牌的。

自行車在 1980 年代的農村，是現在相當於小轎車的存在，奢華、氣派、有檔次。

當時的自行車名牌是「永久」「鳳凰」和「飛鴿」，家裏財力有限，只能湊合一輛「延河」。

車子、手錶、縫紉機、收音機，當時並稱「四大件」，我家勉強是有的，最大可能是為大哥找媳婦而置辦牌面。

大哥在新疆當兵三年，有人在部隊留了下來，有人考上了軍校，這是農村孩子當兵最大的期望和理想，這樣的出路是為逃離「面朝黃土，背朝天」命運最有效率的路徑，但是這樣的路徑也是要情商高、送些禮的，大哥這兩方面都差些意思。因此，大哥的榮光停留在一身整齊的綠色退伍軍裝和幾包綠瑩瑩的新疆葡萄乾兒上，自此，婚姻問題上升為緊迫、嚴峻的家庭大事。

首先，婚姻大事的必要前提是三間大瓦房，這是基本。於是，清貧之家傾其所有，並儘可能舉債來建設一項婚姻工程 —— 我總能聯想起修築的長城和阿房宮。

印象中，家裏很少騎延河自行車，因為愛惜，也因為我從未動心思學過。它總是安靜地躺在廚房南接的草堆中，愜意又舒適。但愛護和少用並

1　參見［英］哈特：《法律的概念》（中譯本），中國大百科全書出版社 1996 年版，第 189 —194 頁。

不意味着延河車的皮實，實際上它經常掉鏈子，鬧出小毛病來。我在自行車固定的座位是大梁上，因為後座要麼載哥姐，要麼載貨物，總之是沒有我的份兒。我對於「延河」的記憶如此深刻，因為它是一種虛榮的象徵。後來我查了資料，「延河」自行車，產自西安。1979 年，以西安市自行車廠為龍頭成立了西安市自行車總廠。同時，西安市自行車廠更名為西安市自行車一廠，並把原來生產架子車的西安市東風車輛廠改名為西安市自行車二廠（主要生產車軸等零件），年產規模是十萬輛 —— 準確地講，它之前應屬手工作坊。1981 — 1982 年，因為受市場需求刺激，廠子決策膨脹，且在質量無嚴格管控的情況下，肆意擴大產能，1983 年，該車廠嚴重虧損，一度瀕臨破產，被迫停產整頓。

我不知道父親是否有機會接觸這樣的信息，接觸了這樣的信息的他，是否還堅持購買「延河」自行車。也許，「延河」自行車本身的使命就是湊「四大件」的數，不是為每年跑出幾百公里而來。

現在的城市，到處有「小黃車」的影子。在 APEC 工商峰會上，OFO 的 CEO 還專門作過演講，他的目標是「讓全世界的每一個角落都有自行車」，我不知道他的理想是否實現，但我知道那年的村路，其實不太適合自行車，尤其在下雨後，自行車的兩輪，全部塞實了大坨的泥土，簡直寸步難行。而且，自行車也因為缺少修理舖子，大多的剎車和鈴鐺已經壞掉，騎車成為一種危險的事情。

我恐懼這種危險，所以一直堅持不學習騎車，我的夢想是直接坐四個輪子的車，底氣源於我那次鄉作文比賽獲的獎狀。不會騎自行車，對於初高中的孩子來說，其實是丟人的事情，後來自行車逐漸普及，有沒有自行車已經不再重要，但會不會騎自行車卻關乎尊嚴。但我堅持不學，直至高一。

不會騎車，也就意味着依賴和依靠，因此我必須作出改變。那時的城鄉差別極其顯著，城市的自行車與農村自行車，在型號和美觀度上竟都存在根本差異，在高中的操場，我有機會進行了嘗試，不會上車、下車，但只要腳能落在地上就問題不大。於是，突然在一剎那，騎自行車就成為了

我的一種技能 —— 猶如我在日後學的游泳。

有一次，我在大雪間歇的一天，騎着借來的 26 自行車，決定回一趟家，一是口袋裏所餘錢糧不多，二是我想告訴家裏我的進步 —— 我掌握了自行車的技能，也會張口去借車了。但那日的城鄉差別之大，超出了我的想像，譬如城裏的積雪已然融化無蹤，而鄉村的堆雪依然「茂盛」如新；城市的馬路沒有積水，但鄉村的小路已不堪前行。

我回家的決定，事實證明是一種錯誤，而這種錯誤的代價是：離家二十里地時，我就開始不停摔跤，也被卡車的大車輪濺起的泥漿，糊透了衣服；我深一腳淺一腳地「爬」回了家，26 自行車只能在雪地裏被我拖行，雪化在臉上，淚水洗刷雪水，我是一隻孤獨負重的羊羔，狼狽不堪。

我在雪地裏滾爬了兩個小時才到家，凍餓的感覺至今記憶尤新，我向那輛自行車深刻懺悔，我的虛榮害慘了它。

大哥的婚事在熠熠生輝的三間新房和「延河」自行車的映襯下完成，迅即就是分家單過，大哥分走了家裏的「長城」，留下的巨額債務，將由弟妹們償還。在一夜父親和母親的唉聲歎氣中，我對債務的法律屬性，有了切身的理解和思考，這也是我在日後《合同法》《民法通則》考試中成績優良的原因。

大哥的家屬在結婚前已名聲在外，表達能力超群，吵架能力獨步鄰里。母親為此有深深的擔憂，但大兒子的婚姻的臉面，足以消弭一切擔心和猶豫，或者說最起碼有令人暫時忘卻的效力。大嫂如期的吵架和利益訴求，碰上母親的謹小慎微、不事表達，將是一個不難想像的結局。

「延河」車依然留在了祖宅，它繼續擔負着三兒子結婚的使命。但很快，它開始破敗、生鏽、沒落。然而新的「四大件」已經產生 —— 在歷史中出現的奢侈品，終歸也會在歷史中消散，自行車作為工業化的產物，很難成為文物的標定，但在我家，它就是文物，表徵了面子、虛榮、風俗和塵埃落定，以及不斷的負重前行。

自行車本根還是用來騎的，損壞、掉鏈子的情形，經常發生。

四、梅花縫紉機

家裏曾有一台縫紉機，梅花牌的。

這台縫紉機，加上「延河」自行車，以及後來的 12 寸、不記得是什麼牌子的黑白電視機，家裏終於湊成了「兩轉一響」。

梅花牌並不是大廠牌子，據說彼時蝴蝶牌應該是最好的，其次是「飛人」和「牡丹」，當時大廠正品是質量的保證，質量好的標準在於不能經常出毛病，噪音小。但這台縫紉機，也是花了 100 多塊，在當時可是一筆非常大的數字了，要知道城裏很多工人一月的工資可能也只有 30 — 40元，所以一個家庭想要買一台縫紉機還是需要很長一段時間的，更何況是清苦的農村家庭。

但我知道這台縫紉機所擔負的同樣使命。這種使命，我在《自行車》那一篇已提及。

母親非常珍惜這朵來之不易的「梅花」，那是令她有限的笑意相對多一些的存在。因為她繼承了外祖母的針線手藝，在縫紉機上，實現了初步的現代化，她可以有更多暢想與構思。我經常坐在小板凳上，看母親在縫紉機做鞋樣，打褲邊，改衣服……

那台「梅花」的雜音有些大，我的瞌睡需要和它的生意作一下比拚，但也總是因瞌睡太重能戰勝「梅花」。許多年後，工作伊始，我按揭買了一輛奇瑞轎車。它的外觀依稀有些像那台「梅花」，簡潔、寧靜，然而打火的聲音竟也出奇地響，尤其在冬天。

我總是在鄰居基本都上班後，錯時打火，主要是避免尷尬，它總是有山羊久餓後聲嘶力竭的感覺。打火開始成為每天早晨的修行，緊張、懊惱、心虛、寒冷……打火，也成為一種賭博、拼手氣的能力，一鼓作氣，再而衰，三而竭。打着火後也不是取到真經、萬事大吉，真正的考驗緊跟其後：方向盤開始拚命地發抖，抖動得尤似按摩器，一隻手控制肯定是不行的 —— 即便是兩隻手，手也會發酸發軟。

這種境況需要開車很長一段時間，汽車熱起來後，才有所改善，但停

車後，新一輪的循環將再次上演。這着實是對技能的考驗，也是對心理的磨煉。

「梅花」那類似奇瑞的境況，我不知道母親是如何克服的，只知道她經常為皮輪上油，在機頭處也有另一種油，在「梅花」嘶啞時，我也會時不時上油。上油後會好很多，但開機後，會有新一輪的循環，仿佛是美國股市的周期跳水，又依稀像馬克思經典經濟學理論中的周期經濟危機。

「梅花」經常蓋着蓋頭。母親其實不擅修理縫紉機，縫紉機經常會罷工好多天。我覺得從一開始，我就在對縫紉機存在的期待上犯了錯誤 —— 我忘記了存在的脆弱、易碎和短暫。我們總一廂情願地想像縫紉機不會壞，一切都是永恆。

在「梅花」罷工的日子，另一個期待也在萌生，不斷生長，那就是學會修縫紉機，讓「梅花」真正綻放在每一天。但這樣的期待沒有實現。「梅花」也零落成塵。

「牆角數枝梅，凌寒獨自開。遙知不是雪，為有暗香來。」王安石寫過的《梅花》我印象很深。尼采曾說：「一切決定性的東西，都從逆境中產生。」梅花標定的逆境和努力，在我多年後的一個案件委託人、非常知心的朋友那裏得以圓滿實現。他從小就是孤兒，沒有名字，戶口上的名字只寫成「張生」，他吃過最餿的飯菜，穿過最破的衣服，也見識過最惡毒的人。他修理縫紉機的嫻熟技藝來自他對縫紉廢舊機器的拆解、分析、研究，他的好幾百個縫紉機專利來自對不確定性無限的追尋。我特別感激他。有一宗案件，我們並肩戰鬥了十幾年，終於擊退各種挑戰與進攻，克服各種障礙，取得相對滿意的結果，他給我錦旗，我陪他喝了頓大酒。就如同海明威說的，「生活總是讓我們遍體鱗傷，但到後來，那些受傷的地方一定會變成我們最強壯的地方。」

如今，他依然熬夜加班，為同業的如麻如縷的侵權歎息、奮進，但他的縫紉機依然是行業的標杆，產品遠銷西亞、東南亞。我和他約定在香港喝酒，但由於疫情沒有實現。

劉慈欣在《三體》裏寫過：「生存，從來不是一件理所當然的事情。

的確，沒有什麼東西是理所當然。」噪音、打火、抖動、冷寒……我記起莫言的話：「要使自己的生命獲得價值和炫彩，就不能太在乎委屈，不能讓它們揪緊你的心靈、擾亂你的生活。要學會一笑置之，要學會超然待之，要學會轉化勢能。智者懂得隱忍，原諒周圍的那些人，在寬容中壯大自己。」

我和朋友算過賬，1980 年代，一百多元一台的縫紉機可是相當於八百多斤的大米抑或一百多斤的豬肉。現在一台縫紉機要五萬多塊，也是巨款，依然是奢侈品 —— 以前對於一個家庭，如今對於一個企業。另聽說，很多人開始收藏 1970、1980 年代的縫紉機，時間的沉澱、記憶和情懷，它依然承載太多的念想……

其實我們可以辦一個縫紉機博物館，最原始和最落後，最嘶啞與最安靜，最便宜與最昂貴，最科技與最人工，縫紉機與世界的變化和代價從來相關，我總想起母親在縫紉機邊忙碌的身影，井水冰鎮後的西瓜冰涼可口，但她總忘了吃……

五、愚公移英語

程浩在《站在兩個世界的邊緣》中說：「人的一生，最難以保存的，是時間；最終能留下的，是記憶。而能夠同時承載兩者的，唯有文字。」這也是我堅持寫一些文字的原因。

英語作為一種工具性的存在和學校的必修課，其間存在固本的矛盾，這種矛盾性在於工具的頻繁使用性與純粹理性研究並不經常能自洽。我初中開始接觸英語，我們的英語老師姓焦，值得尊敬。他把他成熟的經驗毫無保留地傳授給學生，而且特別焦急。他的主要方法是背誦課文，大段地背誦，而且隨機挑選學生背誦，中間就有學生公開對抗，因為確實背不下來。

現在想來，那時的老師普遍存有口音，因為語文的表達就存在口音，

我們聽得出，但英語不成，猶如倫敦腔與紐約方言之間的差異。英語老師的另一個教學核心是語法，這種語法近似於公式，我在洛杉磯的街頭表達時總是糾結於各種公式，把自己憋屈得夠嗆。

我在大學之前，從來不知道英語還有聽力一說，也不知道口語還是關鍵能力，我的全部英語認知是「單詞＋語法＋背誦」，終於覺得煩躁，期待有一所大學或專業，不學英語。這是我報考法律專業的直接因由 —— 聽說法律專業不用學英語，因為戲台子上的清官，從來說的就是漢語，有說和唱兩種表達方式。

實際的情況完全是兩個概念。我在大學軍訓期間，英語分班考試中，竟然驚奇地發現講台上擺着一台碩大的放音機。當純正的美語第一次遊蕩在教室裏時，它對我的耳朵來講是如此陌生，仿佛存在於另一個平行世界，我依稀遇到了恐龍。我被分到了「慢班」，我的聽力是零分，我無法想像批卷老師的驚詫，他應該覺得是遇到了白堊紀的動物。

現實的冷酷在於，法律專業必須學好英語，必須考過四級考試，最好能過六級，否則你無法畢業。最好在間歇輔修經濟，才能是複合性法律人才。我當時學習的專業號稱全國最大的經濟法系，六個班，每個班50人，確實是獨一檔存在。痛定思痛後，我開始認真審視英語，開始想起紅衞兵橋上的標語「愚公移山」。

我首先開始背單詞，四級考試背六級，六級考試背八級和托福單詞，我開始玩命做題，四級考試做六級題，六級考試做八級和托福題，我對閉卷考試和應試教育的嫻熟於心，使得四級和六級英語考試相繼通過，然而我知道一個巨大的虧空在等着我，但我不知道那是什麼，也不知道在哪裏。

考人大的法學院，我英語單科78分，總分第一，在當時是網紅般的存在，因為英語的及格線是45分。我有一個出國夢，於是在托福教材上花了不少銀子，但印象仍是記單詞，只不過是通過段子記單詞，譬如ambulence，諧音「俺不想死」，這種方法當時令我特別愉快，雖然還是有些空洞，還是以漢語來學習英語，感覺不得究竟。

　　當時應該是有出國熱的，我腦子也不清醒，也是充滿被裹挾的渾濁。有限的資產都投入到 GRE 考試中，報名費 1800 元還是借來的。GRE 輔導班學費已經交不起了，只能自學。聽老師說了一句 GRE 的重心是單詞，我便開始過起了一本英漢雙解字典、一支鉛筆的日子，第一遍背完五萬單詞用去三個月，第二遍用掉兩個半月，第三遍用掉 20 天。背完三遍，開始進考場，對 GRE 一些題仍然感到陌生，有些對不住那一筆巨額報名費。但分數是可以申請學校的，因為 GRE 沒有聽力和口語。

　　當我帶着五萬單詞量踏上西雅圖、芝加哥、邁阿密、波士頓的街道，我仍感到自己像是啞巴和聾子。所有的單詞都和我相識，好像多年的老朋友，但是我無法自如地在日常聽說中經營，「熟悉又陌生」，是最貼切的感受。

　　好在我可以在沉默中自責和懺悔，譬如教堂、博物館、美術館、公園就是自在的場所，不用交流，我可以安靜地享受自己超級單詞量的自嗨。

　　在芝加哥的 66 號公路起點，我認真地思考了愚公移山的切實內涵，這個故事應該記述在戰國‧列禦寇《列子‧湯問》中，也鐫刻在一座叫紅衛兵的橋上，主要是表達堅持不懈地改造自然和堅定不移地努力，不畏艱難，就能成事。但我理解的堅強意志，應該以自身的意志要求為基礎，而非他人，並非「子子孫孫無窮匱也」，將自己的訴求約束於子孫個體的生存，並不公平。同時寄希望於「而山不加增，何苦而不平？」的不變期待，也是不切實際的。

　　牛津字典的五萬單詞，並非靜止不變。語言的能量，恰在於從不停歇的運行，不斷消亡舊詞，產生新詞，原詞增加新意，不同時代都有自己使用最廣泛、生動的語詞。為此，英語的學習中，單詞僅為兔角與毫末，還有萬壑千山，由單詞構成，但實與單詞無關。猶如太山、王屋，「方七百里，高萬仞」，由沙粒構成，但移山，簡單地憑己之力，實屬愚不可及。我就犯了這樣的錯誤。

　　移山與學習語言，均應在實踐運用中方得究竟，孤立的期待，應該是瞎子摸象，期待「帝感其誠，命夸娥氏二子負二山，一厝朔東，一厝雍

南。自此，冀之南，漢之陰，無隴斷焉」只能是文學作品的描述而已。

易經說「天行健，君子以自強不息」，更在於強調一種應對變化下的堅韌，而非偏執於不變的愚行，在此角度，移山不難，有些山不移更好，抑或山本來就不存在。

六、一盤皮蛋

高中畢業，分手之際和紅傑吃了一頓飯，在我們熟悉的南橋店電影院門口。

紅傑學的是財會，注定和經濟、稅務打交道，而我要奔赴未知的法律，不擅長處理各種關係，但專業是爭議解決。紅傑點了一盤皮蛋，我生平第一次面對這樣晶瑩、透亮的雞蛋，還有着雪花般的紋路，配着醬油和薑末。後來在吉林冬日的松花江畔，直面松花，才知那盤皮蛋真正的大名。

紅傑只吃了一兩塊兒，其他都被我吃了。肚子裏缺貨，沒有辦法，更何況是新鮮東西。

松花蛋是由雞蛋加工而來，鉛是重要輔助加工元素，從營養學角度不建議多食。但皮蛋也是有營養的，王士雄在《隨息居飲食譜》中說：「皮蛋，味辛、澀、甘、鹹，能瀉熱、醒酒、去大腸火，治瀉痢，能散能斂。」中醫認為皮蛋性涼，可治上火、眼疼、牙疼、高血壓、耳鳴眩暈等。

我那一段時間是嚴重上火的。因為高考期間喝了酒，狀態很不理想，又恰逢歷史上說是比較困難的 1991 年高考，我的後路不多，譬如複習再考這條路子，已排除在外，家裏經濟條件實在不允許。所以，我特別佩服那些能連續備戰八年以上的考生，以及那些考上後重新再考的奇人，他們的背後都有雄厚的運糧棧道和木牛流馬，可以六出祁山，七擒孟獲。

我不成，在糧草的供應一環，我只能畢其功於一役，直犯「兵家大忌」，學習韓信的破釜沉舟，置於死地而後生。身體已極度匱乏和空虛，眼睛冒着火，我是高考的賭博者，賭資和籌碼已經沒有了。

這樣的局面，後來又發生了一次，情況更加凶險，就是 1996 年的研究生考試的備考，當時考研是需要檔案的，也就是必須原單位同意才能報考。而我在湖北的原單位不可能同意，人事處處長說「費了狠勁兒，才招來的」，三令五申五年內，不能報考研究生，否則考上也是白費，交違約金也沒用。

但我去意已決，猶如關羽的掛印封金，必須去找結義大哥。我的結義大哥就是人大法學院，這個名字在我兒時的夢裏就已經出現，本科畢業已經過去了兩年，我時時能聽到他的召喚。

我白天不能看書，只能晚上加班複習。單位分的宿舍，是兩個人一間，我晚上複習，大大傷害了我同寢室急需晚上娛樂、休息的同事。他比我大四歲，未婚，負責後勤工作，工作枯燥、乏味，從他的皺紋和稀疏的頭髮，就能看得出。印象中他的眉頭總是皺着的，只有在晚上收聽「楚天經濟廣播電台」時才有些許舒展，他可能不想面對，甚至想忘記那些瑣碎與繁雜，躺在自己的牀上，就是王維的輞川和陶淵明的桃源。

於是，我晚上的熒熒燈光和加班複習，成為他自在中的最大不自在。我需要安靜的環境，他需要悠揚的靡靡之音，兩種訴求的不可調和，成為那一季夏天的主旋律。我需要不斷重複「能否小聲點兒」的台詞，猶如兒時不斷重複的地方戲，但一般的回應是短暫的沉默後，又再次漸高的音樂，且不可收拾。

武漢的夏天，是悶熱的代名詞，街道裏充斥着臭豆腐和辣椒混合的特殊味道，我的熱汗不住流淌，也流在淤塞的心裏。在我的故鄉河南開封，黃河是出名的懸河，遍佈泥沙，特別契合我當時的心境。

佛經中常以「恆河沙數」指代多數，我的理解更有慈悲和解脫糾纏的韻味，但那個夏天，我的心已無法融洽「楚天經濟廣播電台」的音樂，不懂慈悲，只有執着。躺在南湖湖畔低矮的草叢中，望着夕陽，總有無限憂傷 —— 音樂竟是一種傷害。

但一般情況下，傷害不能因為你的無法容忍而減弱或消除。湖北仙桃的同室，也是鬥戰勝佛的高徒，他傾其所有，購進了最大尺寸的「長虹」

大彩電，音樂升級，更有重金屬和專場劇目的進階。

也許那台「長虹」彩電，就是一個鮮明的句號，代表我在武漢邊工作邊複習的路必須畫上一個句號，我必須抽逃，我買不起電視，更何況彩電。

我特地在單位的街道一域，再次點了一盤皮蛋，一個人吃完，義無反顧地向單位遞交了辭職信，開始了一條不歸路。辭職只是給自己的心靈一個交代，給自己小時候的夢一個交代，但無論考上或考不上，我已不可能再回武漢。

北上的路前途未卜，後勤無依，長路漂泊。考研，對我只有一次，沒有再戰可言。考上只為一個交代，考不上就將徹底走上風雨之路。熟悉的關心，眾口一詞：放棄鐵飯碗和武漢戶口，必須慎重，必須三思，一步錯，步步錯，將無回頭路。

我沒有打算回頭。我的心中從來確定於一種努力和不懈，我堅信每個人都是帶着使命來到世間，無論須彌抑或芥子，抑或如微塵般微不足道，總有一個角落需要他的努力，總有一個階梯需要他的堅韌。王小波在《黃金時代》中說，「那些將要去的地方，都是素未謀面的故鄉。」我堅信北京有我一張安靜學習的書桌，也有一盞安靜的燈光。

馬爾克斯在《百年孤獨》中說，「我們趲行在人生這個亙古的旅途，在坎坷中奔跑，在挫折裏涅槃，憂愁纏滿全身，痛苦飄灑一地。我們累，卻無從止歇；我們苦，卻無法迴避。」那一天，陪伴我的是一個破皮箱，裝着考研的複習資料，還有一身換洗的衣服。那一天，「火車孤煙直，武漢落日圓」。

七、我寫過的詩

余秀華寫過這樣的詩：「如果給你寄一本書，我不會寄給你詩歌。我要給你一本關於植物，關於莊稼的；告訴你稻子和稗子的區別，告訴你一

棵稗子提心吊膽的春天。」讀這樣的詩句，我是有感受的，因為我似乎對莊稼有與生俱來的敏感。

種莊稼的，長期沒有解決吃飽問題，本身是一偽命題，但這一命題長期存在。而詩歌的矛盾也在於，詩歌本是為表達志向而準備的，《左傳》中就有「詩以言志」的闡釋，有人說志向通常與敏感相背，但敏感其實才是詩歌的本質發端。

大學裏的我是特別敏感的，這種敏感來自揹負的莊稼、認知差別、視野局限和各種不適，也來自此前應試考試固定模式的衝擊。當年我揹着行囊，坐着綠皮火車，咣噹作響地從村子來到漢口，這是我生平見過最大的城市，此前見過最大的城市便是縣城。從大東門火車站下車，便坐上傳說中的 538 公交車，直至大學校門，二號樓的 307 室是我的最終目的地。在這裏我足足待了四年。

法律本科比較注重綜合能力的考察，不再拘泥於個別語詞、語法、知識的對錯，也就是大學教育開始關切於線與面的結合，而非固定的點；研究生階段，個體應然建立一種體系，這種體系需要具有立體的感受和認知，需要有一種縱深。但當時不滿 17 歲的我，木然於門檻的跨越，當跨過中南政法學院大門的那一刻，高中的優越感自此煙消雲散。

大學伊始，圖書館我是不會用的，只是覺得新鮮。圖書館在應試考試中是不存在價值的。但對系統建立來說，若沒有圖書館，你只能望洋興歎，知微不可能知著。大學更注重能力的綜合展現，或單項突出能力的展現，而這些都是應試考試的短板。曾有一段時間，我對開卷考試頗有微詞和抱怨，現在來看，純屬夏蟲不可語冰的局限。但局限帶來的壓力與中學積攢的虛榮慣性，無形中開始建築敏感，這種敏感在經濟拮据中更加放大。那時間，學校背後開始有錄像廳、台球室，離寢室不遠就是籃球場、足球場、網球場，更多喜歡宅在寢室的同學，在撲克「升級」「鬥地主」中全是高手。

而這一切，我全不擅長。有同學可以將《英雄本色》的台詞隨便說上一大段，有同學可以將溫瑞安的小說系列如數家珍，還有同學可以一展

歌喉，舞姿翩翩，組織班級活動如魚得水。我上舖的兄弟，可以隨手將
圍棋、象棋均下得有模有樣，頗有國手風采，而我只能是觀者。更有甚
者，他們可以在談笑間，看英語考試的檣櫓灰飛煙滅，而我還在拚命啃着
單詞。

　　足球是我在大學不堪的創傷，因為從未練過，也買不起足球，竟天真
地認為足球是最簡單的運動。我為我的天真付出了代價，儘管我能不知疲
倦地奔跑，但跑和踢球完全是兩個概念。譬如和廣東籍的同學踢球，他們
的基本功超出了我的想像：顛球、踢遠、弧線球 …… 手到擒來，易如反
掌。但我不成，基本功不可能一個學期補上。因此，一群孩子踢球，我被
貶出場地，到跑道負責撿球，這是一種屈辱，實際超出了我的控制能力。
撿了兩節課以後，我便拒絕上課。為了考核及格，我從生活費中，含淚拿
出一部分買了幾包煙，送給了足球主課老師。

　　武漢的高校不少，老鄉互訪，周末是最佳時間，主要是一起喝酒、
打牌和看電影。但這些都要花費，我手頭緊，因此我經常躲避，但很多時
間，還是躲避不及。偶爾一次聚餐的花費，就抵得上我半個月的口糧。

　　我每月給自己口糧的指標是 200 元，其中包含學校補助的 19 元，其
他只能摳着過。我上舖兄弟的兄長在深圳蛇口工作，時不時郵寄來大額匯
款，他每月的指標是 2000 元，我們之間是天上和人間的距離。

　　大額匯款必須到華中理工大學去取，我負責當了幾次保鑣，生平第一
次坐上了出租車，這是見世面、開眼界的開始。對未知世界的很多認識，
就是在點點滴滴、磕磕絆絆中累積的。羨慕過繁華與富足，心中幾多惆悵
和漣漪。我曾一度懷疑，我讀法律是不是一個錯誤？是否毫無優勢可言？

　　於是，我開始特別羨慕劉姥姥進了大觀園，對於未見之事務，竟能有
如此強大的心理素質，沒有自卑與尷尬，只有談笑與段子。而我穿着借來
的水晶鞋，在場景中萎縮，更擔心借來的要還，不知道誰是物事的主人，
誰在輕易地放飛着風箏。

　　於是，敏感集聚成詩句，這些詩句，同學說不懂，其實我也不懂。
但難懂是詩歌的外衣，我只有讓自卑穿着這樣的外衣，才能走上公眾的殿

堂，才能訴說心中的祕密和理想。我將不少詩句寫在紙上，有些詩句刻在
教學樓下的小樹林中，旁觀落葉隨風起舞。無意中，有一篇進入校園十大
詩人的評選，可惜我列第十一位，記得詩歌的名字是《化石的記憶》，配
曲用的是《命運交響曲》。

　　寫詩的時間是迷茫的，我開始有了戾氣，懷揣不安，幾乎忘記了路遙
在《平凡的世界》中的話：「永遠把艱辛的勞動看作生命的必要，即使沒
有收穫的指望，也心平氣靜地繼續耕種。要做到這一點，路還好長。」

　　在一些句子裏，我偏執於一些浮華和優美，猶如白落梅在《一剪宋朝
的時光》中的句子：「時光的紙箋，在秋天清涼地鋪展，深深淺淺的記憶，
刻下的不是滄桑，而是落葉的靜美。有人在路口守望，是為了等待，一個
可以相隨的身影，慰藉孤獨的靈魂。文字原本就無言，那些被記錄的足
跡，像是命運埋下的伏筆，我們依舊用單純的眼睛，企盼錯過的可以重新
去珍惜。」

　　校園後有鐵路，有枕木，也有不可及的遠方。詩句，通常和距離關
聯，因為那是未知處。詩句，是不確定的生存，純粹的確定性和物質，與
詩歌無關。

　　那一年，距離海子在山海關外的一段鐵軌譜下最後的詩句，並不遠。
詩歌，總是要有些悲愴、懷疑和反抗，我一度這麼認為。

　　但就像泰戈爾的詩，有一個夜晚，我燒毀了所有的壓抑　——　班長
說，「沒有人有義務對你好，對你好，只能是例外」，這話仿佛是驚天利
斧，開天闢地，從此，我不再寫詩，只寫實。

八、那個夏天我讀的書

　　在大學短暫的迷茫，也就是我頻繁寫詩的那一學年後，我開始知道圖
書館的重要性。

　　靠小人書和背課本打下的底子，已經遠遠不能完成認知世界的不斷延

伸，我需要儘快明白一些道理、經驗和一些事物的底層邏輯。我深感自己的空虛。

　　讀書，讀更多的書，讀大量的書，應然成為一種路徑。圖書館有專業書、名著、期刊、報紙、雜書，我用足了我的借書卡，開足馬力，開始了我的讀書計劃。

　　我的讀書計劃，其實沒有計劃，就是「逢書便讀，遇書就翻」，不擇書，不躲書，踐行開卷有益。我爭取把每本書看作是一個單詞，熟悉並經歷。譬如關於詩，對於使用具體意象及其組合的美學策略的敏感性增加了中國詩學中使用多重象徵手法的可能性。這種傾向不僅顯示中國詩人有很強的視覺想像，而且涉及漢字的語義結構。[1] 古詩中古調和律調的關係則是隨着近體詩格律的定型而產生的，與古體詩體制意識相關的聲律觀念問題，兩者並不在同一層次上，然而卻都在當代學術範式和詩學語境中得到實證性的研究，最後在豐富的經驗基礎上形成有說服力的理論認識。當然，他們的工作相對來說仍未達到邏輯的完密性和統計的徹底性，這就在方法論上留下了質疑的空間，同時也給後人留下了進一步完善的餘地。[2]

　　這些著作與研究，對詩的理解和認知，超出了我以往簡單、樸素的邊界。之前對詩的理解，只能是茅屋很輕易即為秋風所破。路遙的《人生》和《平凡的世界》，我在收音機中聽過，現在更能理解他的話：「千萬不能放棄讀書！我生怕我過幾年再見到你的時候，你已經完全變成了另外一個人。滿嘴說的都是吃；肩膀上搭着個褡褳，在石圪節街上瞅着買個便宜豬娃；為幾抱柴禾或者一顆雞蛋和鄰居打得頭破血流。牙也不刷，書都扯着糊了糧食囤……」

　　《巴黎聖母院》《悲慘世界》《靜靜的頓河》《呼嘯山莊》等名著，我就是這一時期讀過的，它們中的大多數，我只讀過篇章中的片段，抑或摘要

1　李幼蒸：《從符號學看中國傳統文化》，《史學理論研究》（京）1995 年 03 期，第 35 — 44、124 頁。

2　蔣寅：《乾隆時期詩歌聲律學的精密化》，《復旦學報》2018 年第 1 期。

中的大概，現在終於有機會可以出手詳讀，相看兩不厭。列夫・托爾斯泰的書，我是在自習室裏讀完的，那一段時間，大家仿佛也都買了很多書，但惟有我一頁一頁地翻過。我在深夜的路燈下也讀過書，行走時也因為讀書撞過樹。

眼睛的近視程度，感覺在不停地增加，我為此也有焦慮。但這種焦慮總會在書中消弭、化解，得到答案。我太多的疑惑，需要由先賢的經歷給出一些啟示，比如那些人物傳記，《十大將》《十大帥》《曾文正》《胡雪巖》。印象最深的還是《巨人三傳》，苦難並非用來炫耀或者尋求可憐的資糧，恰恰相反，它應當得到昇華，應當有化學反應，否則，對於苦難本身，也是不負責任的。

「腳步不能到達的地方，眼光可以到達。眼光不能到達的地方，精神可以到達。」雨果的語句總能直達心扉，既然身體柔韌度的大門已經關上，我期待精神的堅韌與豁達，但這注定是一個漫長的過程。

武漢的夏天有別樣的火力和氛圍，在長江大橋邊，總能想起肖洛霍夫的名句：「種風的人，收穫的是風暴」。長江邊的三伏日，我努力啃下費孝通的《鄉土中國》：「鄉土社會在地方性的限制下成了生於斯、死於斯的社會。常態的生活是終老是鄉。假如在一個村子裏的人都是這樣的話，在人和人的關係上也就發生了一種特色，每個孩子都是在人家眼中看着長大的，在孩子眼裏周圍的人也是從小就看慣的。這是一個熟悉的社會，沒有陌生人的社會。」我開始將自己對鄉土的觀感，以另一種維度和視角進行總結和提煉。「鄉土社會的信用並不是對契約的重視，而是發生於對一種行為的規矩熟悉到不假思索時的可靠性。我們的格局不是一捆一捆紮清楚的柴，而是好像把一塊石頭丟在水面上所發生的一圈圈推出去的波紋。每個人都是他社會影響所推出去的圈子的中心。被圈子的波紋所推及的就發生聯繫。每個人在某一時間某一地點所動用的圈子是不一定相同的。」我開始醒覺於一種門檻的界限，在自我認知中，我的大學，即是從熟人社會向陌生社會的過渡，其間的種種不適，並非簡單的窮困所致，而是此前缺乏足夠的心理規則和秩序。

期間，我也讀了歷史、數學、物理學、化學、社會科學、經濟學等方面的系列的書，開始將不同門類的知識進行重組和排列，重新審視不同門類學科的維度，不同學科不惟觀察世界的不同方法，或數字，或分子，或語言，或行為方式，世界可以用不同角度審視，亦可用不同方式表達，亦可用不同形式被感知。

後來在寧波的天一閣，我看到民間的書冊的傳承，自有一番感慨；在台北「故宮博物院」看到典籍文物的再現，已經能知道不同軌跡背後的邏輯定義。

我開始理解，書有不同表現形式，不同認知維度。後來，我到訪河北緊鄰山東的一座乾淨齊整的小城，景縣。在消費張揚的其他地方，景縣仍是靜默的模樣。有一座失修的舍利塔，還有一間不大的博物館，影影綽綽顯示着時間的底蘊和歷史的縱深。清晨的公園，人們列隊，搖晃彩旗，迎接晨曦。這是一座小城連續的書。

還有一次，我有幸在九華山下的一方寺院，與果通法師有過溝通，在素齋的桌前，我不由淚流滿面。不遠的地方，師父還在化緣努力建築另一方叢林，工地簡樸，雜而不亂，使命和信仰在時間、方式流轉和相續中仍然生機勃勃。這是一本信守不移的書。

世事洞明，人情練達。禮俗、經史、藝文、地理、工藝、言辭等等，世界書目繁多，探幽發微，書讀無涯，融會貫通才能有所啟發和收穫。

九、沒吃上的餃子

現在，吃頓餃子應該是再平常不過的事。在大連的一次出差，我見識過不下幾十種餃子餡，算是開了眼界。但在高中三年，吃頓餃子可是艱難的事情，不是面料和餡的問題，而是需要運氣和堅韌。

遠房的親戚在村裏小有名氣，當兵後在縣城的郵電局謀了差事，還有

修電視的手藝，經濟相對寬裕得多。譬如，他們家創造了村子裏很多的第一，諸如第一台彩電、第一台自動洗衣機、第一輛永久自行車……而我們家的寒酸也創造了很多村裏的第一，其中的一項是，這麼寒酸竟也能考上高中的是第一個　——　我就是這個第一，儘管是待考的秀才，但終於也是有秀才的名分。

父親對這門親戚，據說有過恩情，但我是不知道這些的，我在高中的校園，每天晚自習間與肉面沁人心脾的香味苦鬥不休，並沒有期待能到親戚家蹭上一頓大餐抑或餃子。

同班同學的母親在離學校不遠的初中當老師，每月是有固定工資的，對孩子的伙食和照顧真的不賴，但那個同學因為營養太好，正在青春叛逆期，會將送來的雞蛋、麵包一個不剩地扔出窗戶，我真的恨他，「怎麼就沒有扔給我？」嚴重營養不良的我仿佛從來沒有叛逆過。人間的悲歡真的不能相通，扔與不扔之間，我們已存在難以跨越的鴻溝。

我也是收到過喜訊的，親戚非常誠懇地通知我到他家吃飯，我也期待有頓不一樣的飯菜。在一個周日，我到了親戚家。他家彼時正在搞外貿小副業，就是砸核桃收加工費。我特別感慨於城市與鄉村最大的差別就在於機會，並不在於能力。因為那天上午，我很快就掌握了砸核桃的技術，並熟能生巧，我賣力地工作，期待中午的大餐。

想像中的「豐富午餐」沒有到來，只是外賣的饅頭和面水，和學校的饅頭相比，那天的饅頭鹼放得也許少一些，但面水也是能照到人影的。於是我把期待投放在了晚上，因為我隱約看到了廚房裏的餃子，還有輕微的韭菜雞蛋芳香。我在下午有理由幹得更為出色和高效，夜色蒼茫，飢腸轆轆，端上桌子的還是同中午一般的饅頭和面水。在面水中，我看到自己的尷尬和傷心。我想起了在村裏小板凳上看過的電影《喜盈門》的一個鏡頭，「餃子要藏起來，不能給爺爺吃」。電影和現實總是在蒙太奇間切換，我成了電影人。饅頭我已無法下嚥，我只能匆匆離開，找了一個現在已經想不起的理由。

很多年後，我還會想起那頓沒有吃到的餃子，心中自有五味，更有

道德經上提到的五色和佛經上說到的五蘊。學校的學生食堂是不供應餃子的，我在那一刻真的想吃，卻只得把一些委屈和虛假吃進肚子。餃子就像是翻閱陳舊的日曆，猶如余華在《現實一種》中說，「昔日曾經出現過的歡樂和痛苦的時光成為了同樣的顏色，在泛黃的紙上字跡都是一樣的暗淡，使人難以區分。」

有個同學的家有三層小樓，我在那樓上住過幾日，我點了餃子，餡料確實不錯，但他家有一條特別兇悍的狼狗。他家有外貿生意，在加工豬皮，機器呼呼作響，據說可以做出皮鞋。漂亮的小樓和着渾濁的豬皮，更有狼狗的威懾，我同樣無法認真下嚥，只能逃走。很多時候，我總在不斷地復盤：大餐和吃飽仿佛注定與我無緣，只能靠運氣。餃子必須配上出眾的故事，過於庸庸碌碌、被困頓撮成一堆的我，是配不上餃子的。

高中晚自習的兩節課要上到十點左右，最後一節確實是在考驗腸胃。在高三的一個晚上，我終於吃上了一碗餛飩，有蝦皮，是傳說中的迷你餃子，也算得償所願。

記得兒時一段時間，我對香菜和羊肉是過敏的，聞到這種味道就出現嚴重的症狀。舅舅家有一次包餃子就用了這樣的餡料，我一口也吃不下，舅母說，我是膽小、腼腆、認生。這些應該是對的，但也有其他的原因，我只是說不清。

北京有鴻毛餃子館，我後來經常去吃，一盤醋，一碟辣椒油，一碟蒜泥，我對韭菜雞蛋還是情有獨鍾。在超市的櫃台，我仍然會不由自主地選擇同樣的餡料，回家放在冰箱，忙時，下鍋，開煮。我對煮餃子已經很有心得，基本能保持原汁原味，不爛，有嚼頭。

孩子的姥姥特地在回老家前，慢慢地包好幾大袋素餃子，放在冰箱，我吃了好幾個月，一個都沒有浪費。韭菜雞蛋已經不是單一的味道，更有兒時的記憶，還有溫暖。

餃子有苦辣酸甜，上百種味道。小時候，母親包的餃子中有硬幣，但我從來沒有吃到過。餃子也可以有各種形狀。

寂地《踮腳張望的時光》中說，「年輕的我們心臟都是比較小的。一

點苦難放進去，都顯得大。長大了的人，心臟就變大了。即使更大的悲傷裝進去，也照樣可以冷漠地離開，平靜地遺忘。所以忍耐吧，有天我們的心臟會長得比悲傷大。」他的話是有道理的，那些年，我總是想餃子，但餃子總是躲着我走，鍛造着我的心境。

親戚在很多年後來到北京。我在「大鴨梨」請他吃了頓烤鴨，他很滿意，席間還聊了很多，我同那盤餃子早已和解，不存芥蒂。在時間的洪流洗刷下，我很感激他，真誠而實在，絲毫沒有虛偽。

我知道沒吃到那盤餃子，更有深刻的味道。吃到後，長個兒；沒吃到，能夠長心。黑塞在《德米安》中說：「對於每個人而言，真正的職責只有一個：找到自我。在那之中盡情生活，全心全意、不受動搖地生活。」這也許就是餃子真正的味道。

十、關於借錢

最近，北京仿佛從海口借來了雨，逢晨必下。在夏日下出了秋天的感覺，實屬不易。

雨和季節，大抵都也能被借用的。

我關於借錢最早的概念，應該是在一個北風呼嘯的冬夜，我睡了一覺醒來，聽父親和母親在唉聲歎氣，應該是在算賬，統計總共借了親戚多少錢，那是在蓋了三間新房之後，那時的數目是很大的，大得我也睡不着。

這個債務，計算在母親口中，也壓在我幼小的心口。我腦海中總能浮現魯迅小時候經常去當舖的情景。現在想來，這種懂事其實是毫無價值的。因為那無形中減損了內心的能量，增加着對不確定的太多恐懼和不安。

很長時間，我是不敢借錢的，這種勇氣的缺乏，也導致了自己不會借錢。借錢，本質為一種求助方式，這種求助方式在關鍵階段是一種爬出深井的路徑，最起碼是一種有效的溝通手段和信息傳播方式。拮据卻不懂得

向外人求助，其實是一種欠缺。

　　我在備考研究生階段，才終於學會求助於同學，也因為同學比我先開始工作一年。洛陽同學的慷慨解囊，的確緩解了燃眉之急，在北方交通大學的一間宿舍，這些借款，已足夠我青菜豆腐、「三點一線」的後勤保障。木蘇里在《某某》中說，「那個夏天的蟬鳴比哪一年都聒噪，教室窗外枝椏瘋長，卻總也擋不住烈陽。」我是烈陽下暴曬的草芥，亟待潤物的甘霖。

　　看電影肯定是不成的，當時也想不起還有周末一說，「山中無甲子，寒盡不知年」，我總是在無意間抬頭看到自習室的黑板上標上了「周末」和「元旦」的字樣，才知道「有漢，也有魏晉」。我也嚴重營養不良過，但已沒有資格向任何人訴苦。我必須為一個選擇負責任，更何況是唯一的選擇。因為是唯一，所以也沒有什麼苦難可以訴說的。

　　在工作前兩年中，我把所有的外債陸續還清，長出了口氣，才可以放開自己的心理負擔，放開去吃想吃的東西，也自駕去了北京周邊。在那之前，這是不能想像的事情，因為按揭買第一輛車和第一套經濟適用房，也是借錢，是信用被銀行確認，每月還具體的金額。於是，我從心底感謝能夠借錢給我的人，包括銀行，因為信用的肯定和價值化，本身就是值得大書特書的事。信用是特別應該珍視的資產，任何人都沒有揮霍它的理由。

　　經濟困頓不堪，緩過勁兒的時日不長，就有煩惱隨之而來。小學同學突然與我聯繫上，而且直接提出借錢買房。這樣的請求，對我而言，是一種足以驚上雲霄的事情。就如從井底不懈爬行，終於爬出井口，看到陽光，隨即就要再墜井底的感覺。出借，首先是要資本的，最起碼是正數，否則，應該是一種虛偽和自我欺騙。這樣的困惑讓我被迫詢問師父，他說「給一些力所能及的，只是給，不是借」，「借，首先是一種能力，其次，還，是一種期待，期待能夠歸還，其實歸還的可能性很小。」錢有一種魔力，常使人為了一個「還」字，牽掛而拘謹、猶豫和不安，甚至於慌不擇路。當信用脫落為一張扁平的畫皮，剩下的東西就是嗔恨。

師父的話對我同樣是衝擊，我不能理解借錢不還的事情怎麼可以存在。由於經手的案件增多，我的疑問開始冰消成水，歸於東海。太多借錢不還的事件，或因沒有能力，或因根本就不打算去還，或人去樓空，這本身就是爭議解決產生的原因所在。

師父的得意弟子從東北的一個城市過來，師父給他租了房子，其實他的工作表現真的不錯。但半年後，他便向師父提出「借錢買房」，對師父也是個打擊──「其他弟子怎麼辦？」顧此失彼的邏輯下，只能是不借。而不借的後果，只能是失望與失和。

談錢傷心的橋段，不停地在不同角落上演。猶如繁枝茂葉敗落成光禿禿的枝丫，飄走最後一片葉子。也許，金錢固本的工具屬性被無形放大後，讓太多的有情眾生無法識別其真相，開始為金錢所驅使、焦慮、憂愁，不能停息。

金錢的流入流出，附隨了太多期待，期待本身幻化成更多傷害，在許多暴力催討、小額借貸、網貸、涉黑涉惡案中不斷上演。在更多銀行非法放貸、虛假借貸、職業放貸等案件中，亦有信任、期待、傷害的影子，如漣漪，環環透來。

很多年來，我會堅持看望一個上了年紀的阿姨。是她當年肯借出3000元錢，才讓我有能力買了碳灰諾基亞5110，然後還配了生平第一副眼鏡，開始認真地看這個世界的真假。她的真誠，我永生不忘。

馮驥才在《苦夏》中有一句話，我印象很深：「在快樂的童年裏，根本不會感到蒸籠般夏天的難耐與難熬。惟有在此後艱難的人生裏，才體會到苦夏的滋味。快樂把時光縮短，苦難把歲月拉長，一如這長長的仿佛沒有盡頭的苦夏。」在我的理解裏，這樣的苦夏，就是借錢。我曾在過年的一個下午，開玩笑地詢問南城的這個阿姨，「你怎麼敢借錢給當時還在北京流浪的一個窮孩子？而且是用來買手機、配眼鏡？借錢的原則不是救急不救窮嗎？」「因為善良」。

借錢，需要簡單、通透，絲毫不扭扭捏捏，拖泥帶水。

善良應該是附隨金錢工具始終的，善良也是裝不出的。對於借錢的

雙方，均是如此，善良本身就是一種能量，這種能量能夠傳遞，且永盛不衰。就如席慕蓉在《歲月》中說，「原來歲月並不是真的逝去，它只是從我們的眼前消失，卻轉過來躲在我們心裏，然後再慢慢地改變我們的容顏。」其實，借錢何嘗不是如此？

十一、跑步與喝粥

《當我談跑步時，我談些什麼》是村上春樹寫的一本暢銷書，他在書中說，「今天不想跑，所以才去跑，這才是長距離跑者的思維方式。」

跑步，是我堅持的運動方式。它的優點在於：基本不受場地限制，裝備要求不高，孤獨性運動，不需要陪伴和氣氛調節。跑步，並不是富貴性十足的運動，不像高爾夫，場地、設備都成本高昂，對我而言，物質匱乏度與奔跑能力成正比，越匱乏，能力越強：內地各大賽場跑在最前面的，大多是非洲朋友，他們都有樸素的目標，拿獎金吃飯。跑步還是解壓的一種手段，據說跑步時身體能分泌一種多巴胺，也能令人上癮，類似咖啡因。阿蘭‧德波頓在《旅行的藝術》中也說，「真正珍貴的東西是所思和所見，不是速度。子彈飛得太快並不是好事；一個人，如果他的確是個人，走慢點也並無害處；因為他的輝煌根本不在於行走，而在於親身體驗。」

其實，我的跑步能力也是在農村田埂上練的，再往後就是從鄉初中回村子有一段相當長的路，基本靠跑；再往後，是沒牀睡覺，第一節晚自習下課便開始躊躇不安和踱步；再往後就是吃了太多粗糧不太好消化，必須輔之以跑步、快走，譬如在高中的城牆，大學的南湖小道。貧困、時間都是需要克服的壓力，但我也知道更大的挑戰還在未來。

對我而言，跑步初始，並沒有帶來真正的愉快和舒適，更多地為並無選擇的無奈。跑步能力的真正展現，還是在真正吃飽飯後，這種吃飽是指絲毫沒有負擔和偽裝地去吃，這是一種所謂的自由。這個自由只能發生在

2002 年之後，之前都沒有可能。

自由意味着你可以放開自己的肚子狠命地吃，帶着「時不我待，只爭朝夕」的勁頭，譬如說素麵條可以一次不休吃上八碗，香蕉可以一口氣吃上五斤，且從菜市場到家途中就消滅乾淨。烤雞翅 15 隻？肯定是還欠很多 …… 就像是長期積弱的倉庫終於可以有糧食來裝填。

小區的門口有一家粥舖開張，試營業期間幾種粥品免費，包子和菜不免費。基於對喝粥的天賦和基礎，試營業那一周，我每晚都能喝上好幾大碗，頗有武松在景陽岡打虎前的豪邁，準備喝上十碗，但目標無限接近，確實也沒有實現。不過令我開眼界的是，我開始知道，粥不僅是單一的大米粥，竟然還有菜粥、棗粥、蓮子粥 …… 好幾十種。

不過我應該懺悔的是，粥舖的粥不再免費後，我確實去得很少，也是因為工作開始忙碌，出差開始頻繁，更因為吃的品種開始增加、眼界開始拓寬很多。譬如，在香港就有艇仔粥、皮蛋瘦肉粥，味道很好；山西的小米粥特別養胃，如果加上新疆的大棗，這樣的粥品，以文火熬煮 30 分鐘以上，味道醇厚。

真正的跑步，其實也是需要熬煮的。跑步的前提是體重不能過重，否則對兩腿的壓力過大，會有不良影響。因此，吃東西的自由，必須轉入自律的軌道。我開始游泳，游泳後保持空腹，不能吃東西。這種滋味，在滿街飄香的街道，尤為煎熬。我一度在泳池一口氣游了 4300 米，切實品味了孤獨運動的內涵。

體重控制到合理範圍內後，我需要在速度和距離之間找到足夠的平衡，有跑過世界冠軍的教練在課上說，「小步快頻」是遠距離跑步的基本法則，我牢記於心，千里之行始於足下，必須從跬步積累。

KEEP、咕咚、馬拉馬拉等是近幾年才出現的軟件，設計者充分物理化一種數據的積累，在不知不覺中，讓數據成為生活的一部分，這其中即有社會學的理論。但純粹的社會學並不能完整詮釋跑步的真正含義，因為跑步並非簡單的社會行為，其不是在物質世界抑或社會裏開始，而是在我們內心中開始的，也最終銘刻在內心深處。在 KEEP 有記錄之前，我在美

國的國會山、林肯紀念堂廣場跑過，用腳步丈量一些地方，也是與歷史別樣的會談。《半山文集》中說，「人的內心得有一間屋子，得有堅實的結構，支撐屋子的柱子只能是自己，門只能從裏面向外打開，窗戶也是。人必須得讓完整屬於自己的東西，不斷地長大。」而對於我，跑步就是建築自己內心屋子的磚石。

有 KEEP 記錄後，我在西安城牆跑中成績不錯，在儋州的半馬中，也獲得過名次。村上春樹說，「成績也好，名次也好，外觀也好，別人會如何評論也好，都不過是次要的問題，對於我這樣的跑者來說，第一重要的是用雙腳實實在在地跑過一個個終點，讓自己無怨無悔。」跑步，時久天長中，已不是外化的東西，而是內觀的凝結。

香港的馬拉松，我是報了名的，但由於疫情，一拖就是三年，受到影響的還有耶路撒冷半馬、布拉格全馬、洛杉磯全馬，這些本都是在計劃中的，很可惜，只能看機緣了。北京東郊森林公園幾乎每一個角落，都落過我的腳步，尤其冬日在北風呼嘯中跑步，是一種別樣的挑戰，積雪未融，寸步難行，這種感覺尤似在越南峴港海邊、鳴沙山的黃沙漫走。

有人總結，「三公里專治各種不爽，五公里專治各種內傷，十公里跑完內心全是善良和坦蕩。」對於我而言，跑步是成長的路徑，跑步能消解很多積鬱；習慣於沉默和豁達，跑步讓我真實地體會到一種寬宏和原諒 —— 對自身、他人，以及這個失望和希望並存的世界。

在跑步中我遇到過 70 歲的老人，配速完美超越很多年輕人，他每年都有固定的場次，他並不將自己局限在退休的燭光下。

跑步，不是一種能力，而是一種品格；不是一種技巧，而是一種生活；不是一種數據，而是一種通達內心的路徑。正如《我承認我不曾歷經滄桑》中所說：「每條街道都有屬於自己的幽靈，每顆石子路都藏着自己的記憶，每一個生於斯長於斯的人都從街道中截取那些回憶，讓它們繾綣生長在自己的腦海中。」

十二、雜草

今夏，北京雨多，院子裏雜草開始繁盛。我開始拔草，猶如我兒時在田地裏的耕作。

雜草不需培植照樣苗壯，所以如果不及時清除，它們很快就會肆意佔領整個田地，無論玉米還是豆類。

那時田間雜草種類繁多，我能叫出好多名字，譬如黃蒿、馬齒莧、莧菜、灰菜、燕麥、刺角芽等，其中刺角芽有小刺兒，扎手，尤其難拔，牛羊也是躲着不吃的。黃蒿也是牛羊討厭的品種，但據說是一種藥材，可以清淤止血；莧菜是農家常吃的野菜，經常能把一鍋麵條染出絲縷的紅色，但吃得過多，臉上會帶上傳說的菜色 —— 我臉上的菜色是難免的。

田間拔草是必須除根的，那時除根基本靠手，小手被刺傷是經常發生的事情。最煩惱的還在於要拔上好多遍，稍有延誤，雨後便是雜草遮蓋秧苗。雜草也是衡量懶惰的尺度，所以拔草也是面子工程。於是，我恨雜草，它使農家的辛勞倍增。

除草最好是要用鋤頭的，鋤頭對於不大的孩子充滿挑戰。長大後，我發現有一種鏤空的鋤頭，相當省力省時，可惜，當時沒有。我只是不住地彎腰、擦汗，註解「鋤禾日當午」的唐詩。

割草的目標是很明確的，要用特定的筐子或背簍，將碼齊的青草帶回家，餵牛或喂羊，餵牛通常會拌着特定的乾草；羊則只吃青草，且拒絕進食不合胃口的青草。

「山坡上薄荷草蓬勃生發，用手撫摸過它密密排列的細小紫色花朵，在指尖嗅聞到葉片辛辣清涼的氣味。」安妮寶貝在《眠空》中對草的欣賞，我那時是沒有的。很多年後，我才聞到。但拔草、除草是與雜草為敵，而割草，卻是與雜草為友。其間的辯證關係，我在不經意間發現，並開始沉思。猶如慧能的《菩提偈》：「菩提本無樹，明鏡亦非台。本來無一物，何處惹塵埃！」雜草，無論有益還是無用，究竟是本來就不存在，還是本身就存在？若存在，又是從何處來？為什麼再辛勞還是清除不乾淨？

　　《雜草的故事》中說，「世上本無雜草，是人類要把世界分成野生和馴養兩部分。按照地理來說，夏娃和亞當偷吃的禁果，一定不是蘋果。智慧樹的果實，不是蘋果，因為中東炎熱的氣候不適合蘋果生長。」雜草的分類，本身就是一種角度和觀念。有角度，就非絕對的客觀定義。而我們正是生活在觀念中。

　　人是萬物的尺度。人類以自己的角度定義世界。賈平凹《遊戲人間》中說，「為什麼活着，怎樣去活，大多數人並不知道，也不去理會，但日子就是這樣有秩或無序地過着，如草一樣，逢春生綠，冬來變黃。」看似客觀，亦是人的體驗而已。

　　有一植物學家馬煒梁教授在研究中發現了雜草的生存「智慧」，他認為：「雜草雖然站在原地不動，不能位移，但確實有接受刺激的反射弧，能夠很快地作出反應；當食葉昆蟲嚙咬雜草葉片後，雜草能分泌一種物質招引昆蟲的天敵來保護自己；雜草能設計出複雜的傳粉路線，讓昆蟲為它攜帶花粉；雜草有利用環境的能力，能與動物協同進化……」這裏的雜草，開始有一些自己的角色。

　　關於雜草，亨利·米勒曾將中國人比喻為「生長於人類的甘藍田之中的莠草。……莠草是對於人類努力的報應。在我們賦予植物、野獸和星辰的那些虛構的存在之中，莠草也許有着最智慧的生命。……最終，總是莠草佔上風。最終，所有的一切都要復歸於中國的狀態。這就是歷史學家通常所說的黑暗時代。除了草，不存在別的出路。……草生長於廣大的未耕耘的空間之中。它填補空隙……草是一種滿溢，這是一種道德上的教訓。」米勒的說法肯定有些偏頗，但對雜草的品行是有一定見解的。

　　在對立的角度，草是一種遮蔽和滿溢。其實「文明與文明之間的自相殘殺，如能預想到共同消竭的那一天，也許能變得互相客氣一點？就像兩個爭鬥了一輩子的對手都已年邁，步履艱難地在斜陽草樹間邂逅，應該有一些後悔？如果讓他們從頭來過再活一輩子，情景將會如何？」余秋雨在《千年一歎》中有這樣的思考。

　　米勒還是犯了「人是萬物的尺度」的錯誤，眾生平等，有無相生，前

後相繼，野火不盡，春風又生。

「有之以為利，無之以為用」其實才是對雜草真正的詮釋，任何感情、情緒、觀念、角度，本根是狹隘的。

雜草是最低級的植物，只要極少的水分、土壤、陽光，甚至沒有陽光就能夠生存了，生命力特別頑強 —— 這是原始性的頑強。蕭紅有過自己的描述，亦如《枕草子》中說，「蓬草給車子壓倒，待車輪子碾過，復又彈起，碰到近處車簾子什麼的，遂有草香襲人，也蠻有情味。」

我的小學課本有一篇《蒲公英的種子》，這一篇我是能背誦的：「我是蒲公英的種子，有一朵毛茸茸的小花。微風輕輕一吹，我離開了親愛的媽媽。飛呀，飛呀，飛到哪兒，哪兒就是我的家。」今天想來，還是感動，我在東郊森林公園找過蒲公英，它像一把白色的傘，一吹便飛往天涯。

十三、火車的窗子

最早一次坐火車，是去焦作。那年二哥在焦作礦業學院上學，他是村子裏第二個大學生。從縣城到焦作有很遠的路，要坐火車。出遠門，我肯定是累贅，為了淡化這個標籤，我一路幾乎不吃不喝，不上廁所，只為表現良好。

綠皮火車當時是新奇的存在。樹影在窗外快速地閃爍，小桌子上的水，竟安然平泰。我努力將窗外的一切，收藏於記憶：村莊、車站、白雲、隧道、河流、山坡……

對於一切未知和不確定，我期待作出嘗試，並不恐懼於陌生和不舒適，這是離開村子的第一次嘗試，儘管是在遮佑下出行。然而，邊界和界限是注定在一次次探索和遠行中被打破。

范成大有《十月二十六日三偈》：「窗外塵塵事，窗中夢夢身。既知身是夢，一任事如塵。」窗子是一種界限和分割，這種分割可以在物理、

精神和靈魂三個層面延伸。在物質層面是遠行，在精神層面是打破，在靈魂層面是豐盈。

張愛玲在《金鎖記》中提到過窗格子：「月亮從雲裏出來了。墨灰的天，幾點星，模糊的狀月，像石印的圖畫，下面白雲蒸騰，樹頂上透出街燈淡淡的圓光。」我在兒時的窗格子裏，也有同樣的記憶。窗格子是木頭做的，在冬日會糊上報紙，主要為保暖和防風，但也會遮蔽月光和窗外的畫。屋子裏會特別暗，只能聽到窗外北風的呼嘯和肆虐。與馮驥才筆下的「冬意最濃的那些天，屋裏的熱氣和窗外的陽光一起努力，將凍結在玻璃上的冰雪融化；它總是先從中間化開，向四邊蔓延。透過這美妙的冰洞，我發現原來嚴冬的世界才是最明亮的」，完全是兩個世界。

我在大學三年級的時候，口袋裏比臉乾淨，但想去趟鄭州，於是唯一的選擇就是逃票。在大東門火車站，撿了一康師傅的空水瓶，然後接上自來水作為路上的用水。同樣是綠皮火車，同樣是窗口，但換成了黑夜的轟隆聲和一閃即過的黑影。在車上閃轉騰挪，應對查票，精疲力竭，已無力審觀窗外的風景。我在極度恐懼和不安的狀態下，被認定無票，然後有了經典的對話：「為什麼逃票？」「沒錢。」「沒錢還喝康師傅礦泉水？」然後被搜身，「礦泉水」被殘忍地留下。

我為自己不能保護「礦泉水」而深深懊惱。物質的來去、邊界通常容易定義，精神的邊界是一個體自我的邊城，也是一個體自信的根源。村上春樹在《1Q84》中說：「窗外見到的是一成不變的光景。沒有任何新鮮的東西。因為世界必須向前進，姑且前進着。像是便宜的鬧鐘，無可非議地執行着被賦予的任務一般。」精神的邊界，不能過於固定和偏執，需要不斷地拓展和提升。豐子愷曾說，人生三層樓。第一層樓是物質生活，第二層樓是精神生活，第三層樓是靈魂生活，有信仰的生活。長時間以來，我在第一樓掙扎，較少有機會審視那二樓的風景。

在二樓，馮冀才說，「窗子是房屋最迷人的鏡框。節候變換着鏡框裏的風景。那一如人的青春的盛夏，總有陰影遮翳，葱蘢卻幽暗。小樹林又何曾有這般光明？只有閱盡人生，脫淨了生命年華的葉子，才會有眼前這

小樹林一般的明澈。只有這徹底的通達，才能有此無邊的安寧。安寧不是安寐，而是一種博大而豐實的自享。世中唯有創造者所擁有的自享才是人生真正的幸福。」

上小學時，為堵住西北風，教室的窗子要糊上兩層東西，一層是麥秸稈兒，一層是報紙。雖擋住了寒冷，但再也看不到外面的風景 —— 由於某種原因，我們常常拒絕了光明。

在無月的日子，農村的夜晚總是漆黑一片，深一腳淺一腳的行走中，總是會感謝從陌生的窗戶透出的一線燈光，那是溫暖，也是呵護。一切不安、疲憊，也會消弭乾淨。

在安徽的九華山下，寺院清淨，果通法師通曉天文，俯察地理，一碗素齋，通透於心。窗外雲捲雲舒，小徑花開花落。山寺的長簪磬聲細細播來，伴有潺潺溪水如織。

一段非常繁忙的日子後，我仿佛丟失了自己。我需要在第三層看看一些不變的東西，「我不再裝模作樣地擁有很多朋友，而是回到了孤單之中，以真正的我開始了獨自的生活。有時我也會因為寂寞而難以忍受空虛的折磨，但我寧願以這樣的方式來維護自己的自尊，也不願以恥辱為代價去換取那種表面的朋友。」余華的《在細雨中呼喊》，我曾一度隨身攜帶。

步入職場後，團隊的發展吸引了一些律師的關注，他們表達了加入團隊的意願，並承諾「可以為團隊做任何事情，可以服從團隊的任何安排！」我很感動，但由於團隊精英化、專業化的門檻，我說「還需半年的考驗期」，結果有人直接翻臉，迸發出激烈的情緒。從這樣的情緒，我真實地看出了他的不合格，慶幸團隊沒有盲目接納。

曹操在青梅煮酒論英雄的橋段中，精確地預言了袁術、袁紹的本質和命運，所謂「塚中枯骨耳」，我當時驚詫的不是劉備由於驚雷筷子着地，而是曹操的犀利與透徹。五世三公的出身、高富帥的外表、兵力戰車的雄壯，實際徒有虛名。

而皇帝中，秦武王好大喜功，為彰顯自己的臂力，舉鼎而亡。明武宗，欲與天公試比高，封自己為「大元帥」，這個名號讓他愉悅到極點，

最後他卻墜水風寒而崩。

現在的高鐵，窗口更是透明潔淨，靜觀窗外，更能看到不同的風景。有時一面聽着雨打窗戶的聲音，慎獨亂想，會感覺整個列車似乎變成了和平日不同的異質空間，窗外有時間，也有空間，更有記憶。

十四、白雲邊和黃鶴樓

「白雲邊」和「黃鶴樓」，都是武漢的白酒。兩種白酒的名字應該取自唐代詩人崔顥的《黃鶴樓》中的句子：「昔人已乘黃鶴去，此地空餘黃鶴樓。黃鶴一去不復返，白雲千載空悠悠。」

「白雲邊」是53度的，「黃鶴樓」的度數稍低，38度，當時的價格都在兩塊錢左右，對於普遍並不富裕的大學生而言，算是奢侈品。

馮唐在《歡喜》中對酒有過敍述：「生命是一種醇美的酒，身體是盛酒的杯子。有人，像二十七歲死去的李賀、巴爾扎克、刺秦王的荊軻，將杯中的酒一飲而盡，然後摔破杯子；有人，如陶淵明，就着山色、水聲，就着花香、沒人的鬢影，將酒慢慢地品着，酒盡，火熄，他也就準備離去。更有人，為了杯子的可愛，一生一世，不敢碰一下被日頭曬得漸乾的酒。」

兒時村中的酒總是用酒瓶在小店打來的散酒，氣味出奇地辣，並不是書中說的「香」；戲中總是有酒的影子，諸如「景陽崗」「醉打蔣門神」「貴妃醉酒」「打金枝」等，還有歷史書上的「鴻門宴」「杯酒釋兵權」「青梅煮酒論英雄」「千叟宴」都是以酒來熱場，酒的感性是工具理性的襯托。汪曾祺在《七里茶坊》中的「兩隻烏金釉的酒罐子擦得很亮，放在旁邊的酒提子卻是乾的」，以及在《金大力》中的「他是個瓦匠，上工時照例也在腰帶裏掖一把瓦刀，手裏提着一個抿子。可是他的瓦刀抿子幾乎隨時都是乾的」，我總是印象很深，村裏很多大人饞酒，但總是無酒可喝。

喝白酒不吃菜已是約定俗成的。在特殊年代主要是表示對白酒特殊的敬意。我在擁擠的綠皮火車上，見到過對白酒最高的敬意，那就是一路上不喝水，只喝味道很衝的白酒，感覺那人出汗如泉。

枯竭，是我在南湖四年的真實寫照。我感覺思想在四處狂奔，但表達能力始終枯竭，我也湊熱鬧喝酒，但酒量長進一般。我曾期待在品酒領域有所建樹，可惜勤奮無法彌補天賦之不足。

有同學可以獲得名號「張三斤」「陳九量」「周不醉」，我與酒始終沒有建立起深厚的友誼，我只是偶爾駐足的觀望者，無聊的看客，伸長了脖子，被無形的手牽住。《路人》中有一句話，我印象很深：「想飲一些酒，讓靈魂失重，好被風吹走。可一想到終將是你的路人，便覺得淪為整個世界的路人。風雖大，都繞過我靈魂。」

東昇是中央民院的老鄉，他的酒量高我好幾個等級。他的名句是，酒量等於酒品，酒品等於人品。我在他的邏輯延展中，只能自慚形穢。好幾次悶頭鍛煉酒量，成效低微。東昇本科學的是政法，研究生考的是政法學院，中間很是辛苦。在一個冬天，他在讀書回宿舍的路上，跌進離校園不遠的糞池中，渾身污穢，臭不可聞。第二天，我們看望他，帶的就是「白雲邊」，隔天就是「黃鶴樓」。我說他肯定能考上，糞坑是吉兆，為學如糞，「不入糞坑，誰入糞坑」。東昇最後是喝着「白雲邊」考上研究生的，學的是民法，後來在鄭州教法律。他為人仗義、剛烈，有武漢烈酒的影子。

2003 年我進入康達，聽聞這裏是有入門規矩的：二鍋頭半斤，一口悶掉，走幾步不晃悠。按照這樣的標準，我是無論如何也過不了關的，好在我學歷還成，而且知道「業荒於嬉」「勤能補拙」的道理 —— 在師父喝酒時保持清醒，第二天就能將雜亂如麻的材料梳理成邏輯清晰的細線，充分彌補沒有喝完半斤二鍋頭的短板。

主席付洋先生（以下簡稱「主席」）有酒的天賦，他在內蒙古插隊時，和着西風吹過白酒。就着一盤花生米，也能一瓶茅台見底。他拿手的技藝是酒後能下棋，在故宮後院的一個餐館，我親眼所見，他能讓一個段位不

低的老總三個子兒。不僅如此，他酒後還能寫字，洋洋灑灑，我的好幾本書的序言，都是主席在酒後題寫的。劉墉在《螢窗小語》中說，「話到七分，酒至微醺；筆墨疏宕，言辭婉約；古樸殘破，含蓄蘊藉，就是不完而美的最高境界。」主席的酒，喝的是境界，就的是樸素。師父和付洋能夠包容一個不能喝酒的徒弟和跟班兒，反映着他們的格局與胸懷。

　　我喝酒，過量便容易斷片兒，有時狂吐不止。大酒後，便是後悔和抑鬱。有人說：人和酒一樣都是矛盾體，淡了嫌沒味道，濃了又怕喝過頭。喝過頭，便是一種深切的孤獨。我總是在舉杯端詳中，想起劉伶與第歐根尼。

　　《阿胖的萬事屋》中說，「絢麗的酒精，無力的植物，明亮的白日夢。還有風，睡眠，交談，像種子一樣裂開的傍晚。濾鏡是有的，長鏡頭是有的，晶瑩剔透的背景樂也是有的，當我們停下來認真觀察生活的時候。」酒是不一樣的鏡頭和膠片，如同遲子建在《世界上所有的夜晚》中說的：「時光在飲酒的過程中悄然消逝了，裏挾在酒中的時光，有如斷了線的珠子，一粒粒走得飛快。」酒是時間做的，於是能消磨和消融時間，也能讓人忘卻時間，但陡然回頭，白雲無處，黃鶴樓去。

十五、老師的懲罰

　　懲罰，是法律和規則的組成部分，大抵歸屬於法律後果。懲罰亦與道德關聯，譬如安東尼·伯吉斯在《發條橙》中說，「機械社會的發條決不能冒充道德選擇的有機生命。如果惡不能被接受為一種可能性，那麼善的存在毫無意義。……而假若沒有道德的兩極對立，就不存在道德選擇。」胡適在《介紹我自己的思想》也有這樣一段話：一個骯髒的國家，如果人人講規則而不是空談道德，最終會變成一個有人味兒的正常的國家，道德自然會逐漸回歸；反之，一個乾淨的國家，如果人人都不講規則卻大談道德，毫無底線，最終這個國家會墮落成一個偽君子遍佈的骯髒國家。」

　　我對法律中懲罰的粗淺理解，開始於我在學前班由於調皮，挨了老師一耳光後。我對老師的懲罰措施有了真切的認知，準確地說，是切膚之痛。

　　那個時代，學校普遍是有懲罰的，老師說古代的懲罰更多，也會有戒尺。小學有一次早課，老師把不會背書的孩子留在了課堂，不讓回家吃飯，家長也不能送飯，這種捱餓的懲罰，是用來長記性的。現代辟穀理論基礎就是適當停食，這樣的實踐，我在小學就有。

　　初中教務長喜歡在晚課巡視各個教室。在教室的窗口駐足，欣賞學生違反自習紀律的動作，期間悄悄走進教室，雙手在黑板的粉筆字上摩擦、塗抹，然後環繞住一個扭頭朝後的學生的腦袋，慢慢地將其扳回向前的位置。被塗抹的臉兒，是必須充分暴露的，花臉學生需要搬上自己的凳子，將凳子放在講台課桌上，然後站在凳子上，這是馬戲中標準的動作。那顆滑稽的腦袋，和天花板之間幾乎是沒有縫隙的。這是一種令人感到驚悚的懲罰，那個孩子，恐怕會將其永記腦海，因為他很快退了學。

　　高中的趙校長是出了名的嚴厲。他經常隨身攜帶一根很長的竹子，對於買饅頭不排隊的學生，直接來一下，聲音清脆，後果生疼。所以「趙校長來了」這句話本身，就有維持秩序的威力。校長有一顆愛學生的心，但也沒少打孩子、踢孩子，這種場景經常被家長提起，也會被家長原諒，因為那個年頭，打架、鬥毆的孩子，確實不是一般地多。我曾在縣廣場，看到過去特有的公審、公捕大會，主席台就曾有一熟悉的名字和身影，他是一名初中與我擦肩而去的同學，他的行為是偷盜別人的棉花。

　　大學崇尚自由和奔放，除了導員，和老師大多只有一面之緣，懲罰一般是沒有的，多以鼓勵為主。但我在足球課上經常被要求撿球的事情，仍是一種心理的懲罰，不成熟的年紀，面子特別重要，比捱打、凍餓要難受得多。

　　我在學校圖書館，開始認真思考懲罰的課題。錢莊在《小瞬間》中說，「我曾經以為上天懲罰人的方式，是給他們遠遠少於他們所值得的東西。但後來我意識到，上天另外有一種懲罰人的方式，是通過給他們遠遠

多於他們所值得的東西。因為，人其實不是通過得到學會滿足的。人恰恰是通過得不到，才理解所擁有的是多麼僥倖和珍貴。」其實，懲罰本身就有無窮的縱深，例如罰款、剝奪自由、剝奪資格、限制自由、限制許可等等。錢鍾書說，「有時來一個荒年，有時來一次瘟疫或戰爭，有時產生一個道德家，抱有高尚得一般人實現不了的理想，伴隨着和他的理想成正比例的自信心和煽動力，融合成不自覺的驕傲。」懲罰的方式應然多種多樣。

在一切懲罰之中，「溫柔敦厚是這個世界最需要的，而它恰恰來自於閑適感和安全感，而不是在艱辛之中掙扎的人生。」我同意伯特蘭·羅素在《閑暇賦》的表述。

懲罰需要發心與發願，否則就是報復和惡。懲罰有其人性基礎：懲罰需要有同情心，自愛也關愛他人；需要有尊嚴，自尊也尊重他人。於是，我想起小學老師逼迫違紀的學生吞食羊屎蛋，甚至帶尾巴的生蛆，現在想來，「世界上的大罪惡大殘忍，沒有比殘忍更大的罪惡了，大多是真有道德理想的人幹的。沒有道德的人反正，自己明白是罪；真有道德的人害了人，他還覺得是道德應有的代價。」錢鍾書對懲罰反道德的分析，入木三分。對學生凍餓，與逼迫學生吃蛆，完全是兩個概念。

當懲罰變成一種表演，就是作假，就會變成各種形態的「行為藝術」，變成包藏禍心，就會讓最沒有道德的人變成最有道德的人，語言和行為開始分離。今日想來，才能明白一些道理。

記得托爾斯泰在一本書中說，「人們常常想用發現別人的缺點來表現自己，但他們用這種方式表明的只是他們的無能。一個人越聰明、越善良，他看到別人身上的美德越多；而人越愚蠢、越惡毒，他看到別人身上的缺點也越多。能給別人台階自己也有台階，能給別人面子，自己越有面子。遮醜是美德，行善得善。」懲罰的立足點，應該是基本的道德，有德的人在任何環境之中都可以無畏無懼，不受束縛。

十六、鏡子與女子

小時候讀過一本叫《鏡花緣》的小人書，後來才知道這是清代文人李汝珍創作的長篇小說。它主張男女平等，主張女子也應自幼讀書，和男子同樣參加考試。反對男子對女子的壓迫，尤其是對於纏足、穿耳這些摧殘人類肢體的行為表示憤怒的抗議。胡適曾評價說：「這種制度便是李汝珍對於婦女問題的總解決。」

《鏡花緣》是一面鏡子，鏡像着社會觀念，是對《海外西經》《大荒西經》的映照。印象中唐代的李世民最懂鏡子，他說：「夫以銅為鏡，可以正衣冠；以史為鏡，可以知興替；以人為鏡，可以明得失。」

小時候，家裏有一面小鏡，並不精緻，背面是摔破了的，好在正面還能用，但常有灰塵，忙碌的大人，並沒有時間擦拭。我時常用鏡子來玩耍，並非端詳自己，而是用鏡子折射太陽光，讓常年處於陰影的角落，可以在光點中閃亮起來。

這是一種時常讓人興奮的場景，明暗、陰晴可以在剎那間轉變，筆直的光線可以彎曲、折射開取，到達不曾到過的地方。《山海經》中說：「西海之南，流沙之濱，赤水之後，黑水之前，有大山，名曰崑崙之丘。其下有弱水之淵，其外有炎火之山，萬物皆有，修仙之地，得道之所。」人，也是可以在明暗間折射的，但需要不同的鏡子。

波伏娃在《第二性》堅持的觀點是，「人們常說，女人打扮是為了引起別的女人的嫉妒，而這種嫉妒實際上是成功的明顯標誌；但這並不是唯一的目的。通過被人嫉妒、羨慕或讚賞，她想得到的是對她的美、她的典雅、她的情趣 —— 對她自己的絕對肯定；女性為了實現自己而展示自己。」這裏的打扮與展示，離不開鏡子的功用，我時常在公眾場景中，看到精緻的小鏡閃亮。

鏡子是清澈的眼眸，開闊的器局，是對瑣屑細事的記憶和銘刻。「任何年齡段的女人都有她在那個年齡階段所呈現出來的無法複刻的美。她因年齡而減損的，又因性格而彌補回來，更因勤勞贏得了更多。」馬爾克斯

在《霍亂時期的愛情》中的表述，應該是對的，但還不夠全面，畢淑敏補充說，「我喜歡愛讀書的女人。書不是胭脂，卻會使女人心顏常駐。書不是棍棒，卻會使女人鏗鏘有力。書不是羽毛，卻會使女人飛翔。書不是萬能的，卻會使女人千變萬化。」

觀念是一種角度和偏執，也是一種折射和偏差。魯迅在《關於女人》中說，「一切國家，一切宗教都有許多稀奇古怪的規條，把女人看做一種不吉利的動物，威嚇她，使她奴隸般的服從，同時又要她做高等階級的玩具。正像現在的正人君子，他們罵女人奢侈，板起面孔維持風化，而同時正在偷偷地欣賞着肉感的大腿文化。」林語堂在《京華煙雲》敘述了古代賢妻良母躬行實踐的一套規矩：「禮貌為首要，因為賢德的女人必有禮貌，有禮貌的女人也決不會不賢德。『婦德』在於勤儉、溫柔、恭順，與家人和睦相處；『婦容』在於整潔規律；『婦言』在於謙恭和順，不傳是非，不論隱私，不向丈夫埋怨其姑嫂兄弟；『婦工』包括長於烹調，精於縫紉刺繡，若是生在讀書之家，要能讀能寫，會點詩文，但不宜於耽溺於詞章以致分心誤事，要稍知歷史掌故，如能稍通繪事，自然更好。當然這些書卷文墨等事決不可凌駕於婦人分內的事，這些學問只是看做深一層了解生活之一助而已，卻不可過分重視。文學，這樣看來，只是陶情怡性的消遣，是女人品德上一種點綴而已。」

所謂婦德、婦容、婦言、婦工，無非塗滿灰塵鏡子的尊容。女子不是社會組裝的生物和機械品，應該鮮活和自由地行走。太宰治在《女生徒》說，高深的現實才能真正地拯救，「女人之所以熱愛茶碗，收藏漂亮花紋的和服，就是因為只有那些東西才是真正的生存價值。每一刻的行動，都是活在當下的目的。此外，還需要什麼呢？高深的現實，完全地抑制住女人的悖德與超然，若能讓這些渴望直率地表現出來自我與身體，不知道會有多輕鬆，但對於心中女人這個深不可測的『惡魔』，每個人都不願碰觸，裝作沒看到，正因如此，發生了許多悲劇。」但是喬萬尼・薄伽丘在《十日談》中有十分刻薄的觀點：「從前女人注重修養，現在的女人只知道注重衣飾。她們以為只要穿上花里胡哨的衣裳，戴滿頭面首飾，就比旁的

女人身價高，理當比旁的女人受到更大的尊敬；其實她們忘了想一想，要是把一頭驢裝扮起來，它的身上可以堆疊更多的東西呢，可是人家到底還是只把它看作一頭驢子罷了。」——其實，我們的文藝作品並沒有真正理解女性，甚至不懂什麼叫尊重女性。《三國演義》《水滸傳》無不陳列着腐朽的男權，《金瓶梅》中女性無非男性飯桌上的調味品。現實中的車模廣告，無不投射着一種賞味與把玩。尊重女性不是一句空話，也不只是一種格局和場面，而應該是一場洗心革面式的自省。

作家白落梅是喜歡張愛玲的，「喜歡一個人，無需緣由，不問因果。喜歡她年少時的孤芳自賞，喜歡她遭遇愛情後的癡心不悔，亦喜歡她人生遲暮的離群索居。就是這樣一個女子，在風起雲湧的上海灘，不費吹灰之力，便舞盡了明月的光芒。浮沉幾度，回首曾經滄海，她最終選擇華麗轉身，遠去天涯。清絕如她，冷傲如她，從不輕易愛上一個人，亦不輕易辜負一個人。」所謂「因為懂得，所以慈悲」，應該是鏡子的真正價值：忠實、客觀、真實、不偏不倚。

最近讀了法國作家埃萊娜·西蘇的《美杜莎的笑聲》，「實現婦女解除對其性特徵和女性存在的抑制關係，從而使她得以接近其原本力量；這行為還將歸還她的能力與資格、她的歡樂、她的喉舌，以及她那一直被封鎖着的巨大的身體領域；使她掙脫超自我結構，在其中她一直佔據一席留給罪人的位置（事事有罪，處處有罪；因為有慾望和沒有慾望而負罪；因為太冷淡和太『熱烈』而負罪；因為既不冷淡又不『熱烈』而負罪；因為生孩子和不生孩子而負罪；因為撫養孩子和不撫養孩子而負罪……。一個沒有身體，既盲又啞的婦女是不可能成為一名好鬥士的。這樣的女人只能淪為好鬥的男人的奴婢和影子。我們必須消滅那些阻止活着的婦女呼吸的假女人。要保證婦女的呼吸。」讀來確實振聾發聵。

十七、目的性與規則

我在 2004 年開始組建團隊，由祕書、助理、實習律師、律師開始，中間面試很多，體會也頗多。

我見過一名 985 在校生，應該才大二，就開始通過關係要求實習，她實習的目的性特別強，就是要留在康達，將康達作為工作單位。這一點是令我驚詫的，這麼早考慮工作單位，比我上大學時要成熟不知多少倍。

但目的性太強，總讓人感覺有些不對勁兒的地方，我當時對她的判讀是：工作可能浮躁，作風不踏實，容易馬虎，愛表現，容易推責。後來證明，我的判讀分毫不差，她總是出現這樣那樣的問題，只得重新梳理案件和背調，損耗了大量的時間成本和資源成本。團隊不是過度功利主義的地方。

後來還遇到一個孩子，刻苦，也易溝通，天賦在普通標準之上，如果再踏實些，應該能有所成。但可惜的是，這個孩子仍然目的性強烈，譬如過於關注合夥人的名號、高級合夥人的稱謂、團隊負責人的 tittle，而非踏實地努力，等待水到渠成。沒有獲得稱謂便會生出不該有的情緒和抱怨，團隊的質量流控成為形式。

英國作家 J.B. 伯里在《思想自由史》中指出，「一般人的頭腦天生地懶於轉動，並且傾向於採取阻力最小的路線。普通人的精神世界由一些他毫不懷疑地接受下來且堅信不疑的信仰組成。對於任何會打亂這個熟悉的世界的既定秩序的東西，他都本能地敵視。一種與他所持的某些信仰不相容的新觀念，意味着需要重新調整他的思想；而這一過程是很費力的，需要耗費腦力，令人麻煩。對既定的信仰和制度提出懷疑的新觀念和意見，在他和構成社會上大多數的同輩們看來是有害的，因為不合他們的意思。」最小的路線和投機，是目的性概括性體現，這種體現對於務實、責任更多地是一種傷害。

對於目的性過強的個體，《烏合之眾》說，「在願望實現的過程中，他們不允許有任何東西擋道，對於動不動就發怒的群體來說，狂怒才是其正

常狀態。而且，在群體當中，任何情緒和行為都具有感染性，眾人常被同樣的感情所激動和振奮，很容易受別人的意見和主張所左右和影響，這使得群體中的個人都有很強的從眾心理，容易被人誤導。他們遊走於無意識的邊緣，容易受到暗示，就像被人催眠一樣，而暗示會通過傳染迅速進入他們的大腦，讓他們做出一人獨處時不會做出的事情來。」目的性至上的人，不太適合帶團隊，容易脫軌，也容易甩鍋。

「不積跬步無以至千里」，「太山不讓土壤，故能成其大」。金庸武俠小說中，偶遇一個山洞，意外獲得武林祕籍，就可學會「乾坤大挪移」「九陽真經」，威震江湖，威風八面，成為一代宗師。這樣的橋段當然需要時間加成，時間是成就的朋友和標籤，不勞而獲，是成就和名譽的大忌，可惜不是每一個年輕人都能懂。

《射雕英雄傳》中有郭靖的憨厚、樸素，《曾文正公集》有曾國藩的「結硬寨，打呆仗」。律師是一個厚積薄發的職業，有其特定的性格特點，不是對盈利和金錢猛烈不懈地追逐，而是需要與之保持一定的距離，需要在信仰的籠罩下，傾注熱情，然後才能水到渠成。

許多案件的完成，需要時間的加成。五年以上的案件比比皆是，超過十年的案件也不在少數。對於職業信仰一到三年的律師，根本無法理解十年以上案件的責任與擔當，更不能理解十年以上案件疑難、複雜的程度。所謂「夏蟲不可語冰」的深意，即在於不同維度的考察。《莊子》說：「朝菌不知晦朔，蟪蛄不知春秋」也是這個意思。但被目的性蒙蔽的雙眼，根本不會在乎此間深意，也許深淵也要跳一回，無間地獄也要走一遭。

安妮寶貝在《春宴》中說，「真正的規則是人內心的信念。他們只能在實踐中具備信念，而不是所謂的該往東還是該往西，該洗手還是該睡覺的規則。人要先把自己弄髒，弄痛，知道失望和傷害是什麼，才會知道什麼是真實。」目的性多數不關注規則，不在乎規律，只在乎聰明與捷徑；任何規勸和建議，就會構成傷害和阻礙。

經常有人以時代不同、章程不同為藉口，認為「欲速則不達」已經不

能成立。隨着科技的進步，節奏的迅速，個體的無限加速幾乎已經成為可能。手機、電話、網絡已能夠實現那「立竿見影」「彎道超車」的業績，讓一切可以在瞬時間得到回應，但也正因為這個「能夠」、這個「實現」，個體又將受到成倍的折磨，付出成倍的代價。

迷戀賭博的人，根本無視概率的渺小，而是無限放大近乎不可能的偏狹。賭博起始於浮躁、焦慮與急不可耐，且偏執、偏信，而誤以為自己目標深遠。

《天道》中有台詞說，「沒有主，主義、主意從哪兒來？主無處不在。簡單地說，支配人的價值、取捨行為的那東西就是主，就是文化屬性，理論上只要判斷正確就有可能，但是在判斷的實踐上通常會有錯誤，所以可能的概率取決於錯誤的大小。」這裏的「主」就是對規律的尊重、遵守，對踏實、務實的信奉不棄。

十八、北京的側影

我在北京這個城市待的時間最長。北京的豐台、昌平、朝陽、通州，我都是住過的。老舍在《想北平》中說，「城市墮入溫柔的困意，月亮枕在枝頭開始醒着眼睛。我不能愛上海與天津，因為我心中有個北平。」這句話頗浪漫，我頗有同感。

來到北京的第一年，我在北方交通大學（現更名為北京交通大學）研究生宿舍度過，主要為備考人大法學院研究生。冷峻的挑戰猶如 1996 年的寒冬，我是華山一條路的闖關者。那一年我超過碩士研究生錄取分數線 92 分，那是寒冷大學中的唯一一絲溫暖，我在北京第一次奔湧出熱淚。那一個冬夜，我騎着自行車，穿行在魏公村的大街，想起龍應台的句子：「很黑，犬吠聲自遠處幽幽傳來，聽起來像低聲嗚咽，在解釋一個說不清的痛處。」

在人大法學院的兩年，主要矛盾還是為生計奔波，對學習能力的淺

層次自信，也是錯過了深入研究法學、遍訪大師的機會。王利明教授、高明煊教授、劉春田教授、劉俊海教授、劉文華教授、韓大文教授等法學院名師雲集，講壇火爆，但我被迫跑到遠在燈市口的知識產權公司做兼職，也就是真正的勤工儉學，一個月 200 塊，沒有這薄薄的兩張人民幣，我的在校生活會受到重大影響。法學院學生間的生活水準，存在「階級差別」，而非「階層差別」—— 我用這樣的詞才能概括那一年的衝擊。

海淀區中關村大街 59 號到東城區燈市口大街 33 號是有些距離的，我經常騎自行車往返。自行車是在缸瓦市買的二手的，入手花去了一大半工資，但今後可以省掉公交車費，同時在校園內也方便，價值是肯定有的。但令人難過的是，自行車總是丟，連續丟掉兩輛，對我打擊不小。

在人大法學院學習期間是我人生的低谷期，但我未曾想到，找工作成了那低谷中的低谷。我傾心的最高法院、最高檢察院、北京高院以及中紀委，我的筆試成績通常能排到前列，但面試後一般杳無音訊。我在痛定思痛中作出總結：衣服是借的，領帶也是借的，皮鞋也是借的，眼睛近視，但眼鏡沒法借，所以總是沒辦法與考官交流，自信心嚴重匱乏，沒有見過大場面。

大場面是打破自身局限的必有之途，在我做律師幾年後，也都陸續遇到。我特別感謝這些高能量場景的加持，或人或事或場域，這些場面，我在以後的敍述中，會一一列舉出。

在一種限定的軀殼下，我企圖用《還珠格格》《天龍八部》兩部電視劇療愈自己求職屢屢受挫的傷口，但適得其反，幻境與現實的交錯，使自己陷入無邊的悵惘與失落中。我並不知道自己的路在哪裏。這種場景，猶如初中晚上無牀可睡，但也無路可走的困頓。

在無數次求職失敗之後，我距離兒時夢中的制服與大蓋帽越來越遠，遠到遙不可及。兒時夢想的破滅帶來的痛苦是殘忍的，會讓淚水打濕枕頭。我最後的落腳點是中建總公司法律部，戶口落在了甘家口派出所。1999 年所有的畢業生必須下基層鍛煉，所以我趕上了超乎尋常的「鍛

煉」，當時的中建二局在通州梨園，還是異常偏僻的地方，雜草叢生，荒涼尤甚，但中建二局只是報到起點，中建還有中建二局北京分公司（瓱頭），再到北京分公司電梯公司，等到電梯公司人事部報到的時候，還有進一步下放鍛煉的安排 —— 應該是工地了，需要佩戴安全帽。

我決定學習關二爺在曹營的「掛印封金」，不拿工資，不拿補助，不佔崗位，另謀生路。令人吃驚的是，人事處沒有絲毫挽留。

所以，做律師成為我唯一，也是無可選擇的路徑，我將面臨所有的缺陷、限制、障礙和不足，因為我必須生存。我加入的第一間律所在東直門的健康大廈，是靠朋友介紹的，因為我知道面試仍然是無法跨越的難關。律所主任第一句話是，「朋友的面子肯定給的，可以來上班，但是提成律師。」提成律師就是「提包律師」，沒有底薪，沒有補助，有案件成效，才有分成。

律師生涯的前三月是意料之中的料峭冬月，我深刻體會到「青黃不接」的真實含義。律所不少律師，我暫時不能獲得信賴。律師是關乎信賴的職業，信任比金錢更為重要。我缺乏展示自己能力的機會，也許我根本就不具備該有的能力，但我必須展示這種該有但並不具備的能力。

從劉家窯到東直門，要先乘公交車，票價五毛；再坐環線地鐵，從崇文門站到東直門站，票價兩塊，往返五塊；午餐三塊，自付。手機和眼鏡均是借款買來的。對於年輕人而言，每天的八塊無疑是天文數字。我時常為省錢睡在家裏，仍然重複思考千古難題 —— 要到哪裏去？我想起吉本芭娜娜在《不倫與南美》中說，「躺在不太舒適的沙發牀上，聽着陌生城市裏的陌生聲音，我每晚都這麼想。我能做的只有靜靜等待，因為除此以外無計可施。如同野生動物舔舐着傷口，在暗處靜候發燙的身體痊癒那樣。我想，在我心態逐漸恢復，能夠大口呼吸、正常思維之前，這樣是最好不過的了。」這也是我最真實的狀態。

我曾經動過回鄭州的念頭，但被勸阻了。直覺告訴我，不回去才是正確的。我還需要等待機會。終於，在第四個月，機會來了。也許是佛祖的不忍和慈悲，有一個很小的案件，需要到中國域名登記中心為當事人協調

其享有在先權利的域名，主任收費 3000 元，讓我去試一下。我忐忑地答應，這是我第一次擔當責任，開口代人表達，明辨是非。意外的是，我的表達收到效果，並沒有遇到太多的障礙，委託人的訴求獲得實現，他很滿意。回到所裏，我分得了 1000 元，這是我第一筆巨款和資產，更重要的是，我打破了必須打破的限制，我知道我可以做得更多，因為一扇門正在徐徐打開。

主任、其他合夥人、律師開始逐漸知道我的靠譜和踏實，並了解我的效率和創新，譬如一般律師審查合同就是粗略地看一下條款，便草率地解決戰鬥。我有不同的理解，準確地說，是合同審核有三種層次：其一看條款，修改條款；其二，看法律關係，修訂法律關係；其三，重新審計合同，出具系統修訂意見和建議。我過手的合同通常就是第三層，因為我肯花費時間，我懂得珍惜；我敢於在當事人面前堅持自己的意見，因為我對法律關係的認定開始有自己堅定的知覺。

同事中有一特別注重聲譽的律師，他執着於自己的勝訴率，保持每年的 100%，所以拒接自己把握不大的案件，最後他的案件每年只有一件，因為再有一件，就肯定要打破 100% 的標準，後來，他辭職開了理髮店，這深深地震動了我。我依稀想起《天龍八部》中的「鐵掌水上漂」和特別愛惜自己羽毛的裘千仞。還有一名律師，為接趙忠祥的案子，出資 30 多萬購進一輛帕薩特轎車，就是為和趙名譽權案子契合，他成功地接了當年這個大案。

我的用心和辛勤，開始被主任注意。期間我開始參與一些疑難複雜案件，譬如一起繼承糾紛：被繼承人為外經貿部重要領導級別，遺產豐厚，遺產涉及澳大利亞，新西蘭、中國香港、三亞、秦皇島、威縣等，遺產種類有藥材工廠、股權、房產、賬戶，還有教堂，這裏有不同法域法律的適用，更有法定繼承與遺囑繼承的交叉與並立，我在疑難複雜案件中特有的堅韌和嗅覺開始發揮作用，猶如高中遭遇最難解的數學題，我從不逃避，我享受一切挑戰。

口頭表達是律師工作的重要組成，但初級階段，語言是我無法克服的

缺陷，因為心底的不自信，也是長期以來缺陷的延續。但文字表達能力的提高很大程度彌補了這種不足，委託人的肯定是我最大的成就和滿足，但我知道哪裏是缺陷，必須儘快克服。我沒有驕傲的資本和餘地。

　　能夠吃飽是我最大的業績，我開始一筆一筆地還債。洛陽、鄭州、北京，當一切外債清償的時刻，我倍感輕鬆，我必須看到更多風景。

第三章

萬法唯識

　　成長是，明白很多事情無法順着自己的意思，但是努力用最恰當的方式讓事情變成最後自己想要的樣子。強壯是，如果最後事情實在無法實現，那麼也能夠接受下來，不會失控，而是冷靜理智地去想下一步。

—— 沈奇嵐《那個姐姐教我們的事》

一、中糧廣場

中糧廣場離建國門很近，是一高檔寫字樓。我路過這間寫字樓多次，從不知道會與它有交集，更不能知道 20 多年後，在香港還有更深的緣分。

在經歷河北威縣的疑難、複雜繼承案件後，我想起在山西忻州接觸到的意大利 EMC 環境行政處罰案件，我總是依賴自己的初級判斷和推測，找到問題的解決辦法，但在平靜的間歇，我總感覺自己儲備不足，我能涉及的案件主要有婚姻、繼承、知識產權侵權訴訟、名譽侵權、房產糾紛，我還有更多想了解的事情，譬如前沿、頭部律師文件的擬定、格式標準、新型案件的樣式，更有綜合性案件的邏輯思維，但我沒有機會接觸，非訴的領域依稀是一片藍海，但我在井中。《莊子‧秋水篇》中有「井蛙不可以語於海」的句子，所謂「埳井之蛙聞之，適適然驚，規規然自失也。且夫知不知是非之竟，而猶欲觀於莊子之言；是猶使蚊負山，商蚷馳河也，必不勝任矣」。《小王子》中說，「我們整天忙忙碌碌，像一群群沒有靈魂的蒼蠅，喧鬧着，躁動着，聽不到靈魂深處的聲音。我們不顧心靈桎梏，沉溺於人世浮華，專注於利益法則，我們把自己弄丟了。」我也怕低層次的循環把自己弄丟。但進階終究是艱難的路子，要碰傷皮，流出血，擠走舒適。

律師的進階，單憑自力勤奮和摸索是不夠的，還必須逃離安逸，找尋更高級的環境，於是，我在思考逃離，逃離溫暖和舒適。主任強行挽留，開出的價格遠遠超出我的想像：「每月一萬元，另加更高提成」。但我仍執意離開。這裏很好，但是能學習的東西已經不多了；也为了那年與同學豪言壯語的約定：「一同辦所」，我必須掌握些不一樣的本事。

　　我來到了中糧廣場裏一間非常不錯的律所。之前的顧問單位《時尚》雜誌也在中糧廣場，他們租有三個樓層。但我在這間律師樓只待了三個月。

　　三個月，並不是一個很長的時間，但如同郭靖偶然間遇到馬鈺的心法，對於武功絕學的窗戶，有足夠的自信打開。與此前律師事務所最直觀的差別在於，東直門的律所常年顧問的價格是兩萬元，中糧廣場的律所竟然可以標定在八萬元起，還是新型網絡公司。這是我沒有接觸的領域。我對未知的領域充滿好奇，仿佛不知疲倦。嶄新的領域還包括上市、反傾銷、反補貼，我接觸最多的還是涉外，我為之自信的外語水平，受到激烈的挑戰，因為我需要用英語直接收發郵件，還需要直接對話，而我與此還有不小距離。

　　新型的法律領域、文件格式的精緻、細節的縝密、分析報告的邏輯、跨境的思維，都是我不曾見識的，我知道很多時候，三個月等於三年。

　　三個月後我必須離開中糧的原因，並不是我已經學成，究根到底還是經濟壓力。因為在中糧我必須被納入薪酬律師的行列，半月發一次薪水，每次 2300 元，生活的壓力重新到來。更重要的是，我從骨子裏討厭打卡，所裏的打卡機總是忘記我的存在，我也總是忘了它，儘管總是加班，但計時卡總是無法解釋，工資總是被扣。除此之外，還因為東直門可貴的自由。

　　我在第四月逃離，我知道，菩提老祖的本事，我只學習到了皮毛，但我必須下山，而且謹記，「沒有師父」。北三環的這間律所，是一間新創辦的律所，主任是我的同學，我成為傳說中的「創始合夥人」，有自己的辦公室，但我最大的問題已經出現：我缺乏足夠的案源支撐，合夥人與提成律師、薪金律師具有本質的不同，此前我可以有所依賴，現在所有人都需要依賴我。我在這種依賴中，左突右奔，那年我在昌平按揭了經濟適用房，必須攢錢解決裝修和首付。

　　儘管我在東直門的律所已經開始嘗試案源的開拓，譬如通過郵件，CUMMUS 發動機、肯德基、可口可樂、耐克等知名域名案件可以到線下，當時這也驚愕到了主任；作家虹影、石鍾山名譽權糾紛，以及與新浪

的網絡侵權糾紛，我們也能代理到，然而這樣的案件社會效益雖相對不錯，但是經濟效益相對貧弱，不足以湊足我的首付和裝修費。

北三環的一個小區和它的餐廳，留下了我太多的掙扎和無奈，也許，新一輪的逃離即將到來，儘管充滿不捨，但創始合夥人的桂冠，我當時確實無力支撐。

我必須重新做回律師助理，從零開始。我知道一切的虛化、表象，必須有足夠的實力和能量支撐，這裏的支撐包括技術、心理、感覺、應變、管理、容納、協作、學習、耐心 …… 林林總總，做律師的前三年，我只是看見一粟於滄海、一沙於恆河。

2003 年，北京體育館的小紅樓，是神祕的。康達與中糧、東直門、北三環的律所根本不同，它有國家機關的底蘊和風度，不需要豪華與氣派。停車場永遠有武警站崗，永遠有空餘的車位。紅樓的門前是幾棵高大的樹木，指向中國歷史聞名的北京體育館。那裏發生過很多故事和事件。我總在那扇門前迎接朝陽，想起八月長安在《最好的我們》有過一樣的記憶：「像溫柔的手，從窗子外伸進來，輕輕撫摸着少年寬厚的背，塗抹上燦爛卻不刺眼的色澤，均勻的，一層又一層。」

2003 年，北京和香港發生「非典」，除了小湯山醫院，那年走進小紅樓的還有李莊，他的名號後來比主任付洋以及虎哥要大得多，尤其在重慶。李莊的名字，有一年在報端炸裂，那是幾年後的事情。

我用三年時間，從新做回自己，謙卑、務實，開始漫長的取經之路，每一難都倍感珍惜，因為那是真正律師的骨肉與磚石。人與人之間的差別，概不在外，而在認知和心量。

二、小紅樓

小紅樓坐落在工人體院館的西南一側，並不顯眼。紅色磚砌的外牆，並不奢華，屋內亦不寬敞明亮。由於時間的堆積，房間中經常能遇到特大

型號的老鼠與「小強」。我在加班中，總能遇到它們漫步，我們一同生活在同一空間。

據說，武漢的辛亥革命博物館，也就是辛亥武昌起義軍政府舊址，因紅瓦紅牆，也被稱為紅樓。2000 年初，報紙上說廈門湖里區華光路也有一座紅樓，與廈門遠華案直接關聯，引起世界的轟動。康達福州分所接辦了不少延聯案件，賴昌星歸國應該是 2011 年的事情。

在色彩分析中，紅色光波最長，最容易引起人的關注、興奮、激動，同時在視覺層面有迫切感和擴張感，被稱為前進色。同時，紅色還關聯青春、活力、飽滿以及勇敢、果斷、愛憎分明、不屈不撓。

白落梅曾說，「也許是為城裏的一道生動風景，為一段青梅往事，為一座熟悉老宅。春日亂紅飛舞，滿地的落英，有一種無從收拾的紛蕪，又有一種淡然遺世的安靜」。站在小紅樓前，總會有別樣的歷史觸感。

小紅樓門前還有一塊大石頭，上面鐫刻着紅色的大字「康達」，是主席付洋的手筆。付洋曾長期在全國人大常委會法制工作委員會工作，參加了憲法、民法通則等 40 多部重要法律的立法，1987 年進入康華發展總公司法律部工作。1990 年 2 月 7 日，那一年我還在高中苦讀，當日國務院辦公廳下發的《國務院辦公廳轉發中國康華發展總公司關於所屬子公司撤併轉方案請示的通知》（國辦發〔1990〕5 號）充分標示着康華公司的業界地位，康達律所由康華法律部轉型而來。

小紅樓與台基廠七號院緊密關聯，主席帶我去過幾次，是我見識世面的開始，七號院的主人是彭真，先後擔任北京市委書記和全國人大委員長，是東北局的第一任書記。這所院落位於北京市委斜對面的台基廠頭條，青灰色的對開大門和稀少的行人讓我感覺到了這個院落的肅穆和神祕。院裏的三層小樓據說已逾百年，彭真在這裏住過三十多年。然而，如今滿院的梧桐卻只能伴着前門大街滾滾的車流聲。[1] 七號院的對面就是北京市委大院，長安街對面是北京飯店，1977 年 8 月，鄧小平在那裏決議恢

---

1 《付洋：與共和國法制事業一道成長》，載《人物》雜誌，2004 年 7 月 26 日。

復高考。

七號院，乾淨、素雅、寬敞，每一座椅和扶手都有白色的蓋巾，那是會見外賓經常見的顏色。院中站崗的武警，和小紅樓一樣的幹練，院中還有一個小院，那是彭真的塑像和紀念館。離七號院不遠處，就是最高法院，我們所的副主任鄭小虎的父親就是最高法院第六任院長鄭天翔，也擔任過北京市委書記。

小紅樓是厚厚歷史畫卷的濃縮，是很多事件的聯結點，對於我而言，我特別清楚地想起小時候家中牆壁上的那些報紙和「你辦事我放心，水有源樹有根」的圖片，而那些大事件，在小紅樓的面前一一穿行。

付洋喜歡喝酒，虎哥只喝幾杯。付洋曾引用過朱光潛大師的話：「酒的品位，苦為上，酸次之，甜最下。」付洋還喜歡下棋，棋力剛勁；虎哥喜歡打牌，輸多贏少，但喜歡研究《詩經》。下棋和打牌都需要平靜，而小紅樓的平靜是特別的。門口的大樹，讓夏天的大雨和雷聲，也能消減不少。

在這種細無聲的日子，2003 年我開始接觸畢馬威錦州港虛假陳述的案件，該案是會計師事務所被訴虛假陳述第一案。2005 年，參加著名歌手劉歡的案件，相對人是索尼公司，當時是歌手音像著作權第一案。那一段時間我沒少和劉歡一起在小紅樓討論案件，他喜歡抽雪茄，但案件一審的敗訴明顯影響了他的情緒，每一團煙霧，都是焦慮和不安。不安的還有陳凱歌，他的《無極》在當年 12 月上映，反映不佳，又有「一個饅頭引發的血案」，他在一個晚上邀請主席法律會診，主席帶上了我，那晚家宴還有陳紅和他的兩個孩子，陳飛宇當時很小，我忘了他當時的樣子。凱歌導演當時也很焦慮，但在焦慮中，他還能背誦《紅樓夢》中的篇章，也是讓人不由佩服。那一次家宴，我並沒有展示自己知識產權的應有水平，但對自己的世界觀、人生觀、律師觀、文學觀，都有了不同的改寫，我在回程的汽車上，仿佛聽到一種什麼東西破碎了的聲音，那種破碎是對過去真正的告別。

2008 年 4 月 11 日下午，上海市委原書記陳良宇被天津市第二中級人

民法院以受賄罪、濫用職權罪兩項罪名一審判處有期徒刑 18 年，沒收個人財產人民幣 30 萬元。這個案件亦由康達所律師代理，這樣級別官員的辯護，要讓各方面都滿意，對小紅樓而言，實屬不易。

但平靜的日子，總會有波瀾，當波瀾提升到海嘯的層級時，風捲動着灰色的雲從窗外海浪一樣地翻滾而過，幾乎沒有預警。2009 年，中央電視台在一個簡單的晚上用平靜的聲音播出「康達所李莊被重慶警方逮捕」的消息。那一夜，小紅樓徹夜無聲，但燈火通明。平靜是一座恢宏華麗的城堡，輕輕一觸，如秋葉般飄落。

在不遠的重慶，正上演嚴歌苓的《芳華》:「人之所以為人，就是他有着令人憎恨也令人熱愛，令人發笑也令人悲憐的人性。並且人性的不可預期，不可靠，以及它的變幻無窮，不乏罪惡，葷腥肉慾，正是人性魅力所在。」也猶如毛姆在《月亮與六便士》的句子:「那時，我還沒有懂得人性是如何的矛盾，我不知道真誠中有多少做作，高貴中有多少卑鄙，或者，邪惡中有多少善良。如今我是充分懂得了，小氣與大方、怨懟與仁慈、憎恨與熱愛，是可以並存於同一顆心中的。」

但這場重慶事件，注定是小紅樓最大的事件，沒有之一。

三、重慶

重慶做過國民政府的陪都，但其更著名的是渣滓洞和集中營。

這兩個地方我都去過，那裏對情緒的壓抑是無形存在的。人是會受到場域影響的，準確地說是能量的影響。量子力學已經充分證明了萬物皆為能量，能量等級偏低，則為可視物質，能量等級提升則為無形物質和精神。場域的本身，也涵納自己的心境。

重慶的道路沒有平坦的，高樓的建築也很有特點。很多時候，英文中的 GroundFloor 並不能完全適用於重慶，重慶應該有自己獨立的詞彙。重慶的十五樓，可能接着馬路，重慶的三十層，也有馬路，你永遠不知道一

層在何處。

　　重慶最著名的景點是朝天門碼頭，這裏充分詮釋着天與水在人們心中的地位。但只有重慶人才明白天有幾層，水有幾多。

　　我到重慶的第一站並不是在市中心，而是萬州，三峽移民的中心。很多年後在賈樟柯電影《江湖兒女》中，我們能夠理解萬州的內核。當時讓我驚訝的是萬州出租車師傅一路上毫無倦意的對「加錢」的執着。萬州機場開闢在一片高山上，停機坪上經常能看到「飛虎隊」老式的飛機。

　　在萬州有重慶第五中級人民法院，當時北京只有兩個中級法院，後來也增加到五個，據說也是受到重慶的影響。我是到重慶五中院辦理畢馬威國際（KPMG International）商標侵權的案件，這裏的一家企業不但註冊了「畢馬威軟件開發公司」「畢馬威企業諮詢有限公司」，也註冊了「bimawei.com.cn」域名，企業名稱、商標權、域名的複合性侵權糾紛，需要在重慶打響。

　　2009 年 2 月 4 日，重慶高級人民法院作出（2009）重慶渝高民終字第 17 號《民事裁定書》。2009 年 12 月 15 日，最高人民法院作出（2009）民申字 298 號《民事裁定書》，將本案畫上了句號。這是重慶知識產權審判中一項重要實踐，因為在一審中，審理法官確實第一次見到國際主體的公證認證授權，並且是「四大」知名機構，他們的審判與我們的代理確實有許多辛苦和不易。

　　但關涉康達的另一起訴訟才剛剛開始。2010 年 1 月 8 日，重慶市江北區法院一審認定李莊犯偽造證據、妨害作證罪，判處其有期徒刑兩年半。同年 2 月 4 日，李莊以藏頭詩的形式寫下一紙悔罪書，被法院認定為「認罪態度較好」。2010 年 2 月 9 日，重慶市一中院終審改判李莊有期徒刑一年半。2011 年 3 月 29 日，就在李莊即將刑滿釋放之時，他又被追究「遺漏罪行」，但該案最終以檢方撤訴告終。2011 年 6 月，李莊刑滿出獄。

　　程序上的行文簡潔、短促，但期間的風火、糾纏、砥礪，也只有經歷者才能清楚。小紅樓的門前突然不再平靜，經常有架起的鏡頭，上演電視上熟悉的發佈會場面；也有記者的採訪。主席習慣性地把他的諾基亞手機

放在我前面的桌子上，交代一句「小楊，不用接」，然後很快能沉浸在黑白的棋局，那情節類似於公元 383 年的「淝水之戰」，謝玄在南京也有同樣的對弈。

李莊的辯護人有兩位，一位是高子程律師，係主席欽點；另一位陳有西律師，是外聘律師，當時他在網絡上有頗多觀點。期間康達將他的材料進行了匯總、梳理、討論，最後由所管委會進行了人選確定。我承擔了部分材料的梳理工作，當時我並不能知道，這兩位律師十年以後將成為刑事辯護的天花板，一位成了全國律協的會長，另一位在業界已經是「南帝」或「北丐」的級別。

我的櫥櫃中收藏了陳祖德老先生著名的圍棋專著《徐程十局》《黃龍周虎》《血淚篇》《過周十局》，儘管我棋力有限，但知其中奧妙，蘇星河所設「珍瓏棋局」，終是烽火連天，刀光劍影。

李莊開始成為康達的形象指標。各大合夥人的簡歷開始被深挖。李莊案在「重慶打黑」系列案件中有重要作用，歷史塵埃已落，很多專家真切地覺知到刑事訴訟制度存在的缺陷，2012 年《中華人民共和國刑事訴訟法》相關條款進行了針對性修正即為明證，在刑事訴訟制度進一步發展中仍有重大影響。2018 年 10 月 26 日，第十三屆全國人民代表大會常務委員會第六次會議對《中華人民共和國刑事訴訟法》進行了第三次修正，新《中華人民共和國刑事訴訟法》增加五條，作為第 54 條、第 55 條、第 56 條、第 57 條、第 58 條，其中第 56 條明確規定：「採用刑訊逼供等非法方法收集的犯罪嫌疑人、被告人供述和採用暴力、威脅等非法方法收集的證人證言、被害人陳述，應當予以排除。收集物證、書證不符合法定程序，可能嚴重影響司法公正的，應當予以補正或者作出合理解釋；不能補正或者作出合理解釋的，對該證據應當予以排除。在偵查、審查起訴、審判時發現有應當排除的證據的，應當依法予以排除，不得作為起訴意見、起訴決定和判決的依據。」

對於一些案件，結果的悲喜和成敗，概不是第一層次的，最關鍵的應該在於一些冤屈、錯誤和痛苦能避免更多後來人的冤屈、錯誤與痛苦，這

才是法律本根的價值。我在杭州西湖的于謙墓前，以及北京東二環的袁崇煥碑旁，都有同樣的感慨和深思。

重慶的渣滓洞、白公館所帶來的壓抑、萎縮、渾濁、不堪應該被銘記。杜牧在《阿房宮賦》說，「秦人不暇自哀，而後人哀之；後人哀之而不鑒之，亦使後人而復哀後人也」。賈誼在《過秦論》中補充說，「『前事之不忘，後事之師也。』是以君子為國，觀之上古，驗之當世，參之人事，察盛衰之理，審權勢之宜，去就有序，變化因時，故曠日長久而社稷安矣。」

「自然權利是做無論何種能夠保衛自己或取悅自己的事情的完全而普遍的自由。因為慾望是基本的、原初的和自然的，慾望指派我們去滿足它們。」[1] 進步並不依賴於對理性的探索，而是依賴於對理性的假設。[2] 人是萬物的尺度，法律是良善的標杆。

多年後，我在杭州的一個賓館早餐時，遇到李莊，他仍然自信，並不滄桑。在香港的一個作家講座中，也看到李莊。我也曾在酒酣耳熱的桌子上，試圖和主席聊一下重慶和諾基亞手機，但終是沒有。

風流總被雨打風吹去。歷史，留在時間裏。

四、KPMG 的殷先生

嚴歌苓在《扶桑》中說，「只為了來這裏，看一眼你空空的窗，空與不空，全是他自己的事。」

殷先生，全名殷利基，英文名字是 Isaac。我不知道他英文名字確切的含義，但記得《聖經》中有 The Sacrifice of Isaac（艾薩克的犧牲）的故事，以及艾薩克‧牛頓曾是最偉大、最有影響力的科學家。殷先生和人

1　參見［美］塔克：《自然權利諸理論：起源與發展》，楊利敏、朱聖剛譯，吉林出版集團 2014
　　年版，第 165 頁。
2　信春鷹：《後現代法學：為法治探索未來》，《中國社會科學》2000 年第 5 期，第 66 頁。

熟絡後，習慣聽人叫他的英文名，但我還是堅持叫他殷先生。

資料上說，畢馬威（KPMG）是世界頂級的會計專業服務機構之一，在香港、東京等世界各大城市都有自己的辦事機構，總部成立於 1897 年，位於荷蘭阿姆斯特丹，專門提供審計、稅務和諮詢等服務。也是國際四大會計師事務所之一，與其並列的其他三大所分別是普華永道、德勤和安永。1992 年畢馬威開始進入中國，首選北京，殷先生屬於開疆破土的成員。他的普通話並不標準，但英語和粵語水平了得。

和殷先生第一次碰頭是在北京的國貿中心。2003 年於我而言是非同尋常的一年。那一年，殷先生代表畢馬威，成為我律師生涯中第一個重量級委託人。在手機標誌高端的時代，殷先生使用的是黑莓手機，據說是奧巴馬使用的型號。異地拓荒，便意味着犧牲，多年後我在康達香港分所拓建的辛勞中，深切地體味着這一點。那年的殷先生已是滿頭華髮。白髮銀絲仿佛是頂級會計師的標配。我羨慕他的手機，還有用港幣支付的薪金。

殷先生對工作嚴肅、一絲不苟。這在錦州港虛假陳述案中有深刻的體現。作為第一例會計師虛假陳述案的被告，畢馬威有極大的壓力，壓力的最終承擔者就是殷先生。他主管風控，負責對接律師的論證，並報告首席以及 KPMG 國際風控主席。

我們經常會熬夜開會，中間會計底稿的梳理和準備工作，因為法庭證據的要求，非常艱辛。期間有一具體負責的年輕女會計師，在案件結束後即辭職離開，遠走非洲大草原，放飛自由，可窺當年案件準備的慘烈。我和殷先生從沒有叫過苦，我們的律師也有退出，但殷先生從無抱怨，他對工作、生活都十分珍惜，仿佛曾有着非同尋常的經歷。

這樣的謎底，在多年後才能揭曉。他在一次微醺時，才透露心底的滄桑、他身上的鋼板，以及兒時在 ICU 幾乎無法被挽救的經歷，他總擔心自己的心臟，擔心自己生命的脆弱，這種擔心被具象成了工作上的忘我和對生活的珍惜、感恩 —— 雨果說：「善良的心就是太陽」。

2007 年 11 月，達能在 BVI 和薩摩亞起訴娃哈哈非合資公司的外方股東。兩地法院在被告不在場、未作抗辯的情況下簽發了臨時凍結和接管

令，裁定由達能指定的畢馬威為被告資產的接管人。此後，畢馬威向全國多家娃哈哈非合資公司及其審計機構、工商行政管理局、銀行發送接管人函件，被宿遷娃哈哈飲料有限公司等三家企業告上了法庭。2008 年 11 月 20 日，宿遷中級人民法院分別作出一審判決，認為畢馬威的發函行為對娃哈哈公司構成侵權，應立即停止該侵權行為，賠禮道歉並賠償損失。這個案件號稱「達能娃哈哈畢馬威世紀大戰」，康達臨危受命，我是具體負責人，由於在此前錦州港案件的踏實與努力，殷先生也給予了我足夠的肯定。

2008 年對於北京是特別的一年，北京因奧運會而更加氣派。但律師團隊必須堅守蟬在地下的生活 ──「黑暗下的苦工」，那是法布爾的名句。因為一夜之間，新疆石河子、雲南大理、黑龍江齊齊哈爾 …… 數不勝數偏遠法院的《受理通知書》中，畢馬威都是被告，我們開始一一分析，綜合考量，作出系統、專業的應對。2010 年，當我帶着助理，在杭州娃哈哈總部與其法務簽署《和解協議》，娃哈哈承諾全部訴訟一併撤回，殷先生才稍有安慰，案件才偃旗息鼓，寒冬終於過去。

在北京的馬會，殷先生、首席和我們的主席、喬律師和我有一次難得的聚餐，喝的是茅台。我沒有喝酒，但那酒瓶，我保留了 30 年。那瓶子是對我和殷先生工作的肯定，也是總結。

畢馬威後來的業務發展非常迅猛，他們搬到了東方廣場，也是停車費極高的地方。東方廣場東樓八層是我們經常開會的地方，我也時常造訪殷先生的 Office，其實我深知，業務的迅猛發展對於風控是別樣的挑戰和壓力。不同的機關會給畢馬威發函，不同案件會關聯畢馬威，例如刑事、民事、行政以及交叉；也會涉及底稿與調查筆錄。好在通過世界大戰的洗禮，畢馬威已經足夠睿智與堅強。

這種睿智與堅強，也在於內控架構的設立和探索。2012 年，財政部公佈《關於畢馬威華振會計師事務所申請轉制設立畢馬威華振會計師事務所［特殊普通合夥］及合夥人執業資格、執業時間的公示》（財會便〔2012〕33 號），這是《財政部、工商總局、商務部、外匯局、證監會關於印發〈中外合作會計師事務所本土化轉制方案〉的通知》（財會〔2012〕8

號）的有關規定，「第一個吃螃蟹」的事情，新穎、複雜、瑣碎，期間的推敲、牽制，我和殷先生最清楚。後來的 KPMG 風控表現平穩且優秀，如同扁鵲口中的「上醫」──「當消未起之患、治未病之疾，醫之於無事之前」。「下醫」治已病之病，並不值得推崇。

殷先生知道我在財力集聚方面的限制與拘謹，中間小聚，總是由他買單，包括在香港的火鍋和麗思卡爾頓最頂層的餐廳。這種場景總是恍然如管仲與鮑叔牙的來往，兒時的窘迫只有在最密切的朋友間才有真實的覺知。我誠懇地邀請已經退休的殷先生出山，擔任康達香港的顧問，他還沒有認真地答應，就開始到處張羅和忙碌。誰能相信康達的賬冊，經手人是「四大」最頂級的會計師和風控合夥人之一？我在香港的奔突中，有次看到龍應台在《目送》中的句子：「巷子很深，轉角處，一個老人坐在矮凳上，戴着老花眼鏡，低頭修一隻斷了跟的高跟鞋；地上一個收音機正放着哀怨纏綿的粵曲。一隻貓，臥着聽」，我知道殷先生的辛苦，也知道生活、工作於他的厚重意義。

《百年孤獨》中說：「人生的本質，就是想要找到能為自己分擔痛苦和悲傷的人，可大多數時候，我們那些驚天動地的傷痛，在別人眼裏，不過是隨手拂過的塵埃。」殷先生把孤獨積澱在心，我把對殷先生的感激也埋在心中，期待將來有所報答。但 2022 年 2 月 15 日晚，殷先生竟然溘然而去。那天北京瀟瀟雨下，不能自已。我想起屈原在《九歌·少司命》中說：「悲莫悲兮生別離」。

今年北京雨大且密。面對那扇空空的窗，我深知，回憶和感激應該成為一種救贖。

五、晚熟

莫言在《晚熟的人》中寫道：「年輕的時候愛上什麼都不為過，成熟的時候放棄什麼都不為錯。每個人終其一生都在尋找那個與自己靈魂相近

的人，到後來才發現唯一契合的只有自己，本性善良的人都比較晚熟，並且被劣人催熟開竅了，但仍然善良與赤誠，不斷尋找同類，最後變成一個孤獨的人。」以我的理解，這句話是有偏頗的。我對自己最大的感觸，還是晚熟，這麼說並不是為了給自己硬貼上本性善良的標籤，而是因為自己確實愚鈍和遲緩。

愚鈍和遲緩主要來自對比。舜哥是我的偶像，他在高中就有出眾的成熟和穩重，有超乎尋常的氣場和通透心性。在我還為一碗麵條發愁的時日，他已相當富足。他能玩兒單槓，旋風般地輪轉，呼呼帶風，站在離單槓不遠處，就能感受到夏日傍晚難得的涼爽。我經常湊這樣的涼爽，因為天兒熱，也因為吃不飽，不敢嘗試這種需要大食量墊底的項目，飽飽眼福就成。他還有出眾的勇敢 —— 偷吃班主任養的母雞，這在當時無疑是「大不敬」與天方夜譚。更有甚者，他在高中就談了戀愛，且結婚對象就是高中一個教研室的老師。

我在一次喝酒中總結，在高中時代，我和舜哥生活層次的差別概屬於階層差別；他的交際能力和視野、視角，與我屬階級差別。「我們之間的關係，是名義上的同學關係，實質上是一種老師和學生關係，更有校長和學生的關係影子。」[1] 舜哥的祖上是民國時期位居相當層次的幹部，他是名副其實的官二代。

在這種橫向對比中，我同時兼有語言能力的嚴重匱乏和極度焦慮，我會在講台上哆嗦，也會在公眾場合的發言中不停地結巴，日常的表達多限於與日記本的自言自語。「前言不搭後語」仿佛就是為我設計的，因為前言已出，後句已忘。後句出口，前言遁跡，邏輯是口頭語言的中線，我缺乏讓中線穿梭的能力。最大的崩潰來自另兩位同學的精彩對話，他們現在一位是檢察院幹部，一位是政法委書記，他們那晚的對話，讓我真切地感受到了什麼是「詞窮」和「無語」，感到了從未有過的傷害。我曾私下裏

1　朱永新：《做一個讓學生瞧得起的老師 —— 教師的四重境界》，載《中國青年報》，2017 年 3 月 10 日。

找過村東的醫生：「能治嗎？」他說：「沒藥。」

很長時間，這種狀況並無改善，仿佛是飢餓 —— 對我不離不棄。在大學，我認真地閱讀了卡耐基的《語言的藝術》這本書，在書中他提到如何克服演講時的恐懼，做到自信。卡耐基認為要掌握四個方面：首先，要有強烈的願望。你要像追老鼠的貓一樣，不屈不撓是引導向上的唯一力量。切記，只有熱忱，才是導向最後勝利的關鍵。其次，要徹底了解你要說的話。自信來自萬全的準備。再次，放膽去說。最後，就是練習、練習、再練習！我把四大步驟都認真地踐行，最後還是丟盔卸甲，落荒而逃。

有一本心理學方面的書說這種症狀是典型的社交恐懼症，提到溝通行為會發生障礙，恐懼是心靈的殺手，社交恐懼是殺手中的殺手。它摧殘人的社會屬性，使人找不到歸屬感。我在偌大的圖書館，總是無法掩映內心的悲涼。為民請命，除暴安良，戲劇裏的官員，不但能說，還能唱；這是不是上天已暗示我，法律職業的大門正徐徐關閉？

安妮寶貝在《八月未央》中說，「一年四季輪迴，一季一個故事。在溝渠裏仰望星星，一個小工眼中城市的奇趣與竊喜。生命中除了以小時計酬的薪水、額外的工資補助和家庭津貼外，還有某些東西可以期待。」我在律師工作的伊始，唯一的期待就是口頭表達甲殼的剝離。

師父對我中肯的評價是，「寫的比說的好很多」，這是一客觀的陳述。我在北京高院第一個二審開庭中，30分鐘辯護發言，始終沒有找到自己普通話正常的發音。「鄭宏發」變成「正紅花」，我大汗淋漓，猶如那年在中考考場的悶熱。審判長在庭後直接找到我，「你的法律邏輯不錯，但聽口音，你老家是河南的」。這句話是溫暖的，最起碼是一種肯定和關心，這是一起虛開增值稅發票的特大型案例，在2000年初已是三億的規模，起獲的印章超過百枚，一審死刑、二審死刑，最高法院復核後發回一審，一審再次死刑。我在這樣的劇本下，進行二審辯護，被告人和我都是如此地緊張。案件的結果是，被告人被判處無期徒刑的刑罰，我在這起案件中，開始艱難尋找自己的音調和自信。

　　稻盛和夫說：「說話只要聲音一低，你的聲音就會有磁性，說話只要一慢，你就會有氣質，你敢停頓，就能顯示出你的權威。任何時候都不要緊張，永遠展現出舒適放鬆的狀態，永遠把任何自己想接觸的人當成老朋友，交談就行了。行就行，不行就拉倒。這就是社交魅力學。」這大抵是對的。稻盛和夫對佛學有深厚的理解。我在一段時間，遍訪寺廟、叢林，獲得了久違的平靜，從兒時到工作，我始終處於自我設定的緊張中，這種緊張使我不能自如地開口表達。

　　《曾廣賢文》中說：「好話不在多說，有理不在高聲。」侃侃而談，滔滔不絕，口若懸河，其實並非真正的溝通。懂得傾聽，關照別人真實的感受，才是最有效率的溝通。一個一門心思在語言上佔據高位，總想在溝通裏拿捏技巧的人，所謂鐵齒銅牙，其實失去真實；保持自己最真實的狀態，樸素、方言、缺陷，不刻意張揚，也不據理力爭，容人納己，不卑不亢。溝通應是和緩、有效率地表達該表達的事情，然後順其自然，水到渠成。

　　舜哥也是做律師的，他有無可比擬的天賦，做得相當不錯，有大把的時間喝茶和健身，酒量相當不錯，這是需要境界的。上個月他還有了自己的律師樓。但他最大的理想不是成為什麼樣的律師，而是成為「30 年後高中同學裏最年輕的男生」，這是一個偉大的理想。我們送了他開業大吉的花籃，真心祝福他的理想成真。

　　舜哥的理想是晚熟，但我的晚熟把我折磨得夠嗆。

六、啤酒

　　我和啤酒的緣分可以追溯到在高考當天那不該喝的時候，來了小半瓶，以致幾乎毀了高考。

　　東直門律所的同事中，也有一不善飲的律師，喝完啤酒，經常能把飯店的椅子扔出去好遠。也被直接拉去過朝陽醫院，可沒等醫生「洗胃」的

話音落定，他便起身逃走。

「喜力」是一口碑良好的啤酒，總部在荷蘭，在新加坡有世界級的工廠。和喜力啤酒的緣分，同樣源自一宗危機。其在江蘇一地級市的投資收回基本無望，該筆投資總計 3000 萬美金。它設立了合資公司，有成套的流水線和廠房，但中方在本地有足夠的實力，使合資公司成為空殼。2009年，我們接手的時候，一系列的訴訟、仲裁均一團亂麻、處於困境，且更為艱難的執行，也是不難判斷和推測。

訴訟是手段和工具，並非目的，委託人利益訴求應為最大限度收回投資，而非無休止的訴累，以及大堆的生效文書無從執行，因此談判和解，應成為最佳路徑。但相對方佔盡優勢，根本不會提出和解。

因此如何找出相對方縝密邏輯大堤中的蟻穴，成為本案的關鍵，而相關關鍵事實以及支撐證據，依然淹沒在訴訟、仲裁的汪洋大海中，我們要從中打撈出特別的細針，然後紡織成衣，必須建立新的體系，且新的體系不能與原訴訟體系存在衝突和對抗。

事實證明，重新建築體系是可行的，也是有效的，相對方的實際控制人最終坐回談判桌，最大程度償還外方的投資款，維護了投資人的合法權益。「訴訟非訴化」，是我當時在團隊提出的一個理念，這個案件是一有益的嘗試和踐行。

在新加坡的一個早上，我穿過魚尾獅公園，跑了很遠的路程，天氣悶熱，濱海灣金沙酒店映在晨輝中。從律師助理到擔綱重大、疑難複雜案件，再到帶領隊伍（當時的隊伍已有五名律師），我開始面臨一種困境，就是把自己擅長的東西交給還在成長中的團隊成員去完成，去容忍他們犯錯誤，打磨他們的每一細節，然後匯總、梳理、切磋、把關。這種角色的移轉，本身就附帶一種痛苦，會犧牲效率，對於完美主義者而言，容忍世界的缺陷，本身就是一種殘忍。

2009 年開始叢生諸多特別的案件，這種案件已非單純幾種法律關係的交叉，重大複雜案件關涉重大社會影響範圍及程度，該類案件通常涉及較強的專業性、技術性，是非曲折難以分辨，甚至缺乏法律規範調整，

或法律關係界限不清，包括具有較大社會影響、新類型的案件；需要其他專業人士參與的案件；涉及多個法律關係的交叉案件：刑民交織、刑民互涉、刑行相印、行民交錯，各種實體性法律關係相互牽連、影響，同時還有程序性交錯、捆綁、纏繞；訴訟、仲裁、調解還存在不同法系、法域的考察、重疊，關涉準據法、司法衝突、跨境交易，還有更高維度的體察，包括但不限於道德、文化、藝術、社會學、經濟學、哲學等層次的綜合考量；民法注重形式判斷，刑法偏重實質判斷，行政法偏重程序性考察。複雜案件需要對案件事實及證據進行系統、整體梳理，或從行為實施主體，或從法律關係，或從要件事實，或從法律適用入手，在具體案件辦理中，必須運用系統思維、整體思維、演進思維，不斷突破個案限制，取得各方肯定。

這些具有特性案件的增多態勢，預示着一種時代的來臨：如何在眾多當事人、法律人士多層次梳理、打磨的基礎上，發現新的問題，提出新的意見，也就是所謂「廢墟上的創新」，成為必要和關鍵，也是律師價值真正的體現。也只有這種價值才能匹配十年以上，甚至二十年以上時間跨度的體系，而這將是高一階的要求。

所以律師及其帶領的團隊必須堅持和傳承的文化是：堅韌、擔責、認真、專業和踏實，需要與眾不同的視野、格局。2009 年 9 月，法國人壽 GNP 與中國郵政合資成立中法人壽，一系列的合資法律事宜，我們具體負責對接和安排；2010 年 3 月，開始與中國足協下屬的中超聯賽有限責任公司建立常年顧問法律關係，中超公司在全國賽場的廣告，著名品牌的引進、代言等，都離不開團隊律師的努力和辛勞。2010 年 11 月，北京大三元公司系列糾紛由團隊律師主理，該公司係中信國安集團下屬二級公司，與中信國安的諸多項目合作開始拉開序幕。2010 年 12 月，實聯中國控股有限公司、實聯化工（江蘇）有限公司，標的 5000 萬美金合同爭議仲裁糾紛在貿仲打響。在淮安小城，我們和實聯的法務主管應協理做過詳細的論證與報告，和台灣地區的律師也有充分的溝通，當然也有激烈的爭論，我們在一個國慶長假的前日，拉開架勢，把各方觀點進行充分的闡明，將

台灣地區的法律思維與大陸地區的法律實踐條分縷析、抽絲剝繭，激烈的場面猶如國際大專辯論賽場，那場大戰鍛煉了幾位年輕的律師，也消耗了太多的口水。

這一場論戰也是我口語表達進步的新階段，開始落實於猛烈的實戰，並取得積極的效果。讓各方均有透徹的理解與認知，才是溝通的關鍵。

那一日的北京，目之所及，行人如織，熙熙攘攘。我在一番脣槍舌戰後，頓感疲憊。我已經很久沒有寫日記了，猛然間，自言自語也是久遠的回憶。

凱瑟玲在《張愛玲傳》說：「這個世界的女人越來越勇敢，越來越敢於直面自己，譬如張愛玲，她不僅寫他人毫不留情，寫自己也同樣心狠手辣。《今生今世》太有矯揉自欺的感覺，張愛玲遠比胡蘭成誠實多了，她對自己的剖析，更犀利、更直白、更凜冽。」依稀，我學會了對事實和證據的凜冽和犀利態度，對自己的清醒剖析也使自己更加勇敢。

七、工人體育場

工人體院館的對面就是工人體育場。那裏是大型演唱會與北京國安足球隊的主場，濃縮了歌與球的烈度。工體西路開始醞釀聚集酒吧，並成為一條街的雛形，知名的酒吧有 Babyface 和 Cargo，2010 年還沒有紅火的外賣，夜半的宵夜相當於上等的佳肴。

國安的綠色旗幟和隊服，經常在周末的下午雲集起來，在有比賽的日子，工體周圍的道路擁擠熙攘，通常會交通管制，啦啦隊的喇叭此起彼伏，那是比賽的重要組成部分。汪曾祺在《翠湖心影》中描述了遊湖的感受，其實在工體賽場何嘗不是「從喧囂擾攘的鬧市和刻板枯燥的機關裏，匆匆忙忙地走來，……即刻就會覺得渾身輕鬆下來；生活的重壓、柴米油鹽、委屈煩惱，就會沖淡一些。」

我距離賽場咫尺，但沒有去過賽場，有些令人匪夷所思。有朋友從昆

明跑來北京，就為一場球賽，他對得起「球迷」的尊嚴和榮譽。我只對體育場的「唐廊」和「陝西面館」感興趣，印象中那裏還有一家「三樣菜」和「許仙樓」，三樣菜主打黃鱔，偏辣，店裏的廁所被我們的一個年輕律師喝吐堵了幾次，所以他被宣佈不受歡迎，進入了黑名單。許仙樓主打杭州本幫菜，茴香豆豆腐，有孔乙己的味道，紅酒偏貴，我和一個朋友，一次吃飯忘了細看價籤，喝了 15000 元的紅酒，他原準備買單，看到最終賬單後，還是我買的。他後來再也不去許仙樓了，據說開始自己種植葡萄，自己學習釀酒。

2009 — 2010 年，作為中超公司的常年法律顧問，不去賽場看球是不合格的，但中超公司需要審核的合同以及法律意見確實佔據了看球的時間。中超公司當時的領導有意在各大中超甲 A 賽場打上「康達律師」的廣告牌，增加康達的知名度，經報主席被否決了。主席開玩笑說：「球有些臭，就算了吧」，後來足協的主席聽說了李莊的事，同樣開玩笑回覆說：「還好沒立康達的牌子，要不，球更沒法子踢了」。但事情的輾轉曲折、陰晴圓缺總是在人們意料之外。2009 年，不經意間，中國足球經歷史無前例的「打黑風暴」，最終的結果是廣州醫藥和成都謝菲聯因為涉假被降級，青島海利豐則被取消註冊資格並罰款 20 萬元。此後幾年相繼落網的，還有足協內部多位高官。作為中國足球的頂級聯賽，中超竟有如此醜聞，中國足球在社會中的形象一度跌到谷底，整個中國足壇一地雞毛。南勇、楊一民、謝亞龍、謝輝可都曾是中國足壇的風雲人物。

小紅樓的年輕人增加了不少，但大個兒的老鼠和「小強」應該是換了一批，他們最知道加班律師的不易。會議室是放過一個行軍牀的，最困時可以對付一下，安慰一下可憐的睡眠，表示一下最低層級的尊重。記得當時小紅樓流行的歌曲是「睡在我舖子上的小強」。

那幾年，案卷開始在桌子上堆積，電話總是讓腦殼生疼。我沉浸在每一案卷的細節中，淡忘了月光竹影，忘卻了夕陽草叢，我是忙碌的失意者。我出差的最頻繁記錄是連續 15 日：北京 — 烏魯木齊 — 阿爾泰 — 富蘊縣 — 阿爾泰 — 烏魯木齊 — 萬州 — 重慶 — 南京 — 青島 — 南京 — 北

京，回北京的第二天就跑到中日友好醫院打吊瓶，連續輸液一周，是真正的「冷冷清清，淒淒慘慘慼慼」。北京與昆明、北京與海口、北京與上海、北京與深圳、北京與哈爾濱，都是我朝發夕回過的城市。

我熟悉首都機場三號航站樓的各種朝陽，一號航站樓的午夜時光對我來說也不陌生。2009 年《今日民航》第 6 期，有一篇《編制緯度與經度奔走中》就是對我航程的敍述。猛然間，我已是中國國際航空、海南航空兩大航空公司的雙白金卡會員，里程的累積是案件增加的另一類註解。

我需要重新找回熟悉的節奏。那一段時間，我在芥川龍之介的名句中沉淪：「為使人生幸福，必須熱愛日常瑣事。雲的光彩，竹的搖曳，鵲群的鳴聲，行人的臉孔 …… 需從所有日常瑣事中體味無上的甘露」。我對每一案件的沉浸式代入，實際對情緒構成了嚴重的傷害，我可能無法控制自己的情緒，如同帕慕克在《純真博物館》中說：「我在那些日子裏第一次開始感覺到，人生，對於多數人來說，不是一種應該真誠去體驗的幸福，而是在各種壓力、懲罰和必須去相信的謊言構成的狹隘空間裏，不斷去扮演一個角色的狀態。」

其實，很多糾紛與爭議，「便如做一筆賬，歲月添增一項項債目及收入，要平衡談何容易，又有許多無名腫毒的爛賬，不知何年何月欠下不還，一部部老厚的本子，都發了霉，當事人不欲翻啟」—— 亦舒在《開到茶蘼》中有過認真的註釋。

我在出差和工作狀態下，需要進行大段時間的論述和發言，因此在家裏倍感倦怠，重新恢復不言不語的原始狀態，家庭開始成為驛站和賓館，也成為不良情緒的垃圾站。「神經錯亂，把自己的心埋進時間的淤泥。為不着邊際的念頭痛苦不堪，並且怨天尤人」，村上春樹《1973 年的彈子球》句子，我照抄進了工作與生活。

八、雁門關的山藥蛋

雁門關坐落在山西省忻州市代縣境內，這裏建有長城古關道，東走平型關，穿越紫荊關和倒馬關，即可直抵幽燕；而西去越軒崗口，即可直抵甯武關，若穿越偏關，可直達黃河。

其在金庸的筆下是一個特殊的地方，是耶律洪基統兵南征的地方，是段譽、虛竹、阿紫見證蕭峰悲情的地方。

雁門關也見證了歷史上無數的英雄豪傑，譬如戰國的李牧，秦朝的蒙恬，唐代的薛仁貴、北宋的楊家將。

我與雁門關的際會即來自執業生涯中第一宗重大案件，意大利 CMC 集團公司萬家寨引黃入晉工程水污染行政處罰行政訴訟，當時 CMC 集團被忻州環保局一次性處罰 3000 萬人民幣，這在 2000 年無疑是一天文數字。這一數字，建築了我執業生涯的起點和維度。「引黃工程」輸水線路全長 453 公里，總引水流量為 48 立方米 / 秒，年引水 12 億立方米。其中一期工程向太原引水，年供水 6.4 億立方米，投資 124.78 億元，該工程 1993 年 5 月開工。

這一案件給了我太多的見識，譬如意大利最先進的通隧設備，以及我見過的最艱苦的工程環境、最閉塞的晉北山村、最惡劣的自然環境、最前沿的環保法律訴訟、證據的組織與對抗、樸素的情感與理性框架。

從北京到忻州山區，我走的路線包括北京 — 太原。2000 年的一個冬日，那是我人生第一次坐飛機，太原也是我落地的第一個機場。從太原到溫嶺（CMC 的辦公所在地）還有很長一段路。從北京到忻州，還可以考慮火車，但要到大同，還是要有專業的師父接。從大同到溫嶺工地，有一段特別凶險的道路。師父通常在 11 點左右接到我們，然後還有三四個小時的路程，那師父儘管會攜帶特別濃的茶水，不停地開窗抽煙，也還是會困，然後他會吼出特別難聽的歌曲，從音調到音準，都是如山路一般地盤旋和曲折不平，但卻特別有效，歌聲不但趕走了他的困意，也帶走了我的睡眠。

　　我會用熬紅的雙眼審視和想像雁門關、金沙灘、穆柯寨、偏關、平型關、古長城的廝殺和勇敢。小時候的曲目能再次上演，潘仁美害死楊七郎、穆桂英大破天門陣、佘太君掛帥和寇準揹靴，過去、現實與未來，仿佛並非線性前後相序，而是交叉、重疊、旋轉。

　　不斷開啟的窗戶會灌入長城邊塞最濃烈的寒氣，再厚實的衣褲，也會侵襲到底。我把聽說的能防寒的裝備全部帶上，笨拙得如狗熊，行進在極寒的荒嶺。從零下 35℃ 到零下 40℃，我經歷的高寒在不斷破着記錄。這樣的溫度加上呼嘯的碩風，雲岡大佛也是皺眉的，那年大佛還是佈滿煤塵。

　　山西的朔州感覺就是由風而來。風的聲音帶有撕裂的能量，是萬馬奔騰的衝擊。與香港的颱風不同，這裏的颱風是一種旋轉，仿佛在躲避什麼。我們在朔州取證，經常會走進偏遠、孤寂的小村，這種封閉我特別熟悉。外人走進，是一種野生動物的闖入。審視、圍觀、怯懦，我在八達嶺野生動物園中有這樣的直接的衝擊，不過在那些小村，我和野生動物調換了位置。

　　被審視是一種別樣的體驗，作為被觀察的對象，你要充分理解觀察者的真實訴求，而非簡單對抗，或情緒對立。在那些一年中大半年只吃土豆的鄉村而言，我們是應該被審視的，我們打破了鄉村的寧靜，給他們帶來不安和擾動。

　　小說理論中有著名的「山藥蛋派」，山藥蛋是土豆俗稱，山藥蛋小說流派形成於 1950 年代至 1960 年代中期，以山西籍趙樹理為代表，還有馬烽、西戎、李束為、孫謙、胡正等，人稱「西李馬胡孫」，他們都是山西農村土生土長的作家，有很深厚的農村生活基礎。[1]趙樹理代表作有《小二黑結婚》《靈泉洞》《三里灣》《李有才板話》，其中很多片段經常出現在我的中學課本。在那些小村，我注意到村民的手，於是又想起趙樹理的作品

1　參考 https://baike.baidu.com/item/%E5%B1%B1%E8%8D%AF%E8%9B%8B%E6%B4%BE?fromModule=lemma_search-box.

描述過這樣一雙農村的手：「只見那兩隻手確實和一般人的手不同：手掌好像四方的，指頭粗而短，而且每一根指頭都展不直，裏外都是繭皮，圓圓的指頭肚兒都像半個蠶繭上安了個指甲，整個看來真像用樹枝做成的小耙子。」好像說：「那怎麼能算『手』哩」。這樣的手對於城市的孩子是令人震撼的，我卻已司空見慣，甚至倍感親切。在這種親切中，我們還要有下一程的證據調查，我們必須驅車趕路。依稀是劉同在《誰的青春不迷茫》中的語句：「很多人闖進你的生命裏，偶然一面，然後轉身匆匆就走。」

環保行政訴訟在近年來，尤其在《民法典》（2020 年）頒佈後開始蓬勃發展。在 20 多年前，社會對環境污染的認知，還是懵懂的初級階段，譬如平魯環保局當時的工作人員對大氣污染的認定證據主要是照片，證據說明是「冒着黑煙，肯定污染」；對水污染的證據，也是觀察，「水發黑，有味道。」當時在忻州中院的開庭持續了一天，旁聽人員數百人，環保局的工作人員情緒激動：「母親河不能被污染」。山西人好醋也好酒，庭審中一個法官還是酒意未散。

CMC 對我們的代理工作是滿意的，案件結束後，請我們在冰天雪地裏，吃到了純正的意大利披薩、色拉、烤肉。這種味道，我在離華盛頓國會不遠的一家意大利餐廳也吃到過。發達與偏遠，封閉和開放，其實都是表象，內心火熱，足以抗爭一切冷寒，也有一樣的美味。

但食物的美味，需要努力和勤勞，需要勇敢與智慧，需要嚴謹與紀律，而非空中樓閣，英國散文家切斯特頓寫過一篇《談躺在牀上》：「躺在牀上是一門偉大的藝術，不需要任何理由或藉口」。其實，真正的幸福和安靜，需要堅韌的理由，只是一般人有意去忽略。

就如馬德在《享受安靜的人生》中說，「一個安靜的生命捨得丟下塵世間的一切，譬如榮譽，恩寵，權勢，奢靡，繁華。他們因為捨得，所以淡泊，因為淡泊，所以安靜，他們無意去抵制塵世的枯燥與貧乏，只是想靜享內心中的蓬勃與豐富。」內心的蓬勃和豐富，來自舟車勞頓的洗練，來自塞外風霜的洗滌，來自山藥蛋的耕種與凝聚。

九、國內翻譯作品侵權第一大案

2001 年 4 月，我的房東突然登門說，在中央電視台報道中看到我了：
「沒想到你小小年紀，律師做得還不錯。」房東在非洲幾個國家大使館工
作過，他的誇獎是真誠的。

這是起具有轟動效應的案件，媒體稱之為「國內翻譯作品署名侵權
第一大案」—— 季羨林等翻譯家狀告物價出版社著作權侵權糾紛案。這是
一起十幾家媒體關注的案件，在非自媒體時代，中央電視台的影響不言
而喻。

該起案件的轟動點在於季羨林先生、冰心女兒吳青等 11 名國內知名
翻譯家的身份。訴爭作品為 1998 年 11 月中國物價出版社出版的由李博、
王槐茂、劉景峰主編的《諾貝爾文學獎大系·小說精選》，16 開本，三大
卷，300 萬字，定價 698 元。書中選收了 37 位諾貝爾文學獎得主的 66 篇
小說中譯文本。案由為：侵犯署名權、使用權和獲得報酬權，受理法院為
北京市第一中級人民法院。原告訴稱，自 1980 年代起，15 位原告先後翻
譯了諾貝爾文學獎獲得者托馬斯·曼《沉重的時刻》、亞·伊·索爾仁尼
琴《癌症樓》等作品。這些作品均是由原告對原作進行再創造的成果，原
告依法享有對這些譯作的著作權。1998 年 11 月，中國物價出版社出版了
由李博等三人主編的《諾貝爾文學獎大系》，該書未經譯者授權就非法收
錄其作品。這種未經譯者許可，擅自將作品作商業性使用，印製、出版、
銷售盜版圖書並賺取利潤的行為，侵犯了 15 位原告的合法權利，因此原
告請求法院判令被告停止銷售盜版圖書，在《新聞出版報》《光明日報》
上公開致歉，並賠償 15 位原告 90 餘萬元損失。

2001 年 4 月 5 日下午到晚上，我「臨危受命」，第一次直面「閃電戰」
訴訟代理，因為當日下午五點，物價出版社才確定委託關係，交付案卷，
我的戰鬥在六點半打響。作為被告的委託代理人，在極短的時間內，我要
找出具有堅實事實依據與證據支持的觀點，是不容易的事情。出版社知道
自己會輸，但在媒體高度的關注下，不想輸得過於難看。

　　對於這樣一件社會輿論和法律判斷幾乎一邊倒的案件，我仍執着於委託責任的價值與代理要點的創新。因為這樣的執着，那個晚上我幾乎沒有合眼，我發現了很多靠得住的東西。如同《被討厭的勇氣》中寫道：「所有的人類都是活在主觀之中，只要改變自己的看法，世界就會改變。從那一瞬間開始，人就會獲得重生。」

　　2001 年 4 月 6 日上午，北京市第一中級人民法院公開庭審該起著作權糾紛，庭審現場是我見識的第一個震撼的大場面，數十台攝像機，黑壓壓的聽眾 —— 據說是政法大學好幾班的學生。在這樣壓倒性的場合，初出茅廬的我向師父有一簡短的請示：「所有的推演成果是否毫無保留？」「不用保留。」

　　原告中同時包括灕江出版社，其權利基礎為專有出版權，其主張中國物價出版社出版的《諾貝爾文學獎大系》的侵權字數達到 163 萬，佔整套書的一半。該書未經許可收錄了灕江出版社享有專有出版權的一些作品，因此灕江出版社訴求賠償經濟損失。原告灕江出版社訴稱，被告中國物價出版社 1998 年 11 月出版的《諾貝爾文學獎大系》一書，未經許可，非法收錄了灕江出版社享有專有出版權的《群鼠》《邪惡之路》《大盜巴拉巴》等作品，並擅自作商業性使用，該行為侵犯了灕江出版社的合法權利，故請求法院判令被告停止侵權，賠禮道歉，賠償經濟損失 20 萬元。

　　我毫無保留、具有爆炸性的對抗意見包括：本案中原告的主體資格問題，合作作品中，單一主體無權主張他人權益；繼承人單獨主張權利，必須有嚴格的繼承排他性，否則認定事實存在嚴重錯誤；翻譯作品作為演繹作品的一種，是否獲得原著作權人的同意，亦是權利審查的關鍵環節。不同權利人主張被告侵權應為不同法律關係，是否具有訴的合併性，以及與專有出版權合併審理，是否符合民事訴訟程序，應當予以審核。2001 年 4 月 11 日《法制日報》對此有相對簡要的敘述。上述觀點在庭審現場取得了良好的效果，委託人對我在如此短的時間內有如此系統的對抗意見給予了充分肯定。師父也投來讚許與肯定的目光。對於原告而言，我多少打亂了他們既定的訴訟系統；對於合議庭而言，我的抗辯是出乎意料的；

對旁聽的學生而言，他們的眼神說明了一切。由於眾所周知的原因，2001年 6 月 11 日該案公開宣判，法院仍判令中國物價出版社立即停止侵僅行為，但賠償損失額大幅度減少，220,676 元對比原訴請 900,000 元，「的確輸得不難看」，委託人滿意，沒有進行上訴。

蔡琴的歌曲《你的眼神》，我印象深刻：「像一陣細雨灑落我心底，那感覺如此神祕。我不禁抬起頭看着你，而你並不露痕跡。」這首歌對我而言昭示着努力。當機會穿着苛刻的衣服找到你的時候，請不要找任何藉口逃避，「世上有一些東西，是你自己支配不了的，比如運氣和機會，輿論和毀譽，那就不去管它們，順其自然吧。世上有一些東西，是你自己可以支配的，比如興趣和志向、處世和做人，那就在這些方面好好地努力，至於努力的結果是什麼，也順其自然吧。」這是周國平在《人生哲思錄》中的語句，我鄭重用於該案的總結。

該案還有一補充花絮：原告的委託代理人是我人大法學院的老師，在庭審的那一刻我才得知，但執業使命驅使我對老師並沒有顧及太多臉面。多年後相見，老師微微一笑，表示了對我那年表現的肯定：「你的畢業論文寫的就是《著作權侵權損害賠償》吧？」

十、《時尚》雜誌

對於生性鈍愚、衣食頻憂的日子而言，我記憶中不曾有時尚的影子和元素。時尚是華麗的衣衫、輝煌的玉食，是個性的張揚、行為的灑脫，這是夢中也未曾有過的絢爛，時尚本質與灰藍白單一色彩與粗布無緣。

但令我頗為意外的是，我在 2000 — 2002 年，擔綱《時尚》（COSMO）雜誌的法律顧問，雜誌上登有我的名字，它的絢麗和頗有質感的奢華與我的距離如此之近，常使我產生莫名的惶恐和不安。我們需要給出合同審核、律師函件、具體問題的法律意見和建議，最重要的是處理《時尚》雜誌商標的維護和侵權警告。在一定意義上，被侵權的概率與知名度通常成

正比，被侵權的數量也是業界地位的標杆之一。在時尚的風潮下，圖片和商標被侵權是讓時尚雜誌最頭疼的事。

我和雜誌的創始人吳泓、劉江非常熟悉，也能說一些彼此能聽懂的笑話。吳泓先生當時擔任《時尚》雜誌社社長兼總編輯、時尚傳媒集團總裁。辦事嚴肅、認真，遺憾的是他於 2009 年 8 月 20 日英年早逝，時年 46 歲。劉江先生當時擔任《時尚》雜誌社副社長兼副總編輯，他的感言是，「我們有一個簡單的夢想，讓中國人生活得更美好，與其他新富人相比，白領階層收入雖不算最高，但他們的整體素質較高。因此，我們將白領階層作為主要的塑造對象。」遺憾的是，2019 年 3 月 9 日，劉江先生也因病去世，享年 62 歲。周國平在《愛與孤獨》中說，「生命純屬偶然，所以每個生命都要依戀另一個生命，相依為命，結伴而行。生命純屬偶然，所以每個生命都不屬於另一個生命，像一陣風，無牽無掛。」

時尚雜誌形成了自己的體系，《時尚先生》《時尚芭莎》《時尚家居》《時尚旅遊》《時尚美食》等，其中《時尚 COSMOPOLITAN》《時尚芭莎 Harper's Bazaar》《時尚先生 Esquire》最為重要，每一本都是厚重和鮮豔的，與雜誌社工作人員的心血密不可分。《時尚》是第一本以廣告為主要營收和第一本自辦發行的高檔雜誌，從第五期起，《時尚》全部改為彩印，成為名副其實的高檔雜誌和中國期刊界快速崛起的新勢力。他們當年的一小步，開啟了中國期刊界的一大步。劉江先生曾在專訪中說，「我永遠也不會忘記創刊時的艱難，這艱難包括沒有資金、沒有經驗、沒有背景、很少被人理解，以及生活的壓力和必須放棄已有的一切的風險……」

我總想起《平凡的世界》中的句子：「生命裏有着多少的無奈和惋惜，又有着怎樣的愁苦和感傷？雨浸風蝕的落寞與蒼楚一定是水，靜靜地流過青春奮鬥的日子和觸摸理想的歲月。」我知道兩位先生多少都是積勞成疾，將壓力深深地埋在心底。他們將中國旅遊報社的底蘊與自己前瞻的思維、超凡的執行力結合在一起，從而能站在世界的角度看中國，對中國的時尚產業提出實踐和經驗，更有魄力和創新。

20 年前的時尚雜誌，本質勾勒和建築了一個消費階層，也是一份無

形的「文化契約」。《時尚》雜誌目標定位在「生活率先美好起來的嶄新群體 —— 白領階層」。在擔任法律顧問期間，我的福利就是能夠得到不少贈送雜誌，它們是時尚前沿朋友們的真愛。我還有一份珍藏的《時尚》十周年 K 金封面紀念版，是對這段記憶最深刻的註釋。國外的 *VOGUE* 雜誌，現在仍被奉為全球「時尚聖經」，而其封面人物大概率會引發白熱化式的關注。而內地《時尚》雜誌社成立於 1995 年 6 月 6 日，從一間小四合院，到北京市朝陽區光華路 9 號 3 號樓，再到現在有自己的時尚大廈，成為中國最大時尚全媒體集團。《時尚》連續被評為中國最有價值的 500 個品牌之一。經過 26 年，一本雜誌已經發展成了集團。現階段，時尚傳媒集團傳媒旗下已經擁有 14 本雜誌品牌，包括《好管家》《座駕》《男人裝》《時尚新娘》和《羅博報告》等。

著名鋼琴家孔祥東說過：「音樂是時間的藝術，無形無邊無色無味。如果讓我用一個詞來描述，我覺得是瀰漫。音樂瀰漫空間之內，卻終究流走。哪裏有光，哪裏就有生命。而音樂能給人帶來溫暖，就是因為音樂裏面有光。」在 2000 年的一晚，在二環的保利大廈孔祥東鋼琴演奏會，我竟然偶遇劉江先生，時間是創造巧合的大師，也沉澱着更多堅定與沉着。西方有格言：Everyone is born a king, and most people die in exile.（每個人生來就是國王，但大多數人在流亡中死去。）兩位先生堅持認為「時尚」是一種積極的生活態度；是生活的潮流與趨勢；是物質的完美與思想的偉大；是個性的張揚與整體的和諧；是創新的過程和審美的釋放；是最具前瞻性的文化形態；是內心深處力量的呈現；是一份好心情。他們無愧是時尚業界的國王。文化的修正在於格局和心境，其實對於法律而言，同樣需要積極和呈現，儘管不是潮流和趨勢，但法律的內核在於規定性。法律的理性，恰在於透徹外物，修築秩序。今日，再翻看 20 年前的雜誌，當下已與過去重疊。窗外已是立秋後的明媚。《正念的奇蹟》中說：「每一天，我們都置身奇蹟中，那些連自己都未認知到的奇蹟：藍天，白雲，綠草，孩子黝黑而充滿好奇的眼睛 —— 那也是我們自己的眼睛。所有的一切，都是奇蹟。」時尚是一種奇蹟，而我參與了早年的奇蹟。

十一、紅酥手，黃縢酒

　　馬爾克斯在《百年孤獨》中說：「生命從來不曾離開過孤獨而獨立存在。無論是我們出生、我們成長、我們相愛還是我們成功失敗，直到最後的最後，孤獨猶如影子一樣存在於生命一隅。」

　　紹興是英雄之鄉，秋瑾的孤獨和勇敢，大抵不是一般豪氣可以達到的高度，她有鑑湖女俠的稱謂，不是徒有虛名。

　　紹興最著名的還是魯迅的三味書屋和百草園，那是魯迅文化和故事的原鄉。再將時間稍拉長些，《墨子·節用》：「禹東教乎九夷，道死，葬會稽之山。」《史記·封禪書》記載：「禹封泰山，禪會稽。」在紹興東南的會稽山下，有大禹陵。大禹直面災難，其勤奮和創新非同尋常，是法律工作者應該學習的地方。

　　2000 年，我在紹興的柯橋，接受一著名紡織印花軟件企業紹興輕紡科技中心有限公司老闆的委託，東莞的一家企業構成侵權，對廣東市場衝擊很大，這是我第一次接觸軟件著作權侵權，也見識了委託人紡織產業的規模和廣闊前景。委託人的企業有自己規模化的知識產權體系，結束了國內印花布手工傳統描稿的歷史。他們有自己的大廈、流水線和工人。據說，其由 120 台電腦提供 24 小時服務的分色製版中心為亞洲最大、檔次最高，在當時的柯橋已屬頂級。紹興輕紡科技中心有限公司在當時為世界上僅有的兩家能生產數控印花機的公司之一。報紙上說，「金昌電腦印花分色系統」軟件「在全縣推廣應用後，全縣輕紡業因此增加的附加值多達每年 3.5 億元」。

　　我在接受委託後，便直飛廣州，轉戰東莞。那時的東莞還是偏僻之地。經推演，為提高效率，在東莞中院我在起訴的同時，申請證據保全，即查封被告的一條生產線。當時法院的確沒有這樣的前例，需要多方協調以及我的據理力爭，雖然磕絆不少，但最終還是完成了保全。第一階段的任務我已完成，立即打包好行李趕飛杭州，潛心準備第二階段的開庭。

　　我在當日很晚的時候趕到柯橋向當事人報告工作。當事人是夫妻檔，

分工明確。妻子是董事長，負責全面工作和方向，老公富有創造性，負責研發，擔任總經理。二人和諧美滿。他們的紹興話對我而言是難於理解的，我只能聽懂十之一二，但很高興委託人對我工作的肯定，因為第二天東莞的被告侵權人也飛到了柯橋，直接賠禮道歉，賠償損失。我下一階段的工作，就是到東莞安排撤訴。

這是一件意料之外的快速結束戰鬥的案件，也是我第一次獨立出差廣東，且轉戰浙江。我對軟件著作權的理解開始有司法實踐的支撐，而並非簡單停留在紙面。委託人第二天晚上請我吃了紹興有名的紹興臭豆腐、霉千張、紹三鮮，期間臭味瀰漫，但信任在其間。

委託人兩口子大方、格局清雅、財力雄厚，在當地頗有名氣。短暫的相遇，讓我印象頗深。於是我總能聯想起紹興出名的沈園留有著名的《釵頭鳳》：「紅酥手，黃縢酒，滿城春色宮牆柳。東風惡，歡情薄。一懷愁緒，幾年離索。錯錯錯。春如舊，人空瘦，淚痕紅浥鮫綃透。桃花落，閑池閣，山盟雖在，錦書難託，莫莫莫！」那是陸游與唐婉的悲情之地，紹興的黃酒中蘊藏了稍顯憂鬱的底色，但酒中釀着真情。

此後，我開始天南地北地匆忙着，和他們斷了聯繫。但令我驚詫的是《人民日報 — 華東新聞》2003 年 4 月 17 日第二版的一篇新聞：《紹興一巨富家庭釀慘劇，科技女強人被殘忍分屍》，2002 年 5 月 26 日晚九時許發生的情景過於慘烈，我不忍敍述。檢察官在法庭上說：輕紡科技中心公司規模不斷擴大，丁、徐夫妻間平時在經營和生活上缺少溝通、理解和寬容，丁曾多次在員工面前訓斥徐，導致徐在心中積怨漸深，最後把「我要報復」的念頭付諸行動。徐在法庭上為自己開脫說：「丁能力很強，不過脾氣很躁，平時忙於生意場上的應酬，很少顧及家庭，在外在內，我一般都照她的意思做，有名無權，心中積壓的不滿和怒火多了，就有了總爆發。」

一個律師曾說：「案件中總能發現人性更為幽深複雜的一面。曾經信任的朋友到法庭上可以翻臉不認賬；曾經甜蜜的情侶在法庭上為戀愛期間的金錢付出斤斤計較；曾經恩愛的夫妻，離婚之後大搶財產；還有離婚的夫妻兩人都不要孩子的撫養權 …… 就會覺得，對任何事情的界限感沒那

麼分明了，甚至對人性也沒有那麼多美好的嚮往了。」他的話明顯過於消沉。對我而言，案件背後的演化，是另一層次的因果與悲歡。

嚴歌苓在《芳華》中說：「人之所以為人，就是因為他有着令人憎恨，也令人熱愛，令人發笑，也令人悲憫的人性。但是人的不可預期，不可靠，以及它的變幻無窮，不乏罪惡，葷腥肉慾，正是魅力所在。」在文學評論的課堂上，老師也說：「當你讀懂了《金瓶梅》，你才真正懂得了人性的複雜，讀懂了人性的幽暗，你就讀懂了人性的慾望，讀懂了國人的劣根性；當你讀懂了《紅樓夢》，你就懂了情，是慾望的昇華，讀懂了愛、尊重、自由。」

法律是人性的低保。其實，我在經歷太多的案件之後，知道所有的生命都是孤獨的和徹悟的，無論罪惡和幽暗，悲憫和喜樂，最後不惟芥子，不惟須彌。生命本身娑婆叢生，除非有一種認知帶我們脫離狹窄和逼仄，追趕無限和從容。否則，存在本身是一件寂寞並且快速奔突的事情。

十二、民安證券

廣州是我很喜歡的一個城市。余秋雨在《文化苦旅》中寫道：「光與影以最暢直的線條進行分割，金黃和黛赭都純淨得毫無斑駁，像用一面巨大的篩子篩過了。」廣州有明媚的光影，更有不期而至的大雨，大雨過後，總是暢快淋漓。

2008 年 10 月，我開始接手在廣州中院受理的一宗重大訴訟，民安證券有限公司破產管理人訴愛建證券有限責任公司不當得利糾紛，案號為（2008）穗中法民一初字第 00007 號，爭議標的本金人民幣 1.12 億。這是一宗充滿挑戰的案件，事實、證據都是極端匱乏。

由於特定的原因，原告民安證券涉及一系列刑事案件，被告愛建證券原高管同樣涉及不同刑事程序。兩大證券公司之間的款項支付是海量級的，對於訴爭的一筆款項，應然存在背景和因果關聯，存在證據支撐和交

易安排問題，遺憾的是作為被告的委託人並不能陳述清楚，甚至連基本的線索也沒有。委託人此前審慎求助的廣州、上海高層級律師，均未提出有價值的意見。委託人提供的《案件說明》只有薄薄的一頁紙。這張紙上，有價值的文字只有不足 30 字。

我們有太多的理由不接受該案的委託：「事實不清，證據不足」。「人手不足，案件積壓」是事實，但不能成為逃避挑戰的藉口。律師的差異性價值恰在於處理當事人和太多高層級律師不能解決的問題，還原塵封的客觀事實，讓法院辨析最大彌合的法律事實。委託人一籌莫展、無路可走，恰是差異性與與眾不同的關鍵所在。

師父詢問：「是否有把握？」我堅定地回答：「給我幾天。」委託人的常年法律顧問絞盡腦汁還是無可奈何，他擔心我到最後也是窮途末路。那一段時間，團隊有一骨幹律師調離外地，真正能扛事兒的只有我一人，但我無需抱怨，我知道，「你是什麼人便會遇上什麼案件，你是什麼人便會選擇什麼案件」。「總是掛在嘴上的人生，就是你的人生，人總是很容易被自己說出的話所催眠。我多怕你總是掛在嘴上的許多抱怨，將會成為你所有的人生。」這是竹久夢二在《出帆》一書中的句子。

幾日下來，資料表明：廣東民安證券經紀有限責任公司成立於 2000 年 12 月 28 日，註冊地廣州，註冊資本金三億元，其前身為廣東粵財信託投資公司證券部。2004 年 7 月 30 日，公司的註冊資本增擴至 5.1 億元，並在增資擴股完成後更名為民安證券有限責任公司。原辦公室地址位於廣州市天河區體育東路 118 號財富廣場東塔 17、18 樓。深圳中級法院 2005 年初有關楊庚君挪用資金案的刑事判決書顯示，2002 年 12 月，在民安證券原副董事長楊庚君的指使下，周立農（原民安證券董事）等五人經策劃後，將建材公司委託中全公司管理並由民安證券福民路營業部監管的資產理財款 5000 萬元、粵豐泰公司的 2510 萬元、民安淮海西部營業部的 1800 萬元挪走，用於償還以往挪用的其他公司的理財債務或個人消費。2005 年 6 月底，證監會宣佈取消民安證券的證券業務許可並責令關閉，同時成立民安證券清算組。

2006 年 3 月 11 日，《上海證券報》登載「民安證券在不具有經營客戶資產管理業務資格的情況下，自成立後即開始從事大量委託理財業務，對相關理財戶許諾高額回報，僅 2004 年 9 月 30 日後發生的委託理財業務就涉及金額 35081.27 萬元。民安證券上述行為嚴重違反《證券法》和中國證監會的有關規定，並涉嫌構成犯罪。中國證監會已將公司及有關人員涉嫌非法吸收公眾存款的情況、線索及相關證據移交公安機關，追究有關人員的刑事責任。」2006 年 10 月，民安證券「非法吸存案」天河區人民法院作出刑事判決書認為，民安證券原董事長劉大力等七名被告是民安證券公司變相非法吸收公眾存款的直接負責的主管人員和直接責任人員，其行為已構成非法吸收公眾存款罪。根據情節輕重，劉大力等七人被依法判處有期徒刑兩至三年，緩刑三至四年，並處人民幣 35 萬到 50 萬元不等的罰金。另民安證券已被國信證券正式收購，17 家營業部也已翻牌為國信證券。2008 年 6 月 17 日，證監會作出《關於對劉大力等人實施市場禁入的決定》，認定劉大力是民安證券違反證券法律法規及涉嫌犯罪行為的主要決策人及組織者，決定對劉大力、余漢輝、歐陽鵬、洪流實施永久性市場禁入。

愛建證券有限責任公司成立於 2002 年 9 月 5 日，並於 2006 年 10 月完成增資擴股，註冊資本為 11 億元人民幣。公司將總部設在上海市，並在上海、深圳、廈門、寧波、嘉興、重慶等大中城市設立了 15 家證券營業部和一家證券服務部，員工總數 300 餘人。2005 年，公司通過了客戶交易結算資金獨立存管的驗收，實現了交易集中、清算集中和數據集中；2007 年，公司全面實施了客戶交易結算資金第三方存管，通過了證券公司綜合治理及重組達標驗收，於是將民安證券在廣東幾十家公司通過生效刑事法律文書的認定，統一合併為「工具公司」；將愛建證券在上海幾十家公司統一合併為「管道公司」，將愛建證券與民安證券在北京的 20 多家支付公司統一合併為「通道公司」，對本案的系統理解將具有重要意義。關於系統，我的靈感即來自初中幾何課堂上的「切線」和輔助線。它們在今後的案件中，並不陌生。在「切線」「輔助線」的基礎上，當事人自身

以及申請法院的調查取證，將最大程度還原相關支付客觀事實。同時，戰線前移，即重點關注訴訟時效的框定及中斷事實的認定，從而系統考量該案訴訟方案。數萬頁的案卷和證據填補了本案眾多空白，也是本案最終勝訴的關鍵所在。

在廣州開庭，我總有單刀赴會的感覺，由於那裏是原告的主場，法院開庭總是會選擇我障礙重重的時日進行，但障礙的本根意義，不是阻攔，而是跨越。黑塞在《悉達多》中說：「只有片面的真，才得以以言辭彰顯。可以思想和言說的一切都是片面的，是局部，都缺乏整體、完滿、統一。而我們周圍和內在的世界，卻從未淪於片面。我不再將這個世界與我期待的、塑造的圓滿世界比照，而是接受這個世界，愛它，屬於它。」法律的視角需要整體與系統，而非片面與局部，而這需要維度的提升與實踐。

我在上海委託人的慶功會上喝了公司珍藏的紅酒，他們說「康達創造了一個奇蹟，這種奇蹟不可複製」。多年後，我讀到楊定一的《奇蹟》：「處在一個封閉的系統，你絕對不可能解釋框架之外的現象或動力，一個人要從這個框架跳脫出來，才可能理解框架外的世界。」

關於奇蹟，我同意博爾赫斯的說法：「是上帝展示在我失明的眼睛前的音樂、天穹、宮殿、江河、天使、深沉的玫瑰，隱祕而沒有窮期。」

我喜歡廣州滿大街肉桂與薑的氣味，還有在悶熱的早晨，悠閑地喝着早茶的老人們。他們就是日常、並不複雜、重複着的奇蹟。我在天河老機場的小店吃到過最難啃的燒魚，算得上「木乃魚」。那日是八月十五，是團圓的日子，我還要連夜飛到海口，迎接下一個挑戰，並建築另一個客觀事實與法律事實的彌合。

十三、滕王閣

坐落在江西南昌的滕王閣，守望贛江和豫章。滕王閣不高，也並不雄偉，它的聞名還在於王勃的《滕王閣序》。所謂「落霞與孤鶩齊飛，秋水

共長天一色。漁舟唱晚，響窮彭蠡之濱，雁陣驚寒，聲斷衡陽之浦。」

相較於滕王閣，我更關注南昌另一段生動的往事，即王守仁平定朱宸濠叛亂的經典戰役。王陽明作為一介文弱書生，竟以農民商賈等「烏合之眾」，佯攻勸降拿下南昌，取得了撒豆成兵之效；又以傳奇策略，阻擊叛軍於南昌城外，用火燒赤壁的方式大敗叛軍，精準判斷出叛軍逃跑方向，成功擒賊又擒王。平定寧王之戰可以說是王陽明心學的巔峰之作，層出不窮的「反間」「佈疑」「用詐」，用兵詭譎。

我期待在具體案例中省察和實踐陽明心學。2008 年 2 月，團隊接受南昌一重大案件的委託，開始了艱苦、瑣碎的代理工作。這是一起案由為離婚析產的糾紛，但因涉及當地一資產規模驚人的知名藥企而受到各方關注。

江西某集團有限公司是一家集科研、生產、銷售為一體的大型醫藥企業集團。在良好市場環境下，集團經營呈穩健快速發展勢頭，年銷售收入從起初的 2615 萬元增至 2006 年的 17 億元，累計實現稅收 6.4 億元，利稅年均增幅達 70% 以上，成功跨入了全國醫藥企業百強行列。1999 年，該公司在南昌民營科技園成立了該省第一個民營醫藥公司，標誌着公司產、供、銷一條龍格局的初步形成。2000 年，江西濟民可信集團成立，緊接着收購東方立可生製藥廠、江西世紀藥業等公司。2004 年，其重金收購江西金水寶製藥有限公司，更名為「江西濟民可信金水寶製藥有限公司」，擁有了拳頭產品 —— 金水寶。2006 年，它再次重拳出擊，斥巨資收購無錫山禾藥業，擁有了急診搶救一線用藥醒腦靜注射液、國家一類新藥悉能注射液及九代祖傳祕方精製的黃氏響聲丸，再一次豐富了公司產品；同年 7 月還整體併購宜春錦繡山莊。2007 年，濟民可信集團以優秀的成績獲「江西省工業崛起十強企業」榮譽稱號，並榮膺「2006 年中國製藥工業百強」排名 27 位。集團現擁有九家全資子公司，在全國 34 個省（區、市）建立的 76 個銷售分公司，2000 餘人的營銷隊伍和一批極具實力的終端機構，形成覆蓋廣、功能強的營銷網絡。光一江西省宜春市北郊袁州醫藥園，即有年提取中成藥材 2400 噸的規模，已劃入江西省十一五

規劃重點項目,由江西濟民可信藥業有限公司投資建設,主要建設十條中成藥材提取生產線。2021 年的胡潤百富榜上,江西濟民可信藥業有限公司的李義海家族以 290 億元身家,位列江西十大富豪榜眼。

　　一般離婚訴訟涉及三個方面的處理,即婚姻關係的解除、撫養、財產分割。但該案件所涉財產分割規模之巨,已成為當時國內的首例。該離婚訴訟,一審受理法院即為江西高級人民法院。同時,案情極其複雜,2009年 9 月 8 日,一則新華網的報道《栽贓陷害他人　江西宜豐縣原公安局長被判刑》,[1] 也能側面標示該案的曲折盤桓。「經法院審理查明,2007 年 6月,李義海自稱其妻子熊瑩鳳經常從鄧智華那裏購買『麻古』吸食,破壞夫妻感情,影響公司經營,遂向時任宜豐縣副縣長兼公安局局長的胡旭軍請託,要求幫助打擊鄧智華。2007 年 8 月初,李義海、熊瑩鳳和胡旭軍三人商定,將鄧智華引誘至南昌市贛江賓館後,由李義海事先將 1558 粒「麻古」藏匿在房間內栽贓陷害鄧智華,胡旭軍則積極配合。8 月 10 日晚7 時 30 分,宜豐縣公安局民警衝進鄧智華所在房間後,搜出事先藏匿好的 1558 粒『麻古』。法院以徇私枉法罪一審判處胡旭軍有期徒刑六年,以貪污罪一審判處其有期徒刑一年六個月,兩罪並罰,決定執行有期徒刑六年六個月。」2010 年 3 月 31 日,江西省人民代表大會常務委員會公告:李義海被罷免省人大代表職務。[2]

　　原國家藥監總局醫療器械監管司司長童敏案中,濟民可信董事長「李某」在 2004 年給童敏送了一輛奧迪 A6,童敏一直用着直到被抓。[3] 2010 年7 月 9 日上午,江西省政協副主席、省委統戰部部長宋晨光在接到了中央紀委當場宣佈的「雙規」決定,隨即被帶走。「2005 年 8 月至 2007 年 10月,被告人宋晨光利用擔任中共宜春市委書記職務上的便利,為江西濟民

1　《栽贓陷害他人　江西宜豐縣原公安局長被判刑》,新華網,2009 年 9 月 8 日,https://china.huanqiu.com/article/9CaKrnJmoxv.

2　《江西省人民代表大會常務委員會公告》:「宜春市選舉的李義海被罷免了江西省第十一屆人民代表大會代表職務。根據有關法律規定,李義海的代表資格終止。」載《江西日報》,2010年 4 月 1 日。

3　北京高級人民法院《刑事裁定書》(2017)刑終 111 號。

可信集團有限公司謀取了收購宜春市錦繡山莊賓館、追索被騙資金，以及
為該公司董事長李義海請託的案件進行催辦和李義海推薦人員的職務晉升
等方面的利益。為此，宋晨光先後三次收受李義海給予的人民幣共計 40
萬元。」於 2012 年 4 月 27 日，山東省泰安市中級人民法院（2012）泰刑
三初字第 1 號以受賄罪判處被告人宋晨光死刑，緩期二年執行，剝奪政治
權利終身，並處沒收個人全部財產的刑事判決。[1]

　　案件處理的結果仿佛已不是最關鍵的事情，千絲萬縷的糾葛，千山萬
水的征程，在蛛絲馬跡中一一錯落。婚姻關係既是一種身份關係，也是一
種現實的社會倫理關係，大量內容關係着一些基本的社會道德的維繫，體
現出倫理道德與法律的一致性。因此，婚姻關係雖然可以用契約理論進行
規制，但它本質上不是雙方的利益交換。與追求利益最大化這一交易行為
的基本目的不同，婚姻更重視倫理的構建，這種倫理的要求對其成員有約
束性和強制性。[2] 該案中十餘位律師精心研究調查，前赴後繼，不畏艱難，
審慎推演形成的數十萬字的底稿，是對該案最有力的詮釋。當家事糾紛進
入時代的全新階段，刑民交叉、民行交叉成為一種普遍和慣常時，律師必
須保持高度敏感，有足夠的應對和系統建設。

　　張佳瑋在《無非求碗熱湯喝》中說：「說到底，人生在世冰霜苦旅、
得失流離，到頭來，真正能令人慰藉的，也無非就是樸樸素素求碗熱湯
喝。」婚姻家庭與法律文化變遷密切相關，法律文化變遷以各種方式影響
着婚姻家庭的建立、存續與解除。離婚案件的處理更應與倫理學、社會
學、心理學形成同頻共振，在感情糾葛、百轉千廻中，達成共識與統一，
既為實體處理，亦為程序性安排的基礎；期間，愛、信任、共識是內核的
關鍵，在家事糾紛中，有其特定的適用與價值。

　　一位禪師在《與生命相約》中說：「我拾起這片葉子時，我看到它假

1　《宋晨光死緩溯源》，載《財新周刊》2012 年第 18 期。《中華人民共和國最高人民檢察院公報》
　　2013 年第 1 期。
2　張俊、武蘭榮：《論意思自治在婚姻法的體現與限制》，中國法院網，2016 年 7 月 29 日。

裝在春時誕生，又假裝在秋末死去。為了幫助包括我們自己在內的眾生，我們也出現了，然後又消失了。」對於一些案卷，何嘗不是如此 —— 來時迅疾，去時無聲，期間雷霆萬鈞，皆是萬千縱橫。這也許就是對《滕王閣序》中「雁陣驚寒，聲斷衡陽之浦」的另一種詮釋。

十四、老式汽車

自媒體時代，人們會遺忘很多，譬如電視和廣播。《老式汽車》是一台久遠的音樂廣播節目。2001 年，沒有自媒體的喧囂，也沒有抖音的混雜，開車的途中，人們習慣於北京廣播音樂頻道的陪伴。陸凌濤嗓音雄渾、厚重，是當時北京人民廣播電台音樂台著名編輯、主持，他主持的《老式汽車》《京粵港排行榜》《北京音樂報道》等節目深受聽眾喜愛；他活脫脫地就是現在的網紅，且比現在的網紅擁有更多無可比擬的文化底蘊和對音樂的深厚理解。

「我是陸凌濤，歡迎踏上音樂的朝聖之旅。當時空的距離在記憶中消逝，你是否還會記得當初信誓旦旦的理想；當繆斯之劍刺穿了虛偽的假面，你是否還有勇氣真誠面對坦白的靈魂；當都市裏的喧囂歸於平靜，紅塵當中的虛榮化為了塵煙，那些經過歲月的陳釀所澱積下來的經典，或許是我們唯一的財富。在《老式汽車》的旅程中，就讓我們一起尋找，一起感受，一起擁有一切值得珍藏的美好！」這就是陸凌濤主持過的《老式汽車》電台節目的開場白，充滿懷舊情結，文案精緻耐人尋味，今日讀來仍然深刻而生動。

1997 年 11 月，陸凌濤開辦了北京零界文化藝術有限公司，任總經理、藝術總監，而我也成為了其法律顧問。「零界」充滿了哲學味道，是有對音樂無上的尊重和感悟後才有的感知。他當時是北京業界毫無疑問的名人，經常組織楊鈺瑩、齊秦、陳琳、周華健等一眾一線歌手的演唱會和錄音。當時，我能炫耀的福利就是演唱會的門票和歌手簽名。

　　但職業的嚴謹使律師無法成為真正的歌迷和追星族。陸總批評過我，我也虛心接受，對於音樂我沒有足夠的天賦，但對欣賞還是有足夠的嚮往，只是不能無界限地狂熱。

　　作為零界的常年法律顧問，我審核了不少合同，也參加過不少訴訟，其中知識產權和上市交易為多。在青澀的律師生涯伊始，與這樣的音樂大師溝通，並得到包容，本身也是一種榮光，更彰顯了他的優秀。陸總在商事合作中，時常被違約、毀約，因此常常吃虧，通常他都一一諒解，偶有訴訟，也是謙讓為上，點到即止。在很多方面，他仿佛更像律師，而我其實更符合助理的身份。這一點，用在生活上，同樣成立。

　　我在大學的暑假，很喜歡童安格的歌，1991 年 1 月 1 日，童安格出了懷舊專輯《一世情緣》，陸凌濤對這首歌有獨特的解讀：「每次獨自一個人坐在舊日的角落裏檢索記憶的時候，總會不自覺去聽童安格的老歌。在那些熟悉的旋律中任憑往事沖刷着心情，感覺着音樂洗滌沾滿灰塵的房間，這種時刻總能感到生命變得單純了許多，真誠了許多。所以，我一直在等待有一天時光會將童安格帶到《老式汽車》的旅程中。於是，就有了這兩期童安格的專線旅行。」我也總是在北京有雨的日子，重複去聽這首歌。這首歌有我對大學、法律、南湖和武漢憂鬱、盤桓的記憶。

　　一位哲人說，過去是可以改變的，不惟現在與未來。過去是正在發生的可能，你需要有足夠的勇氣來面對，而非遺忘和逃避。城市是集中的孤獨，當混凝土種植下的森林成為斑駁的光影。《其實你不懂我的心》曾經在街頭巷尾廣為傳唱，這首歌是童安格和陳桂珠合作的一首非常經典的情歌珍品，現代人在感情當中的距離感和難以琢磨的心態被演繹得自如盡致。法律工作是矛盾和衝突的凝結點，也是期待和情緒堆積的聯絡點，這種期待和情緒，在一些複雜法律關係和糾葛中，在現代城市的高樓大廈的屋簷下才會如此強烈。

　　零界公司在周年慶典的時候，送了我一架「老式汽車」的木質模型，在不斷搬家的辛苦中，沒能保存得住，非常遺憾。這是生活無言的困境，

你得到的東西，期待完好保存，其實結果完全相反，是一種悲，是一種感懷，只有《老式汽車》，能夠說得明白。猶如簡媜在《煙波藍》中說：「生命是一冊事先裝幀、編好頁碼的空白書，過往情事對人的打擾，好比撰寫某頁時筆力太重，墨痕滲透到後幾頁，無法磨滅了。」

多年後，我在斯圖加特的汽車博物館看到很多老式汽車，並將照片一一保存。我知道，這是零界公司的底蘊和情感。後來，北京的南城也有了《汽車博物館》，想來也是零界最感興趣的地方。在美國芝加哥的老式汽車博物館中，總有 66 號公路音像和搖滾樂的陪伴。

我記得陸凌濤曾說，「當第一代搖滾人聽到 John Denver 的音樂時，他們是那樣地興奮，這種興奮是現在任何人都不會再感受到的興奮，這種興奮使他們產生了一種模仿與嘗試的衝動，所以才會有這麼一種交織着懵懂無知和運動着的時代。」信息爆炸是搖滾時代結束的原因：現在沒有任何一個年輕人會因為聽到一首歌而興奮得睡不着覺，搖滾音樂人已經不可能讓這個時代再去傳播那個時代的感動了。「搖滾是反抗和革命的代言人」，如果拋開音樂形式，只從精神角度來講，那麼屈原、魯迅和崔健一樣很搖滾。「搖滾英雄」是一個群體。只有當這一群人出現的時候，他們才會帶動一批這個時代的人感受並熱愛這樣的音樂。[1]

陸凌濤很早就出過書，他對音樂獨特的感悟和沉澱，深邃的思想和情懷，對於浮躁的時代而言，一般人不一定能夠理解。他們大多期待直白、平鋪和通俗，而拒絕思考、整理和考察。猶如安妮寶貝在《春宴》中說，「高級的感情，最終形成精神和意識。低級的感情，只能淪為脾氣和情緒。」

對於《老式汽車》，很多人沒有聽過，很多人也已忘記，不再想起。《老式汽車》有這樣一段播放語：「人有足夠的時間去體會青春的無憂無慮，中年的責任，以及老年時因為體會到人生的局限而不斷反思人生，從

---

1 《搖滾主持人新書出版》，新浪「青年時訊」，2003 年 11 月 20 日，https://news.sina.com.cn/o/2003-11-20/01141150669s.shtml.

而學會謙卑。從來沒有一個階段是過量的。總是差不多的時候，上天說：
好了，去體會下一段旅程吧」——「步履不停」是《老式汽車》的感受。

十五、可可托海的辦案人

2020 年，有一首廣為傳唱的單曲《可可托海的牧羊人》，王琪包辦了
詞、曲和演唱：「你的駝鈴聲仿佛還在我耳邊響起，告訴我你曾來過這裏。
我釀的酒喝不醉我自己，你唱的歌卻讓我一醉不起。」個中滋味，團隊
2008 年在阿勒泰中級法院代理的一起礦業公司股權糾紛中體會最深。

畢淑敏曾說，「只有內心的堅定，才能把歲月留下的傷痕，化作成長
的書籤。微笑，雖飽經創傷，仍動人心扉；美麗，雖歷經磨難，仍毫髮無
損；慈祥，雖萬般摧殘，仍春風拂面。」這一股權爭議糾紛，標的公司
新疆金寶礦業有限責任公司註冊地即為新疆維吾爾自治區阿勒泰地區富蘊
縣。該案係西部地區首例關涉四級法院即阿勒泰中院、伊犁州高院、新疆
高院、最高法院的案件，其難點在於該案並非純粹執行案件，存在刑民交
叉、民執交叉、執行回轉、民事申訴、民事再審、公司自治、盈餘分配等
一系列法律問題。該案爭議標的數億元，亦係新疆為數不多的重大疑難複
雜案件；該爭議解決亦關聯知名上市公司福建紫金礦業（601899）。

康達的委託人為顧新光、秦燕、鄧建民，原持有標的礦業公司鐵源公
司全部股權、後相對人胡國慶等加入，但胡因欠款被執行拍賣，不再佔有
股權，且涉及刑事程序被羈押服刑。顧新光後於 2001 年 12 月 7 日，另行
成立新疆金寶礦業有限責任公司，經過多輪次增融資和數年苦心經營，不
斷引進新的股東，包括紫金礦業；註冊資本由原來的 370 萬元增資為 5000
萬元，原鐵源公司主體資格已不復存在。但 2007 年 7 月 31 日，相對人胡
國慶服刑五年減刑一年後出獄。八天後，2007 年 8 月 8 日原判胡國慶有
罪的終審法院阿勒泰中院再審胡國慶案，改判胡國慶無罪，理由是基本事
實認定有誤，證據不足，缺乏事實依據和法律依據。後相對人胡申請民事

執行裁定再審，新疆高院後作出 221 號裁定，裁定「執行回轉」。

　　在接受代理後，團隊於 2007 年 9 月向最高人民法院提出申訴，最高人民法院依法受理並立案，案號為（2007）執監字第 143 號，責令新疆高院另行組成合議庭復查該案，並將復查結果報送最高人民法院。但在復查期間，阿爾泰中院多次召開執行會議，強行執行回轉，進行盈餘分配。

　　該案在執行標的已經滅失，根本無法執行回轉的情況下，相關執行法院仍強行分割顧新光股權，存在根本錯誤。我們的代理關鍵在於，「既然最高院已經立案重審，按照法律規定新疆高院 221 號裁定就不再具有法律效力。但是新疆高院執行局依然我行我素，公然在最高人民法院最終審查結果及終審民事裁定作出前，通知阿勒泰地區中級人民法院從快從嚴執行 221 號裁定，並強行裁定恢復股權、重新分配股東分紅，係對抗最高人民法院的再審。」[1]

　　該案的背後是難以言說的案外因素和地方保護主義，以及強權和利益。一宗普通的民事案件，業已涉及新疆自治區檢察院、新疆自治區人民政府、新華社等部門。我和團隊成員不遠萬里，奔赴金寶礦業的現場，蹚過額爾齊斯河冰冷的河水，領略刺骨的寒風和沒過半腰的大雪，經歷乾糧、方便面勉強果腹的三餐和不眠的夜晚。在烏魯木齊飛往阿勒泰支線飛機上，飄忽不定的機身，總是能代表我們對地方執法機關的擔心。在穿越準噶爾盆地的汽車上，與駱駝和野馬不期而遇，於是我又滿懷着對脆弱生命的憂慮。在無邊蔓延的路上，我總想起尼古拉·奧斯特洛夫斯基在《鋼鐵是怎樣煉成的》中的話：「鋼是在烈火裏燃燒、高度冷卻中煉成的，因此它很堅固。我們這一代人也是在鬥爭中和艱苦考驗中鍛煉出來的，並且學會了在生活中從不灰心喪氣。」

　　阿勒泰是新疆北部的一個欠發達地級規劃區，由伊犁哈薩克自治州管轄。阿勒泰與俄羅斯、哈薩克斯坦、蒙古三國接壤。站在礦山上，向遠瞭

1　《新疆商人礦企股權被搶最高法判決遭遇地方對抗》，正義網 — 檢察日報，2008 年 4 月 24 日，http://news.cctv.com/china/20080424/107927_2.shtml。

望 —— 翻過幾個山頭就能走出邊境。

　　金寶礦業就在富蘊縣，距離可可托海不遠。可可托海，哈薩克語的意思為「綠色的叢林」，蒙古語意為「藍色的河灣」。富蘊是全國第二冷極，測出過零下 60℃ 的低溫，全國第一寒冷區是漠河。在距可可托海鎮十公里處有 1931 年 8 月 11 日地震遺留下的一條規模宏大的地震斷裂帶，富含銅鐵金等礦產，聞名世界。我們的案件就與礦業有關。

　　秦邦憲（1907 — 1946 年），又名博古，無產階級革命家、中國共產黨早期領導人。1931 年 4 月任中共臨時中央局成員、臨時中央政治局書記和負責人。1934 年 10 月參加長征。1935 年在遵義會議上被解除中共最高領導職務。後任中共中央政治局常委、紅軍野戰部隊政治部主任。1946 年 4 月 8 日由重慶返延安匯報工作，因飛機失事在山西興縣遇難。他的兒子叫秦剛，我們的委託人秦燕是秦剛的女兒，鄧建民係秦燕的丈夫。在康達的小紅樓會議室，我們總有關於案件的長時間的溝通與討論。

　　2010 年 7 月 8 日，新疆金寶公司變更登記為：

顧新光，出資額：984.72 萬元，百分比：19.69%；

熊文升，出資額：260.48 萬元，百分比：4.72%；

秦豔，出資額：954.8 萬元，百分比：19.096%；法人性質：有限責任公司。

企業名稱：紫金礦業集團西北有限責任公司。出資額：2800 萬元，百分比：55.99%。

　　這是難得的勝利和不易。

　　海明威在《乞力馬扎羅的雪》中有一著名的問題：「乞力馬扎羅是一座冰雪覆蓋的山峰，海拔 19710 英尺，據說，是非洲最高峰。它的西峰頂附近有一具風乾冰凍的花豹屍首。沒人知道，花豹跑到這麼高的地方來做什麼？」

　　在可可托海的瀰漫大雪中，其實我已有答案。我同意劉同在《向着光亮那方》中的堅定：「如果決意去做一件事情，就不要再問自己和別人值不值得，心甘情願才能理所當然，理所當然才會義無反顧。」

十六、孝感

　　沒想到在武漢大學四年後，回到湖北的第一宗案件，並不在武漢，而在孝感。孝感是我們大學班長的出生地。

　　孝感的地名，據說是因董永而起。董永孝心感動了天帝，七仙女奉天帝之命，下凡人間來幫助董永還債，一個月的時間織成三百多匹錦緞，賣掉錦緞，為董永抵債贖身，然後凌空而去。實際上，李存勖於後唐同光二年（公元 924）改孝昌縣名為孝感縣，與「孟宗哭竹」「至孝之所致感」密切關聯。

　　康達的委託人肖和平是詩人蕭三的兒子，從外貌看是純正的德國人，但開口是標準的普通話，讓人着實意外。外貌與發音之間的落差，在加拿大人大山說相聲節目中，我才有類似的感受。

　　蕭三（1896 — 1983 年），又名肖三，在湖南湘鄉出生，於湖南第一師範學院畢業，在湖南第一師範，與毛澤東、蔡和森建立了深厚的友誼。主要著作有《和平之路》（1952）、《友誼之歌》（1959）、《蕭三詩選》（1960）和《伏櫪集》（1963）等。據資料顯示，我們所熟知的《國際歌》就是他和陳喬年一同翻譯完成。肖和平的名字，應該取自父親的第一本著作《和平之路》。在小紅樓，我和他談論過《傅雷家書》，並認真分析過其中的句子，「你會養成另外一種心情對付過去的事：就是能夠想到而不再驚心動魄，能夠從客觀的立場分析前因後果，做將來的借鑒，以免重蹈覆轍。一個人惟有敢於正視現實，正視錯誤，用理智分析，徹底感悟，才不至於被回憶侵蝕。」

　　該案亦是一複雜、重大案件，儘管在法律程序而言，僅涉及單一執行程序，我們代理執行異議，訴求將法院凍結的款項解封。但期間封鎖、障礙超出了所有人的想像。

　　該案的背景同樣關涉一重要事件即「德隆系」，德隆系的實際控制人為唐萬新、唐萬里兄弟。2000 年 1 月，唐氏兄弟聯合其他自然人共 37 人在上海浦東註冊成立德隆國際投資控股有限公司，註冊資本人民幣兩億

元，控股新疆德隆集團；同年 8 月，更名為德隆國際戰略投資有限公司；同年 10 月，註冊資本增至五億元人民幣。德隆國際專注投資領域，成為一個類金融的機構投資者，而新疆德隆集團則負責打理下屬的企業。除了業界熟悉的德隆「老三股」（湘火炬、合金投資、新疆屯河），德隆集團還控制了許多證券公司，包括中富證券、德恆證券和恆信證券等。2004年 12 月 17 日，德隆系千億商業帝國轟然倒塌，資金鏈直接斷裂，系統性踩踏事件不可扼止，使眾多投資人血本無歸。在隨後的兩年中，德隆系共有 104 人被拘押，84 人被捕，最後被判處有期徒刑的人員達 70 餘人。

「德隆事件」被稱作「一個最為複雜，最有爭議也技術含量最高的大敗局」，德隆集團極盛之時有 1200 億的資產，下屬企業 500 多，員工 32萬，是個恐龍級的企業。本案委託人被凍結款項，相對人湖北雙環科技股份有限公司主張其為德隆事件所涉款項，其擁有充分的權利，應予以劃撥。

雙環公司實力雄厚，為孝感本地重大利稅企業，係湖北省工商行政管理局註冊登記，企業法人營業執照註冊號為 91420000706803542C；住所地位於湖北省應城市東馬坊團結大道 26 號，註冊資本為 46414 萬元人民幣。相對人據理力爭，為劃撥款項進行充分準備，其各種堅持和努力程度，還是讓我們吃驚不小。我不由想起扎西拉姆‧多多在《喃喃》一書中的話：「有所堅持的人，才會尊重他人的堅持，就算談不上尊重，起碼也能夠理解他人的固執。」

從北京到武漢有直達的火車，之後需要從武漢中轉航班。到武漢中轉的原因是我們同時提起了執行監督程序，該監督程序在當時尚缺乏足夠的司法實踐，省高院需要充分的證據支持。為達孝感，我也曾途徑河南信陽。信陽總讓人想起雞公山，其有「青分豫楚、襟扼三江」的說法，據歷史記載，上古時期，炎黃二帝曾聯兵追擊九黎族首領蚩尤於雞公山下，距今已有 4600 多年。春秋時期，吳國名將孫武、伍子胥等率大軍由東向西奔突而來，奪取雞公山四周的九里關、武勝關、平靖關等「義陽三關」，然後揮師南下，佔領楚國都城郢。這一案非同尋常，重託在肩，我反覆參

考了歷史上的案例。

　　孝感、應城的酒店和飯店我住過多次；火車票累積起來，也是厚厚的一沓。案卷與證據的撰寫，足以感動受理法院和相對人，以及省高院的執行監督承辦法官。對任何細節的推敲、打磨，是每一位訴訟參與人共同的目標和責任。堅固的事物都要經過烈火的錘煉，只有選定了目標並在奮鬥中感到自己的努力沒有虛擲，這樣的工作才是充實和有力的。

　　委託人款項獲得解封的那一日，我們仿佛迎來重生之喜。我們共同重溫巴爾扎克在《塞拉菲塔》的敍述：「你們認為那是不可能的，但達到上界的人已經看到了星辰繞行的圓形曲線彼此以某種數學線條相交。所以，實際上，這個問題可能已經解決了。請您相信我的話，奇蹟產生於我們之內，而不是我們之外。各個民族過去認為是超自然而實際上十分自然的現象就是這樣產生的。如果上帝只對某幾代人顯示其力量而拒絕向其他某幾代人顯示自己的力量，那上帝不是太不公平了嗎？」

　　我們都有些醉意，因為太過艱難和傷感。「有些感情顯得孤僻或沉悶，卻是真正的珍貴品種。只針對某一類具體對象，需要很多條件才能生發。單純，專注，堅定，剛硬，可以在時間裏存在很久。可抵達的深度無可測量。」[1]

十七、海口萬綠園

　　海口萬綠園是一個適合跑步的地方，負氧離子確實出奇地高。在海口駐足，我偏愛靠近萬綠園的酒店，我是萬綠園的常客，萬綠園的四季生機勃勃，總是有花開。在萬綠園，我總是想起博爾赫斯在《循環的夜》中的句子：「我不知道我們會不會像循環小數，在下一次循環中回歸；但是，我知道有一個隱蔽的畢達哥拉斯輪迴，夜復一夜地把我留在世上某個地

---

[1]　安妮寶貝：《清醒紀》，北京出版集團公司、北京十月文藝出版社，2011 年 8 月，第 156 頁。

方。」

　　由於師父 2000 年之前在海口常駐，他對海口十分熟悉和依戀，海口的工作節奏明顯比北京和緩，在海口可以有大把思考工作和人生的時間。

　　海口的一天時間大抵不以中午為界限進行分劃，而是以下雨為楚河漢界，分為雨前雨後。每日都要趕着上班的暴雨，時刻基本是準確的，對於稍微的誤差，大度的人也不會斤斤計較。師父性格外向，有天然的人格魅力，嬉笑怒罵皆成文章。他將海口的一天劃分為「醉前和醉後」，生動、形象，猶如余華的小說。

　　海口的中午，紫外線肆虐，仿佛一頭猛獸撕咬每一寸陰涼。人們都儘可能躲在難得的遮蔭下，小心翼翼。初來海口，我忘記了中午氣溫的厲害，竟然在萬綠園行走，儘管有不少綠蔭，但在猛獸般的蒸騰和攻擊下，也快速敗下陣來，皮膚紅腫，幾日後開始脫皮。我後來被迫另闢蹊徑，中午在五公祠勤奮地走訪歷史和舊事，試圖保持在京的規律和習慣，沉靜的腳步聲在空曠中響起，伴隨偶然露出的驚詫的管理員倦容，我實際上恐嚇了自己，不得以再次落荒而逃。

　　在海口的訴訟需要契合一種節奏，不惟時間，更需心境。海口的法庭不適合「驚濤拍岸，捲起千堆雪」，在太陽的暴曬下，拒絕爭吵和抗爭，如同萬綠園的舒緩即可。在這種舒緩中，我完成了「海南高速」「海南信託」「海南航空」「海馬汽車」等一系列訴訟與非訴訟，期間還代表安徽中行，在海口的借款擔保合同糾紛開始涉足對最高法院一般擔保和連帶擔保判斷標準的挑戰，「不」與「不能」不惟是文字遊戲，也觸碰太多法官和律師的神經；同時「借新還舊」在司法實踐中的處理，在 2004 年均是前沿的法律實務問題。

　　《中華人民共和國民法典》（以下簡稱《民法典》）（2020 年）第 686 條規定：保證的方式包括一般保證和連帶責任保證。當事人在保證合同中對保證方式沒有約定或者約定不明確的，按照一般保證承擔保證責任。而在當時審判思路是，「對於保證方式約定不明確的，一律按連帶保證責任處理。」這種轉變關乎司法實踐，更與金融環境密切相通。《民法典》

（2020 年）第 688 條第二款規定，連帶責任保證的債務人不履行到期債務或者發生當事人約定的情形時，債權人可以請求債務人履行債務，也可以請求保證人在其保證範圍內承擔保證責任。

在借貸領域，當時的民間借貸一般作無效認定，後來開始作部分有效認定，對民間借貸的利息逐步放開，存在法定利息、有效利息、自然利息的不同認定。司法實踐中會對職業放貸人、非法吸收公眾存款以及資金來源作出明確審查。在案卷中，我曾見識過海量的借款，均以借條的形式呈現，還款時，歸還或撕掉借條即可，借條還可以轉讓和流轉。但資金鏈條斷裂時，信用、信任和擔保，也是不堪一擊。

在海量的借貸擔保糾紛中，「不」與「不能」的論證，損耗了太多法律從業者的心神，不停地輪轉，不停地回歸。如同美國語言大師迪拉德在其散文裏對沙子的一段描述：「一顆沙粒沿着河牀滾動 —— 先是奔跑，然後停下，再繼續奔跑，如此持續數百萬年 —— 它的棱角被逐漸磨平，然後在未來的某一天裏，會被吹到沙漠。不管掉在哪兒，最後沙子只會堆積在幾處特定的地方。而且，沙子會在世間循環，在熱量和重量的作用下，它們變成砂板巖，變成石英巖，形成了陸地的一部分；然後，這塊巖石又被海水拍碎，被溪流磨碎，重新變成沙粒。」

其實海南有段時間的訴訟猶如潮湧，集中在金融、信託和房產，然後迅速退卻，然後再有第二波的訴訟。北京阜成門的萬通大廈有馮侖的辦公室，我見馮總的時候，他正籌備風馬牛，他和潘石屹、王功權、王啟富、劉軍、易小迪六君子從南北各地奔赴海南，在海南攜手創辦了海南萬通，後來在全國各地都有不錯的業績，但海南的房地產鮮有成績。房地產政策、訴訟周期性規律，在不同地方潮漲潮落。我們都是看潮人。

在萬綠園的海邊，風吹皺海面，到處都是這樣的沙子，是固定的顆粒，也將是巖石。法律、法規、司法解釋、典型判例、案卷、當事人、大律關係也是在這樣的輪轉中前行，這是法律的另一內在規定性。《存在的藝術》說，「一個沒有被完全異化，仍保持敏感知覺，沒有失去尊嚴感，尚未被出售，對別人遭受的痛苦感同身受，還沒有完全按佔有物品的多少

來衡量生命價值的人 —— 簡言之，如果他仍是一個人，而非一件物品，這個人就會有孤獨感，無力感，與現今社會有隔離感。得神經症也不意外，因為這個健全的人生活在一個瘋狂的社會……」

我在初中物理課上，對水的表現形式進行過激烈的思考，水、冰、蒸汽都是水的表現形式，溫度是一種介質，傳輸着自己的能量。不同形態的輪轉，是宇宙存在的原因，也是結果。房子、金錢，在不同的主體之間流轉，從來沒有屬於任何人，但每個人都趨之若鶩。

也許，正如羅蘭在《寂寞的感覺》中的敍述：「有些事情是不能告訴別人的，有些事情是不必告訴別人的，有些事情是根本沒有辦法告訴別人的。所以，假使你夠聰明，最好的辦法就是靜下來，啃嚙自己的寂寞 —— 或者反過來說，讓寂寞來吞噬你。」

十八、哈爾濱

哈爾濱是一冷峻的城市，因為每年大段時間的冷，更因為有些時段冷到有壓迫感。

我嘗試過在零下 35℃ 的江邊跑步，這對生理、心理都有顛覆性的磨礪，於是，我尤其佩服那些在三九寒天仍然堅持冬泳的強者。

我在哈爾濱辦過不少案件，第一次是在 2004 年，受 DAC 的委託收購不良資產包，相關資產涉及黑龍江各地：哈爾濱、齊齊哈爾、佳木斯、牡丹江。團隊律師需要在限定時限內完成盡職調查報告，20 多位律師開始如抗聯隊員一般，化整為零，消失、奔波在黑土地的莊稼地、林海雪原、威虎山中。從牡丹江去鏡泊湖的半道上，有在清代被稱為「寧古塔」的地方，有那麼多的清廷大案以它作為執行地，但這樣的案件，不是團隊律師此行的目的。

彼時的盡調（DD）面臨眾多困難，相關走訪機構並無足夠的意識。這樣的盡調本身，考驗生理、心理、耐心、能力等綜合素質，於是我由衷

佩服智取威虎山的楊子榮，會鬍子話，還能熟悉地形，律師是不行的，面對着重重限制。記得有初級的律師助理哭過鼻子，因為經不起土官局的處處刁難。

撰寫盡調報告是我的強項，在一段時間的「流竄」後，委託人需要高水準的法律報告，這時候我在中糧律師事務所練就的本事有了全方位輸出的機會。幾百份報告幾乎全部由我在新加坡大酒店熬夜完成。完工的時候，恰逢四國女排比賽，我在外慶功的時候喝大了，把新加坡大酒店的電梯間吐了一地，據說女排隊員第二天比賽狀態受到嚴重影響，至今，我深深引以自責。

在哈爾濱的另一起案件是一宗重大的離婚析產，男女雙方均出身名門，男方在中央國家機關工作過。該次離婚並未進入訴訟程序，但涉及財產同樣是規模以上。共同財產涉及中國大陸及香港地區、馬來西亞、印尼，公司股權包括吉林某能源開發有限公司、北京中某盛證券報業發展有限公司、北京某信大教育發展有限公司、長春某時代廣場、瀋陽某時代廣場、哈爾濱某時代廣場、北京某樂茂購物中心等，以及能源公司下屬八家全資或控股企業，包括石油天然氣開發有限責任公司、某石油有限公司、吉林省某石油化工技術有限公司、吉林某石油開發有限責任公司，此外還有陝西和海外能源項目。

離婚協議的擬定涉及香港地區等不同法域法律的使用，需充分考察資產狀況、婚姻關係存續、婚姻感情。雙方協議離婚，離婚當日，委託人嚎啕痛哭，表明一個時代結束，一個時代重新開始，哈爾濱的幾家大型物業此後由委託人獨自管理。處理這個案例後，我總想起賈平凹在《願人生從容》的話：「作為一個人，不論從事什麼工作，盡心盡力，需要的就是一種成就感，但各有各的煩惱。人生就是享受這種歡樂與煩惱的。」

哈爾濱的紅腸非常出名，但我對肉食並不十分偏愛，北京有朋友愛吃，我樂於充當搬運工。哈爾濱的中央大街是一個特殊的地方，蘊藏了很多歷史的片段。中央大街始建於 1898 年，歐式及仿歐式建築居多，並匯集文藝復興、巴洛克、折衷主義及現代多種風格建築，據說是國內罕見的

一條建築藝術長廊。大街上的方石光可鑒人，那是歲月的功夫。

聖索菲亞大教堂是哈爾濱的地標性建築，坐落於哈爾濱道里區，是始建於 1907 年的拜占庭風格的東正教教堂。資料顯示，教堂名字取自一位名叫索菲亞的聖人，因此稱為「聖索菲亞」（Ἁγία Σοφία），這個詞在希臘語裏的意思是上帝智慧。其拉丁語名稱則為 Sancta Sophia，希臘語全名是「Ναός τῆς Ἁγίας τοῦ Θεοῦ Σοφίας」，解作「上帝聖智教堂」。[1]

我在哈爾濱經常駐足在教堂門前，觀想時間的流逝與故事的重疊。教堂牆體全部採用清水紅磚，最頂端是巨大飽滿的洋葱頭穹頂，統率着四翼大小不同的帳篷頂，形成主從式的佈局，錯落有致。正門頂部有一座鐘樓，七座響銅鑄製的樂鐘恰好代表七個音符，經常能播撒出抑揚頓挫的鐘聲，那是哈爾濱特有的城市之音。

我在土耳其也駐足於另一個世界著名的索菲亞大教堂，教堂附近的街道會有不少流浪、安閑的狗。土耳其的教堂規模要大很多，歷史也更為久遠。但在性質上並非純粹，360 年到 1453 年為東羅馬帝國君士坦丁堡的大教堂，1204 — 1261 年成為拉丁帝國的大教堂。1453 年 5 月 29 日，奧斯曼土耳其人征服君士坦丁堡，蘇丹穆罕默德二世下令將大教堂轉變為清真寺，鐘鈴、祭壇、聖幛、祭典用的器皿都被移去，許多馬賽克被灰泥覆蓋。在奧斯曼的統治下，一些伊斯蘭建築的特色和元素，諸如米哈拉布、敏拜爾及外面的四座拜樓都被先後加上。1935 年，清真寺被改成博物館。

蕭紅在《呼蘭河傳》中說：「但凡跟着太陽一起來的，現在都回去了。人睡了，豬、馬、牛、羊也都睡了，燕子和蝴蝶也都不飛了。就連房根底下的牽牛花，也一朵沒有開的。含苞的含苞，捲縮的捲縮。含苞的準備着歡迎那早晨又要來的太陽，那捲縮的，因為它昨天歡迎過了，它要落去了。」

1　參考 https://mp.weixin.qq.com/s?__biz=MzI3NTIxMzEwNQ==&mid=2652365129&idx=5&sn=3b372a73
4f0514e33a9eda3c56121cf8&chksm=f0eb7f17c79cf6010d8975c265f752e84fed8590a454c1bd7eb4ed3097
8a200862812dc7450f&scene=27.

世事無常，如露如電，如夢幻泡影。海明威說：「一個人必須是這個世界上最堅固的島嶼，然後才能成為大陸的一部分。」在恍惚間，我亦覺得索菲亞大教堂、中央大街都是堅固的個人，經歷太多的風雨，他們也有不安和悲涼，它們亦曾風光無限，但也曾破敗不堪，屈辱無言。時間是公正的法律工作者，將一切化為塵埃。

十九、名譽

很喜歡莫言的一段話：「當你的才華還撐不起你的野心的時候，你就應該靜下心來學習；當你的能力還駕馭不了你的目標時，就應該沉下心來歷練；夢想，不是浮躁，而是沉澱和積累，只有拼出來的美麗，沒有等出來的輝煌，機會永遠是留給最渴望的那個人，學會與內心深處的你對話，問問自己，想要怎樣的人生，靜心學習，耐心沉澱，送給自己，共勉。」在 2000 — 2001 年，我知道有太多的東西需要學習，有太多的挑戰需要面對，我必須拼出美麗。

名譽是一種社會評價，不特定人對個體社會評價降低，即可能構成名譽侵權。

2000 — 2001 年，我在名譽權侵權訴訟方面得到了磨礪和鍛煉，這要感謝當時的委託人，他們不因我初出茅廬而有所歧視，反而有更多支持和包容，他們有現在的著名作家、編劇、影視製作人石鍾山，他的代表作有《激情燃燒的歲月》《幸福像花兒一樣》《軍歌嘹亮》等；還有享譽世界文壇的著名英籍華人女作家、詩人虹影，[1] 代表作有《孔雀的叫喊》《阿難》《飢餓的女兒》《K》《女子有行》，詩集《魚教會魚歌唱》等；十集電視紀錄片《我們的留學生活 —— 在日本的日子》中《角落裏的人》一集的「生

---

1 虹影，1962 年生於重慶，被稱為中國新女性文學的代表之一。曾在北京師範大學魯迅文學院、上海復旦大學讀書。1981 年開始寫詩，1988 年開始發表小說。1991 年移居英國。

活原型」史國強。

　　作家石鍾山被訴侵權，源於其創作的小說《機關辦公室的故事》對一些人物的刻畫與細節敍述。作家對生活細節的刻畫入木三分、深刻透徹，難免令人「對號入座」，在朝陽區法院一審、二中院二審中，我們製作了細緻的比對表格，並對現實人物與小說人物的差異性、異化效果進行了系統闡述。小說來源於生活，但高於生活，小說人物是現實人物的高度總結，是千萬機關辦公室細節的高度凝縮，被控名譽侵權，不符合民事法律規定的侵權要件，在社會評價降低的關鍵要件上，亦存在缺乏。兩級法院均採納了我們的代理意見，駁回了原告的訴訟請求。石鍾山當時非常低調，也處於創作的間歇期，每次開庭都會參加，相信我們的一些開庭細節也會昇華在他的小說中。

　　這起糾紛還有一個很有意思的結果在於，大概三五年後，我坐在環線地鐵喧囂的車廂中，突然聽到有人喊我的名字，我驚詫地看着眼前的一個姑娘，怎麼也認不出是誰。她熱情地說：「你忘了，我是石鍾山案子的原告，謝謝您。」在不同的場景，相視一笑，恩仇冰消，我們還有火熱的生活、忙碌的工作。

　　作家虹影被訴名譽權侵權是在海淀法院受理，源於她的作品《K》書中的人物形象陳西瀅、凌叔華過於負面，陳、凌後人提出訴訟。我們負責了相關管轄異議的工作，並獲得了成功。後續工作在地方展開，後來消息說，長篇小說《K》引發的「侵犯名譽」案在長春中級人民法院一審判決，法院裁定虹影的小說《K》永久禁止以任何形式複製、出版、發行，並賠償原告陳小瀅精神損失等費用近 20 萬元，在全國報紙上向原告道歉等。由此，《K》成了我國由法院判決禁售的第一部小說。[1]2003 年 7 月，吉林省高院最終裁決，容許《K》一書改名《英國情人》，並將「無意巧合原告先人的名字身份」等改過後，還可出版。由於雙方達成和解，法院

1　張潣：《虹影小說 K 成「禁書」》，載《揚子晚報》，2002 年 12 月 10 日，http://www.chinawriter.com.cn/2002/2002-12-10/10518.html.

也未對侵犯名譽或書中內容是否淫穢進行進一步確認。作為作者的虹影，則「由於無心不慎造成誤會，給原告造成了主觀感情傷害」，願意公開在《作家》雜誌上致歉；對於原告這幾年花在官司上的高額訴訟費和律師費，亦願意給出補償費八萬元。就此，《K》一書似乎有了合理合法的出版權力了。[1] 2013 年，江蘇文藝出版社出版了一本書《K- 英國情人》，已經是很久以後的事情。

2000 年 8 月，北京市朝陽區人民法院受理了十集電視紀錄片《我們的留學生活 —— 在日本的日子》中《角落裏的人》一集的「生活原型」史國強起訴策劃、製片、導演張麗玲侵犯其姓名權、肖像權、名譽權，並訴求賠償精神損失 20 萬元。事實與理由是，由張麗玲擔任總策劃、製片、導演的十集電視紀錄片《我們的留學生活 —— 在日本的日子》中《角落裏的人》一集，未經出演者即原告允許擅自在中國各地公開播映，並製作成 VCD 發行，使用了原告的真實肖像、姓名和出生地等個人信息，片中基本情節均為虛構並含有大量誹謗內容，直接影響了原告國內、國外的社會生活。同時由被告張麗玲提供素材的《追夢女人》一書除未經允許使用原告大量的個人信息外，書中還將「打假卡」等人渣行為均安排於原告的日常行為之中，嚴重侵犯了原告的合法權益，給原告造成了無法彌補的損失。故要求侵權人張麗玲在全國性報刊上登致歉聲明、消除影響、賠償其精神損失費 20 萬元並承擔全部訴訟費用。[2] 該起案件一波三折，其中波瀾和真實也許只能淹沒在時間的縫隙中。這一起名譽侵權案件的關聯案件有，張麗燁訴史國強、蔣豐[3]、羅怡文名譽侵權案，在東城區法院受理。

---

1 孫紅：《虹影 K 書要改名》，載《北京晨報》，2003 年 7 月 21 日，http://www.chinawriter.com.cn/2003/2003-07-21/11568.html.

2 《「角落裏的人」史國強狀告張麗玲侵權》，2000 年 8 月 7 日，http://www.chinanews.com.cn/2000-08-07/26/40630.html.《我們的留學生活》這部紀錄片的其中三集由日本最有影響的民放電視台富士電視台播出後，在日本社會的不同階層也引起了廣泛而強烈的反響。

3 蔣豐，1959 年出生於北京，1983 年於北京師範大學歷史系畢業，1988 年赴日本留學，1994 年獲得九州大學碩士學位。著名旅日社評作家。北京大學歷史系客座研究員。在日生活 26 年，採訪過五名前日本首相，60 多名日本國會議員，被稱為「評介日本第一人」，七大電視台嘉賓。現任中文版《日本新華僑報》總編輯，日文版《人民日報（海外版）》日刊總編輯。

2000 年 6 月 27 日下午 2 點 23 分，史國強、蔣豐在北京湖廣會館舉行一小型新聞發佈會，當時有《北京晨報》《北京日報》《南方周末》等近十家媒體參加，還有我們六名代理律師。蔣豐開始向記者介紹情況，剛說三四句話，一夥男子進入會場。幾名男子不由分說地抓住蔣的手開始把他往外拉。此時，身材瘦小的史國強已被強行拖出會議室。蔣豐死活不肯跟他們走，在被拖至會議室門口後，遭到這些男子腳踢、扯頭髮。蔣被打得手臂淤血、臉部青紫，襯衣被撕爛。這夥人挾持史國強乘白色、銀灰色兩輛捷達車迅速逃跑。23 點 55 分，史國強被通知在朝陽區香河園派出所。[1]2000年 7 月 17 日，東城法院受理張麗玲訴史國強、蔣豐、羅怡文、上海《新民周刊》等名譽侵權糾紛案。[2] 2002 年 10 月，東京地方裁判所傳出消息：歷時近兩年，史國強訴張麗玲（紀錄片《我們的留學生活》總製片人、株式會社大富社長）及富士電視台「損害名譽」案最終判決，張麗玲等全面勝訴。史國強提出的所有訴訟理由全部被法庭駁回。[3]

　　許多年後，這起案件的複雜性、影響性、跨境性仍屬於頂級，其對我在日後建立律師思維架構提供了直接、真實、頗具衝擊力的素材和體驗。這起案件後，我在過山車以及美國「鬼屋」驚悚場景下，都已經具備足夠的耐受力。

　　唐・赫羅爾德在《我會採更多的雛菊》一書中說：「如果我能夠從頭活過，我會試着犯更多的錯。我會放鬆一點。我會靈活一點。我會比這一趟過得傻。很少有什麼事能讓我當真。」回首那些年的崢嶸歲月，我想起《馬丁・路德・金自傳》中的話：「人生最痛苦的事，莫過於不斷努力而夢想永遠無法實現，而我們的人生正是如此。令人欣慰的是，我聽見時間長廊另一端有個聲音說，『也許今天無法實現，明天也不能。重要的是，它

1　《〈我們的留學生活〉驚曝新聞張麗玲弟弟綁架史國強》，2000 年 6 月 29 日，https://m.zol.com.cn/article/5950.html.
2　《「張麗玲事件」又有新消息了》，2000 年 8 月 10 日，https://m.zol.com.cn/article/7350.html.
3　《〈我們的留學生活〉損害名譽案張麗玲獲勝訴》，中國新聞網，2002 年 10 月 8 日，https://www.chinanews.com.cn/2002-10-08/26/229659.html.

在你心裏。重要的是，你一直在努力。』」

在人間，愛草木，愛蟲魚，愛天空大地，我一直在努力。

二十、復活節

西麗湖位於深圳南山區麒麟山下，佔地面積 0.58 平方公里，毗鄰野生動物園、深圳大學城。西麗湖度假村以麒麟山為屏，西麗湖為鏡，青山綠水，清風流泉，是大自然恩賜的「天然氧吧」，也是 2003 年廣東首次評選出的「生態保健旅遊百家旅遊景點」之一。[1]

西麗湖度假村創建於 1979 年秋，原名「西瀝水庫度假村」，由廖承志題詞「西麗湖」而易名。我在 2007 年的感恩節前後，在西麗湖度假村連續住了兩個多星期，期間平生第一次吃到火雞肉，平心而論，確實不好吃，但我還是吃了不少，因為其他食物不多，也為了討節日的巧：「復活」——準確而言，是為一陷入絕境的案件復活。

委託人深圳市林江房地產有限公司成立於 1998 年 5 月 29 日，註冊地位於深圳市南山區馬家龍工業區金龍工業城 1A 七層西側，這是一宗合作建房合同糾紛，一審在深圳中級人民法院，二審在廣東省高級法院，案件標的三億餘元。在深圳中院屬重大案件，一審案件超過審限很多，久久不能判決。原來參加庭審的律師，深感筋疲力盡，雖殫精竭慮，但對合議庭提出的問題不能作出有力、有利的解釋。一審的敗訴，已是明確具體的事情了。

師父和我乘坐晚班飛機到達深圳後，便直接與當時的法定代表人焦總討論案件。焦總博聞強記，對案件事實清晰明了，對法律也是頗有理解。他與我們的討論重點其實是二審如何解決的問題，很顯然，他放棄了一審程序。

1　參考 http://www.oct-cts.com/Scenery/place-29094.html.

我們認真聽取了焦總的分析和意見，雖然疲憊，但是我能很快地進入狀態，對案件有自己系統的思維和邏輯判斷，並對案件一審關鍵細節進行了精準推演。我們的意見是，不能放棄一審，對於合議庭提出的問題，應該從另一角度和法律關係進行解釋，對於一審合議庭沒有關注的關鍵事實，應作出系統書面意見。放棄一審，將對二審造成重大障礙，一審對問題的把握，直接關聯二審法官的判斷。

師父對於我的一些現場反應給予了足夠的肯定，這是對案件蛛絲馬跡推敲的結果。當然，我知道，如果沒有師父的背書，我根本沒有表達和分析案件的機會。

在接受委託後，我們詳細審閱了一審案卷和庭審筆錄，找出了新的邏輯和法律關係，向法院申請了第二次開庭，這是當事人此前不敢想像的事情。再次開庭申請獲得合議庭批准，後期一審判決支持了委託人訴求。焦總眼含淚水，有些激動。尤記得二審是在一個中秋節的下午開庭，我們穩紮穩打，辯論激烈；二審充分聽取各方意見，最後審判長說，這麼激烈的庭審，讓「中秋節有些味道」。二審最後是維持一審判決，委託人訴求實現，權益獲得保障，實屬來之不易。不輕易放棄任何戰場和機會，應該是這起訴訟留給我的最大啟示。

這起案件的「復活」，是對律師工作有力的肯定和註解。我在這個案件結束後，躺在游泳池的水面上，已經毫無力氣，在無言中和星空相互審視。

我知道，能夠放鬆的時間不多，第二天還要開闢新的戰場。

深圳蓮花山主峰建有 4000 平方米的山頂廣場，是深圳市內最高的室外廣場。山頂廣場中央矗立着改革開放總設計師鄧小平的塑像。在一個漁村畫上一個圈的偉人需要多大的魄力、視野和格局才能作出如此恢弘的畫卷。而律師何嘗不是需要特別的魄力、視野和格局？

我們即將直面的另一場挑戰，將會在歷史的卷軸中留痕，因為它涉及深圳航空公司的股權。時年，深航位列三大航空公司及海航之後，躋身全國第五大航空公司，擁有 134 架飛機，總資產超過 240 億元。

　　2005 年 11 月 16 日，第一財經日報報道一則消息：「在激烈的深航股權爭奪戰中，面對深圳匯潤投資有限公司等公司明顯的違規事實，國航卻表示『不起訴』，這是法律的悲哀。當日上午，深圳航空公司召開了臨時股東會和董事會，儘管國航投票反對且離場抗議，會議四項議題仍舊全部通過。匯潤和億陽推薦的董事順利進入了深航董事會，此前國航的努力可能付諸東流。但事情一開始就不是這麼簡單，神祕的億陽和匯潤以遠高於競拍價的 27.2 億元拿到深航股權，但匯潤註冊資本 1000 萬元，億陽總資產 19.84 億元 , 以其自身能力無法完成此次收購，因此，一開始就有媒體質疑背後有數家企業組成的「財團」支持，匯潤和億陽只是台前的傀儡。更有懷疑指稱，某保險公司有違規注資之嫌，這是一次有預謀的行動。儘管錢沒交齊，但股權出讓方廣東廣控（集團）公司仍舊放其過關，有消息稱，此事也得到廣東省方面的默許，這顯示了廣東地方對匯潤的堅定支持，國航一方面有重奪控股權之心，另外一方面又不敢得罪廣東方面，畢竟國航的廣州基地獲批不久，要在南方市場大展宏圖，起訴不是最佳解決之道，但複雜激烈的深航爭奪戰料將不會就此結束。」[1] 這裏的保險公司就是新華人壽保險，此後的媒體有明確的報道，2006 年 11 月 16 日，新華人壽董事長關國亮被司法機關「採取強制措施」，而在 2007 年 1 月 20 日召開的全國金融工作會議上，溫家寶總理直接點名新華人壽。這似乎是多年來第一次在全國金融會議上點名批評保險公司。後續還牽連出「中國保險第一大案」：2012 年，北京市第二中級法院最終認定關國亮挪用資金額兩億元，判處其有期徒刑六年，被控與關國亮共謀侵佔新華人壽 300 萬資金的另一名被告人馬躍被法院宣告無罪。[2]2009 年 11 月 30 日，深圳航空實際控制人、深航高級顧問李澤源因涉嫌經濟犯罪問題被羈押後，李昆成為

1　《深航爭奪戰　國航無作為應對表示不會起訴》，載《第一財經日報》，2005 年 11 月 18 日，http://finance.sina.com.cn/review/observe/20051118/04012128625.shtml.
2　《中國保險第一大案：新華人壽董事長關國亮侵佔、挪用巨資案》，2012 年 3 月 4 日，https://www.scxsls.com/knowledge/detail?id=65101.

深航一把手，並隨即恢復中斷了一年的總裁辦公會。[1] 隨着匯潤實際控制人李澤源因涉嫌經濟犯罪被公安機關帶走接受調查，關於匯潤當年收購深航「蛇吞象」行為的資本操作路徑開始浮出水面。深圳航空原第一大股東、現仍持股深航 24% 的深圳市匯潤投資有限公司的第一次破產清算債權人會議，在深圳市中級人民法院召開，初步審定匯潤欠 12 家債權人共計超過 49 億元，其中深航以 20 多億元名列第一，其他債權人還有廣東粵財投資控股有限公司、新華人壽、西部信用擔保有限公司等。[2]

在深圳一間以紅木傢具為底色的辦公室，團隊加班加點，面對堆積如山的案卷，我們需要盡快梳理出系統解決方案，去繁就簡，去粗就精，為深航股權最終處理規劃出最佳解決方案，也就是畫出一個真正符合深航、深航股東、匯潤公司及其債權人的最佳圈。

2010 年 3 月 21 日，中國國航官方發佈公告，將向深航增資 6.8 億，持有深航股權增至 51%，意味着國航奪得了深航絕對控制權，其在深圳的市場份額也因此增至 43%，位居第一。而之前表示「密切關注」的南航則基本出局。而數據顯示，深航佔國內民航 6% 的市場份額，而國航、新東航、南航旅客周轉量目前分別佔全民航 23%、24% 和 29% 的市場份額，這意味着入主深航後，國航在國內市場將擁有至少與南航平起平坐的話語權。

案件結束後，我又爬了一次蓮花山，不斷重溫尼古拉斯・斯帕克思在《最後的歌》中的話：「真愛，是勇於承擔，是一份堅定的責任。誰都會有成長的煩惱、理想的取捨、愛情的抉擇。唯有真愛能化解一切，點燃希望之歌。」

---

1 《總裁李昆落馬　深航控股權爭奪戰引發關注》，2010 年 3 月 7 日，http://finance.sina.com.cn/chanjing/gsnews/20100307/07397514746.shtml?from=wap.

2 《匯潤債權初定 49 億　深航為最大債權人》，載《第一財經日報》，2010 年 6 月 30 日，https://www.yicai.com/news/368628.html.

二十一、杭州西湖國貿大廈

杭州西湖湖岸周長 15 公里，我跑過幾次。在奔跑中感受蘇堤、白堤，這是一種難得的體驗。

離杭州火車站不遠，有西湖國貿大廈，具體位置是杭州西湖大道 1號，大廈總建築面積有近十萬平方米，寫字樓地上主樓共 28 層，地下三層，裙樓共八層，一到四層為商業用房，五到八層為設有超大陽光中庭的生態寫字樓。[1] 這棟大廈是我們一宗案件的主角，配角是我們的委託人、大廈的第三任主任吳毓秋先生。我們接受委託關涉兩個程序，一是刑事再審，二是杭州西湖國貿大廈民事權益有關確權法律事宜，即杭州九盛投資有限公司和連城（香港）發展有限公司對杭州長寶置業建設有限公司及其開發的西湖國貿大廈擁有合法、完整的股權。

彼時的西湖國貿大廈，市值一度升至近人民幣 20 億元，但在 2009年 9 月 27 日的一場拍賣會上，西湖國貿大廈被一不願透露身份的買家以4.91 億的價格奪走。這是國貿大廈 1999 — 2009 年間第三次拍賣。該爛尾樓幾經拍賣，但是購買方均未能盤活。最近的一次拍賣由浙江中利置業有限公司以 4.95 億的價格拍得，但到付款之日，該買家卻未能如約付款。此前，浙江新凌能源投資有限公司也欲將該爛尾樓買下，還維持繳納了4000 萬元的保證金，但最終該企業還是未能付清 3.86 億的拍賣款，4000萬元的保證金也被扣。分析人士稱，該爛尾樓多次拍賣未能成功的原因可能與該項目背後複雜的產權關係有關。[2]

三次拍賣具體情況是，第一次：3.86 億，浙江新凌能源投資有限公司，4000 萬元保證金被扣。第二次：4.95 億，浙江中利置業有限公司拍得，最後還款日買家又沒來付款。第三次：4.91 億，288 號神祕競買人，

---

1 《杭州「西湖國貿案」引發內地香港法系之爭》，2011 年 4 月 26 日，http://www.jylawyer.com/jinyatt/xinwenzhz/20110426/1729.html.

2 《神祕買家 4.91 億拍下杭州西湖爛尾樓》，2009 年 9 月 29 日，觀點地產網，https://www.163.com/money/article/5KCBNK5B002534NU.html.

參拍保證金升至一億。[1]

　　關於西湖國貿大廈，一篇報道足以看出其中端倪：「這幢 28 層的爛尾樓的投資方，從股份最初的受讓方，到後來的轉讓方，再到最終的受讓方，卻先後鋃鐺入獄。第一個投資者是杭州商人陳華陽。1999 年，陳華陽在杭州火車站旁買了一塊地，準備建設物業。開工不久，陳華陽就欠下銀行約 1.3 億元的貸款。不得已，經朋友介紹，陳華陽力邀香港人周榮琪聯建。周隨後和杭州一個當地公司註冊杭州長寶公司專門籌建該項目，其中周代表的香港長寶公司佔股 90％。周榮琪依然財力不濟。2000 年，周又聯手杭州絲綢外貿商吳毓秋，通過吳邀請杭州整流管廠籌資建設，該廠出面擔保貸款 1.6 億元，而周也因此承諾給予其杭州長寶公司 45％的股份。……2003 年 9 月 15 日，鄭（雄智）、謝（子軍）找到了杭州西湖國貿大廈項目的實際負責人吳毓秋。吳對大廈項目仍有興趣，而杭州整流管廠則因為與香港長寶公司的經濟糾紛，急於確認自己原先本該獲得的 45％大廈股權。經談判，兩人與吳毓秋達成了協議：香港長寶將西湖國貿大廈 45％股份轉讓給杭州整流管廠，另 45％股份轉讓給吳毓秋名下的香港連城公司。此前本已取得公司 10％股份的吳毓秋，不久又獲得了杭州市整流管廠的所得股權。2003 年 9 月 18 日，吳得到大廈全部股份，成了新的掌舵者。……與鄭、謝兩人相似，西湖國貿大廈的實際運作者吳毓秋，以及杭州整流管廠原負責人孫曉初，也因在西湖國貿項目中的股權流轉，被指涉嫌詐騙罪，另案受審。吳、孫兩人被指控將周榮琪一份同意轉讓 45％股權給整流管廠的協議，經私自填空、倒簽時間，再以此為關鍵證據通過浙江省高級法院訴訟調解，最終獲得了西湖國貿大廈的股份，其行為構成詐騙犯罪。但記者獲得的材料證實，追溯鄭、謝及吳、孫「詐騙案」的源頭，均未發現明確的控告人。案卷中能夠表明起因的是一份公安部於 2004 年 12 月 23 日作出的案件交辦通知，稱一名叫蔣美珍的奧地利

---

1 《關注：杭州「最老爛尾樓」西湖國貿大廈拍出 4.91 億元》，2009 年 9 月 28 日，浙江在線 —— 浙江新聞網 ,https://zjnews.zjol.com.cn/system/2009/09/28/015869607.shtml.

女華僑控告吳毓秋侵吞了其在杭州的投資權益。最初參與西湖國貿大廈項目的陳華陽，和蔣美珍的胞兄蔣家根正是杭州商界皆知的親密拍檔。而如果一旦認定鄭雄智等人詐騙罪成立，西湖國貿大廈的歸屬將回到 1999 年陳華陽和周榮琪合作開發時的狀態。10 月初，香港長寶公司向香港特首曾蔭權發函求援，懇求特首促請內地司法機關不要干涉公司內部事務，糾正錯案，釋放鄭、謝兩名股東。」[1]

我們在西湖大廈「三起三落」的緊急情況下，接受該案的委託，一系列背景材料也充分印證了本案訴訟目標的艱巨與挑戰。同時，本案還關涉在香港註冊的公司，內部股東的股權調整和流轉，在香港法域完全符合香港法律規定，內地司法機關則指控其涉嫌「詐騙罪」；是依據香港公司條例進行考量，抑或適用內地刑法進行量度？委託人身處危機，通過民事程序，吳總的資產在評估、拍賣中幾乎血本無歸，在刑事程序中再被判處刑罰。他原來身體狀況非常良好，但在服刑期間血壓嚴重失衡，狀況危機，被批准監外執行，但從此告別航班和火車，他從杭州到北京的千里路程都要開車前行，其狀淒慘。他在看守所的階段，同號太多人喊冤，但得知他的經歷後，紛紛不再喊冤 —— 吳總的經歷才是真正的冤情。

在和吳總於小紅樓的溝通中，我發現他很特別：聲音稍帶嘶啞，但並不暴戾，不怨天尤人，有非同一般的超脫和淡然，沒有慣常刑事當事人的極度焦慮和多疑。吳總這樣的心境，源於其特有的文化底蘊和對生命的理解。

吳總在重重打擊下能夠堅定地走下去，印證了余華在《活着》自序中深刻的總結：「人是為活着本身而活着的，而不是為活着之外的任何事物所活着。」一個人越成長越覺得很多東西不必看得太重，比如外界對你的期望，比如無關緊要的人對你喜歡與否。過分看重就會讓你迷失自我。為了討好別人，踮着腳尖改來改去，是被別人綁架了人生。一路走下來，才

1　呂明合：《杭州一幢爛尾樓引發連環「詐騙」案》，南方報業傳媒集團 — 南方周末，2006 年 11 月 10 日，http://news.sohu.com/20061110/n246305738.shtml.

明白真正的魅力不是你應該變成誰，而是你本身是誰。人的第一天職是什麼？答案很簡單：做自己。[1]

　　無慾者必達，無求者必信。吳總的努力，最後能夠水到渠成，並非偶然，而為必然。面對太過忙碌的現實，「太馳鶩於外界，而不遑回到內心」，[2] 是一種錯誤。也許，抽一個明媚的下午，在西子湖畔，我該和吳總再品一次綠茶，徜徉自怡於蕩漾的湖光，再共同探討一下黑格爾的《小邏輯》及其他。

二十二、荷斯坦奶牛

　　荷斯坦奶牛來自荷蘭、澳大利亞。由於荷斯坦奶牛，我第一次出差前往包頭。2006 年 8 月，北新建材（集團）有限公司收到一封知名律師機構發來的律師函件，主要內容有兩點：一、主張賠償經濟損失 5000 萬美金，相對方加拿大東方國際投資集團已開始啟動在香港地區的仲裁程序。二、主張巨額律師費用與仲裁費用。北新建材對此非常重視，開始大規模遴選律師，即具有跨境商事背景且能夠提出系統解決方案。

　　北新建材集團有限公司係國務院國資委直屬管理中央企業中國建材集團有限公司二級企業，於 1979 年在鄧小平同志直接批示下成立。1997 年，北新集團獨家發起的「北新集團建材股份有限公司」在深交所上市（股票代碼：000786.SZ）。2006 年，北新建材集團有限公司經資產重組成為「中國建材股份有限公司」最大股東（香港聯交所上市，股票代碼：HK03323）。截至 2020 年底，北新集團資產總額逾 200 億元。北新集團及所屬企業是首批「國家住宅產業化基地」「國家裝配式建築產業基地」，裝配式建築業務涵蓋低層、多層和高層建築體系，擁有技術研發、設計、

1　參考 https://weibo.com/1514551012/EfWp5Efkb.

2　https://baijiahao.baidu.com/s?id=1765911665162681922&wfr=spider&for=pc.

製造、物流和施工全產業鏈業態，同時是我國定向結構板（OSB）主要供
應商，產品應用於國內多項標誌性工程。[1]

　　在一個悶熱下雨的下午，于總，北新建材的項目經理、主要負責人，
帶着他的團隊來到小紅樓，心情沮喪、焦慮不安；但在其離開時，瓢潑大
雨已停，雲開日出，于總心情放鬆很多。委託人審慎比較和選擇，最後在
高手雲集的待聘律師隊伍中選擇了康達。我們開始進行細緻、精準的調查
取證，第一站就是包頭。

　　對涉及的幾個旗縣的走訪，形成了大量的詢問筆錄和證人證言，而這
些證據的指向，就是相對人存在嚴重違約的行為。結合合同的約定可以初
步印證，委託人只是對國際進出口合同規則缺乏足夠的認識，缺乏國際法
律邏輯，針對此，儘管爭議解決機構約定由香港仲裁委員會進行仲裁，但
相對方訴求獲得支持的可能性低，我們為此可以建立系統的防禦體系，並
可根據需要提出反仲裁。

　　事件的發展按照預期方案進行，我們與相關律師機構進行了細緻有效
的溝通，幫助其認真核對本案合同履行基本事實，對委託人違約行為進行
充分判斷和溝通，避免訴累和相關損失的不斷擴大。最後該案相對人主動
放棄追索訴求，律師函撤銷，案結事了。港仲的案件最後未能進入程序，
委託人相當滿意。于總連說「不可思議，不可思議⋯⋯」于總的名字是
于險峰，來自毛主席的一首詞：無限風光在險峰。我們都深以為是。

　　唐諾在《世間的名字》中說：「科學有一種精確的、安定的秩序之美，
這本來就是神奇的，讓我們得以沉靜無懼地面對紊亂不堪的世界。」這
對於訴訟和非訴訟，同樣成立。緊跟着的一場訴訟就是 2007 年 1 月開始
的，委託人與上海恆益木業有限公司買賣合同糾紛，從海淀法院開始，到
北京第一中級人民法院，再到北京高院，我們進行了相關訴訟保全，包括
對商標的查封，最後進行了相關評估、拍賣程序，使委託人利益獲得充分
保障。再之後的訴訟就是 2009 年開始的，委託人與三九投資有限公司、

---

1 《北新集團簡介》，北新集團官網，2022 年 8 月 19 日，http://www.bnbmg.com.cn/cn/about.html#.

上海皓迅通信設備有限公司進出口代理合同糾紛，這是一起刑民交叉案件，被告並無相關財產執行，相關財產存在明顯隱匿、轉移等行為，期間的調查工作超出了想像。我也看到一些關聯當事人，為了所謂的物質、財富不擇手段，無所不用其極。沈復說：「世事茫茫，光陰有限，算來何必奔忙！人生碌碌，競短論長。卻不道榮枯有數，得失難量。」世界如此浮躁，但我們的原則必須是乾淨、堅定，能找到熱愛的一件事，並用一生去信守。

案件中，相對方三九投資有限公司是註冊在釣魚台國賓館的一個公司，對我們年輕律師的調查工作產生了很大挑戰，同時對法院送達文書亦是無窮阻礙。但我們從不抱怨，一一克服。對於錯綜複雜的案件而言，期間投入的時間、精力，必須以對職業真正建立了正信和大願為基礎，然後把日常的行住坐臥、思考、耐受等一一轉化成提升生命的功課。從高維視角往下看，所有案件和疑難複雜問題都是功課，我們就會主動選擇功課，並會以最佳的狀態完成那樣的功課。而相反，如果從下往上看，遇到的案件將全是難題和障礙，我們被動地去接受難題和挑戰，在「不得不」的心態下，很難有突破，通常逃避、抱怨和甩鍋才是常態。

「勇敢是，當你還未開始做就已知道自己會輸，可你依然要去做，而且無論如何都要把它堅持到底。」[1] 錢穆在《湖上閑思錄》中說：「如你能把自己的心，層層洗剝，節節切斷，到得一個空無所有，決然獨立的階段，便是你對人生科學化已做了一個最費工夫而又最基本的實驗。科學人生與藝術人生，在此會通，在此縮合了。」這段話，也深刻敍述了律師工作真正的價值觀和方法論。律師工作，如只為以律師費餬口，則是低端和無趣；法律工作者，應該踐行黑格爾的著名箴言：「人應尊敬他自己，並應自視能配得上最高尚的東西。」

1　［美］哈珀·李：《殺死一隻知更鳥》，上海文藝出版社 2020 年版，第 109 頁。

第四章
以我觀物

　　年輕時頹廢流於形式，浮淺而無由，實質不過是一種妄想。妄想會被時間解決。成年後它是有過經驗和實踐的疑問，深陷冰冷的泥漿。除了用力尋求掙脫沒有回轉餘地。

—— 安妮寶貝《眠空》

一、樂山沙灣

《烏合之眾》中有一句話：「事實是什麼不重要，人們永遠只看到他們認為應該看到或者希望看到的東西。」這一句，對於同一案件的不同參與人而言，可能存在不同的觀念與立場。但對於不同時期不同觀念的平復與挑戰，我更喜歡泰戈爾《生如夏花》的表述：「時間用它獨有的刻薄方式令我們漸漸寬宏，明白不管怎樣被生活對待，依然要許諾自己明日必有太陽。」我想，堅韌和擔當才是成長的標誌。

四川樂山大佛，又名凌雲大佛，全稱應為「嘉州凌雲寺大彌勒石像」，位於四川省樂山市南岷江東岸凌雲寺側，瀕大渡河、青衣江和岷江三江匯流處。大佛為彌勒佛坐像，通高 71 米，是中國最大的一尊摩崖石刻造像。[1] 大佛開鑿於唐代開元元年（713 年），完成於貞元十九年（803年），歷時約九十年。漢傳佛教中，彌勒佛造像存在三個階段：交腳彌勒、古佛彌勒、布袋彌勒，樂山大佛具有典型的「古佛彌勒」造像藝術特徵。

記得小時候，看過一部電影《神祕的大佛》，是北京電影製片廠製作的懸疑片，由張華勛執導，劉曉慶、張順勝、葛存壯等出演，於 1981年上映。講述了解放前夕，在四川樂山，以海能法師、夢婕和歸國華僑司徒俊為代表的一批愛國志士保護佛財的故事。並深刻理解了歐文·斯通在《渴望生活·梵高傳》中的話：「生活對於我來說是一次艱難的旅行，我不知道潮水會不會上漲，及至沒過嘴唇，甚至漲得更高，但是我要

1　https://baike.baidu.com/item/%E4%B9%90%E5%B1%B1%E5%A4%A7%E4%BD%9B/142192?fr=aladdin.

前行。」

　　團隊在 2017 年開始接受委託的一宗案件，涉及當事人財產賠償問題。基本過程是，2012 年 6 月 5 日，委託人成都億嘉利公司向沙灣區政府發出《成都億嘉利科技有限公司關於樂山沙灣鰻魚養殖基地因故停建的報告》，請求沙灣區政府補償其經濟損失和確保 800 畝項目用地。2012 年 6 月 12 日，沙灣區政府作出《樂山市沙灣區人民政府關於成都億嘉利科技有限公司〈關於樂山沙灣鰻魚養殖基地因故停建的報告〉的答覆》，告知成都億嘉利公司如有損失，沙灣區政府願意積極協調服務，努力幫助挽回或減輕；有關具體事宜，請適時安排人員到沙灣協商解決。2013 年 1 月 4 日，成都億嘉利公司向沙灣區政府發出《成都億嘉利科技有限公司請求樂山市沙灣區政府明確告知沙灣鰻魚養殖基地不能履行與政府簽訂的投資合同原因的報告》，表示對至今未能履行 2011 年 8 月 29 日簽訂的投資內容，成都億嘉利公司多次以函電方式討問，未得到正面答覆，對此保留相對法律權益。2013 年 1 月 9 日，沙灣區政府作出《樂山市沙灣區人民政府關於答覆成都億嘉利科技有限公司〈請求樂山市沙灣區政府明確告知沙灣鰻魚養殖基地不能履行與政府簽訂的投資合同原因的報告〉的函》，告知有關具體事宜，請貴公司適時安排人員到沙灣協商解決。2015 年 11 月 7 日，成都億嘉利公司向沙灣區政府發出《關於樂山沙灣鰻魚養殖基地（鰻鱺健康養殖示範推廣項目）建設未能實施及要求政府索賠的說明》，請求沙灣區政府補償成都億嘉利公司損失 300 萬元人民幣。2015 年 11 月 24 日，沙灣區政府作出《樂山市沙灣區人民政府關於成都億嘉利科技有限公司〈關於樂山沙灣鰻魚養殖基地（鰻鱺健康養殖示範推廣項目）建設未能實施及要求政府索賠的說明〉的答覆》，表示按照《投資協議》的約定沙灣區政府並無違約行為，成都億嘉利公司要求補償損失 300 萬元既不符合法律規定，又不符合《投資協議》的約定。成都億嘉利公司、樂山億嘉利公司被迫於 2013 年 11 月自行撤離辦公場地，樂山億嘉利公司營業執照也於 2015 年 11 月 2 日被工商管理部門吊銷。本案經四川省樂山市中級人民法院一審，四川省高級人民法院二審出於行政思維，均不予立案。律

師工作組依法向最高人民法院提起再審申請，並在聽證程序中，充分表達了相關意見，最終為最高法院充分採納，認定一、二審法院以本案《投資協議》屬於行政協議但不屬於行政訴訟受案範圍為由，裁定對成都億嘉利公司、樂山億嘉利公司的起訴不予立案不當，依法應予撤銷。依照《中華人民共和國行政訴訟法》第 92 條第二款、《最高人民法院關於適用行政訴訟法的解釋》第 123 條第（二）項之規定，裁定如下：一、撤銷四川省高級人民法院（2016）川行終 748 號行政裁定和四川省樂山市中級人民法院（2016）川 11 行初 267 號行政裁定；指令四川省樂山市中級人民法院受理本案。為委託人開闢了有效的救濟路徑。

　　該宗「億嘉利商事行政交叉爭議案」為最高院 2019《關於審理行政協議案件若干問題的規定》十大參考案例之一，排名第三。該案為行政商事性協議的識別、起訴期限及訴訟時效建立了統一認定標準，具有重大典型意義，為團隊年輕人開始茁壯成長的重要標誌。

　　「謹融律法，厚澤萬家」，本案代理中所獲得的打磨性經驗具有相當的開創性，受到委託人的特別肯定。「玉必有工；工必有意，技藝的表達是一方面，更重要的還是背後的情感，它不張揚、重內涵，以另一方式表達着中國傳統中匠人內涵。」[1] 其實，律師的另一別稱應為「法律匠人」。

二、南京的故宮

　　南京的故宮，消逝於一場大火，惟剩下依稀的遺蹟。華蓋殿、謹身殿、柱石以及石板上殘存的龍紋，萌生着青苔斑駁的距離感。

　　中山集團成立於 1986 年，是擁有七家獨資子公司、五家控股子公司的大型國有企業集團，其中包括一家可以為成員企業提供擔保數億元的

1 《玉雕細細打磨下的驚艷藝術》，載《FY 時代記憶》，2018 年 5 月 31 日。

財務公司，一度為江蘇毫無爭議的第一大國有企業。2002 年，中山集團下屬的電子城等子公司已形成一億元的巨額虧損，負債總額達 1.3 億元，其中集團擔保 9000 萬元。因債務利息負擔沉重等原因，如果不能及時脫困，中山集團的虧損還將以每年 800 萬至 1000 萬元的速度累積。為此，中山集團一直在尋求電子城等「虧損大戶」的脫困之路。但經多方洽談，並無太多企業願意單獨對電子城改制，但不少企業看上了財務公司這個極好的融資平台，希望參與集團整體改制。[1] 中山集團財務公司係一非銀行類金融機構，財務公司可以進行同業往來等銀行間操作，可以為企業融資和財務管理提供極大的便利。這一金融牌照非常稀缺，為眾多民營企業所垂涎。

　　為避免整個集團被拖垮的風險，2002 年 4 月，南京市啟動了聲勢浩大的國企改革 ——「三聯動」，即資產、人員、債務要一攬子解決。該計劃要用三年時間徹底完成南京市國企改制。2003 年 1 月，南京市市長辦公會議批准整體改制重組方案，在市產權交易中心掛牌上市，2003 年 3 月 16 日，中山集團、杭州天安、南京天安簽署一份《合作協議》，其中初步明確了新公司的股權結構：杭州天安投入 5500 萬元，南京天安出資 4000 萬元，其他 500 萬元由經營者出錢購買。[2] 同年 7 月，中山集團公司重組為中山集團控股有限公司，成為當地國企改革的一面旗幟。在此背景下，中山集團作為「三聯動」改革的先行者，政府希望將之作為一個典範和政績工程。中山控股正式掛牌後，天安方面以持有公司 90.52％ 股權的大股東身份在九人的董事會中擁有六個席位。2004 年 3 月 23 日，周國敏召開九名董事中的六名董事會議，以喪失誠信原則、給公司造成巨大損失為由，罷免了張曉霞總裁職務。6 月 10 日，以張曉霞不執行董事會罷免總裁決議為由，向建鄴區法院起訴張曉霞，天安交納訴訟保全的 100 萬

1　東方蘇北：《改制不到一年就陷入癱瘓　誰「謀害」了中山集團》，載《中國經濟時報》，2004 年 10 月 13 日，https://business.sohu.com/20041013/n222469639.shtml.

2　《南京：國企改制遭遇「內部人抵觸」》，http://www.scicat.cn/new/20190817/2804511.html.

保證金後，以保全公司資產為由要法院將中山公章、財務專用章封存。至此，天安和中山經營班子徹底決裂。

2004 年 4 月 6 日，國資辦請江蘇永和會計師事務所對雙方進行問題核查。4 月 11 日南京市公安局經案支隊受理了關於公司總裁張曉霞在 1996 年成立的中外合資企業資金上有職務侵佔的舉報，封了賬號、賬目，收走原中山集團十年的辦公室會議記錄，並於 4 月 15 日開始監視張曉霞在規定的旅館居住了五天。

南京法院 2005 年公佈的一則典型案例亦能側面反映期間衝突與糾葛。

原告：中山集團控股有限責任公司、杭州天安投資控股有限公司、南京天安投資有限公司。

被告：張某某（中山集團控股有限公司原總裁）。

案由：損害公司權益。

糾紛案情：中山集團公司進行整體改制，成立中山集團控股有限責任公司。2004 年 3 月 22 日，中山集團控股公司召開臨時董事會，以六票贊成、一票棄權表決通過解聘張某某總裁職務和關於暫停張關林行使董事長職權的決定。張某某在被免去職務後，未向公司和董事會移交公司公章、印鑒、營業執照和財務財冊，中山集團控股公司遂將張某某告到法院，請求法院判令張某某執行董事會決議。法院一審判決支持了原告的訴訟請求。張某某不服一審判決，向南京市中級人民法院上訴稱，2004 年 3 月 22 日、23 日所謂的董事會決議，2005 年 2 月 28 日所謂的股東會議決議應為無效，請求撤銷原審判決。南京市中級人民法院於 2005 年 6 月 9 日下達終審判決：駁回上訴，維持原判。

點評：本案涉及面廣、影響重大，涉及到原國有企業職工的利益保障及改制企業投資人的合法權益保護，一旦處置不當，必將影響社會穩定和投資環境。二審中，法官依照公司法和公司章程，理清了公司與股東、董事、經理之間的法律關係，審查了公司董事會、股東會的程序和相關決議的效力，保護了公司的正常經營和發展，維護了公司和股東的合法權益。同時，妥善

處理了群體上訪事件，為南京市國企改制的順利提供了優質的司法保障。[1]

2007年3月，我們接觸中山集團兩位張總的時候，他們的一系列訴訟已經走進了絕境，此前所有的官司無一勝訴，最後一場官司被訴股東出資不實，也在建鄴區法院的一審意外輸掉，我們背負着包括兩位張總在內的四位股東的殷切重託。在南京中院的開庭，火爆而激烈，在「未判先定」的氛圍下，代理團隊感受到了前所未有的壓力。

作為原國企高級領導，他們是政績工程的主要代表和參與人，但在改制完成後，一系列訴訟中他們的身份已然發生變更，成為政績工程的對立面，只是兩位張總在心底尚沒有察覺這種細微的變化。二審的開庭不斷延期，那是因為二審法院亦感到簡單地維持一審判決在事實與證據層面存在嚴重的錯誤，但這種糾正同樣存在壓力。

安徽九華山距離南京200多公里，公元719年，新羅國王子金喬覺渡海來唐，卓錫此山，苦心修行75載，99歲圓寂，因其生前逝後各種瑞相酷似佛經中記載的地藏菩薩，僧眾尊他為地藏菩薩應世，九華山遂被闢為地藏菩薩道場。[2] 受地藏菩薩「眾生度盡，方證菩提，地獄未空，誓不成佛」的宏願感召，自唐以來，寺院日增，僧眾雲集。[3]

事情總是在我們最不抱期望的時候得到解決。二審開庭中，我們堅持「三不」原則：對對方當庭提交的證據不質證，對歪曲庭審的筆錄不簽署，對繼續壓迫性的開庭拒絕出庭。我們尊重事實，信仰法律，但不屈強權和壓制，「深嚼此案，誓證菩提」。九華山的大雨滂沱和難見的彩虹，無一不是菩提的昭示，再艱難的跋涉，也是值得。（2008）寧民終字第406號二審判決最終結果是：直接改判，委託人訴求全部實現。委託人熱淚盈眶。五年來唯此一勝，終見天晴。

---

1 《2005南京經典案件再回首》，南京報業網 — 東方衛報，2006年1月6日，http://news.sohu.com/20060106/n241310728.shtml.

2 參考 https://baijiahao.baidu.com/s?id=1766853403963150384&wfr=spider&for=pc.

3 參考 https://www.163.com/dy/article/GJ7FVK2F0528FVEJ.html.

　　兩位張總都是優秀的共產黨員，他們期待能為國家做出更多的貢獻，撤銷改制，復回樸素、溫情的中山集團，但時過境遷，一切已經回不到從前。張總中間已過退休年齡，按照規定，她的退休手續應該在中山控股辦理，但她不願意再與中山控股發生任何牽連，堅持期待在原中山集團退休或在國資委退休，這些的確不是法律理性能夠解決的問題，但法律感性的柔軟理解她們永不褪色的情感。

　　張總後來罹患重疾，我們深知她壓抑在心底的對中山集團複雜、難以釋解的情志。2022 年 5 月 4 日，張總抱着未了的心願去世，2022 年 8 月 19 日，她的工資全部補齊到賬。那一晚，夜雨不歇，猶如九華山不息的澗溪。

　　我想起《倉央嘉措詩傳》中的詩句：「一個人在雪中彈琴，另一個人在雪中知音。我獨坐須彌山巔，將萬里浮雲一眼看開。此外，便是不敢錯過悲憫的眾生，他們紛紛用石頭減輕自己的重量，他們使盡一生的力氣撒了一次謊，僅僅撒了一次謊，雪就停了。雪地上閃耀着幾顆，前世的櫻桃。」

三、南京雞鳴寺

　　南京有雞鳴寺，位於玄武區雞籠山東麓山阜上，據說始建於西晉永康元年（300 年），已有 1700 多年的歷史，是南京最古老的梵剎，有「南朝第一寺」，「南朝四百八十寺」之首的美譽，[1]「梁帝講經同泰寺，漢皇置酒未央宮」中的同泰寺，即為雞鳴寺。

　　站在雞鳴寺，可以看到南京城很多地方，而我們在南京經手的另一案，關涉 2017 年 12 月 28 日最高人民法院決定再審三起重大涉產權案，

1　參考 https://baike.baidu.com/item/%E9%B8%A1%E9%B8%A3%E5%AF%BA/2150?fr=ge_ala

其中一案是「江蘇牧羊集團股權轉讓糾紛案」。[1] 作為最高法院掛牌督辦的三起產權大案之一，翻閱該宗案件的卷宗，亦可以看到歷史的太多側面，如同雞鳴寺的石階，歷經風雨。馬爾克斯說，「無論走到哪裏，都應該記住，過去都是假的，回憶是一條沒有盡頭的路，一切以往的春天都不復存在，就連那最堅韌而又狂亂的愛情歸根結底也不過是一種轉瞬即逝的現實。」

江蘇牧羊集團有限公司創建於 1967 年，是國家最早定點生產糧食飼料機械的企業，公司總部現坐落於歷史文化名城揚州市。年產值達數十億元，在行業中位列中國第一、世界第二。經過 40 餘年的發展壯大，牧羊集團現已成長為集飼料機械與工程、糧食機械與工程、環保設備與工程、食品機械與工程、倉儲工程、鋼結構工程、自動化控制技術與工程等產品研發與製造，工程設計與安裝為一體的著名企業集團。公司主要產品有飼料工程、養殖工程、油脂工程、倉儲工程、鋼結構工程、農業機械等，具有提供農牧全產業鏈系統解決方案的能力。

許榮華曾是國企改制後的江蘇牧羊集團有限公司董事，擁有 15.51% 的股份。2008 年 9 月，許榮華因牧羊集團舉報其涉嫌假冒註冊商標罪而被公安機關刑事拘留。[2] 在看守所羈押期間，許榮華隨後與牧羊集團時任工

1　另兩起產權案件，其中張文中案和顧雛軍案由最高院直接再審，已分別於 2018 年 5 月和 2019 年 4 月作出終審判決。江蘇牧羊集團股權糾紛案則由南京市中級人民法院再審。

2　2004 年，許榮華從牧羊集團借款 1200 萬元，投資設立「揚州隆的飲料機械有限公司」（後更名為「揚州福爾喜果蔬汁機械有限公司」），後該公司又獨資設立了「揚州福爾喜成套工程有限公司」（兩家公司以下統稱「福爾喜公司」）。2008 年 5 月，揚州市邗江區工商局查實了福爾喜公司未經牧羊集團許可，擅自在廣告宣傳、交易文書和同種產品上使用了與「牧羊」註冊商標相同的商標及其他不正當競爭侵權的情況。工商部門據此對福爾喜公司作出了責令更正和罰款 10000 元的行政處罰決定。據此，牧羊集團即可按上述股東會決議，要求許榮華按原始出資額將股權轉讓給牧羊工會。據了解，許榮華當時持有牧羊集團 15.51% 的股權，原始出資額約為 52 萬元。2010 年 8 月 26 日，揚州市邗江區人民法院一審判決維持上述行政處罰決定。2010 年 11 月 8 日，揚州市中級人民法院二審維持原判。以上的法院判決結果表明，許榮華的侵權行為事實十分清楚。同時，由於福爾喜公司在該案中的非法經營數額超過 15 萬元，且「牧羊」係馳名商標，涉案情節達到《刑法》第 213 條規定的情節嚴重的追訴標準，涉嫌刑事犯罪，揚州市邗江區工商局將此案移送公安機關刑事偵查。參考 http://blog.eastmoney.com/m9032023862317730/blog_220061263.html.

會主席陳家榮簽訂股權轉讓協議，將其在牧羊集團的 15.51% 股權以 2400
餘萬元轉讓給陳家榮。此後，許榮華自稱在簽協議時受到「脅迫」。2011
年，許榮華的妻子李美蘭以「股權是夫妻共同財產，未經其同意，轉讓無
效」為由起訴，請求法院判決轉讓協議無效。隨後，經揚州中院、江蘇高
院一審、二審，李美蘭的訴訟請求均被駁回。雙方對薄公堂，開始長達十
多年的股權爭奪戰。期間在 2016 年 11 月，許榮華因涉嫌假冒商標罪再次
被警方控制，最終未被檢方起訴。

　　2016 年江蘇高院裁定該案再審，此案被指定由南京中院進行重審。
2016 年 9 月 12 日，江蘇高院以電傳的形式，向各市中級法院、各基層法
院下發集中管轄通知，要求凡涉及江蘇牧羊集團有限公司及其參股公司涉
公司類民商事案件，分別由南京中院和南京市鼓樓區法院集中管轄。2018
年 8 月 31 日，南京市中級人民法院認定前述股權轉讓協議無效，決定予
以撤銷，判令被告將爭議股權返還給許榮華。一審判決後，被告方上訴至
江蘇省高院。江蘇省高院於 2018 年 12 月 6 日二審開庭審理此案，[1]2020 年
6 月 1 日，江蘇高院維持了該案二審判決。終審判決後，范天銘、陳家榮
兩人並未履行生效判決確定的返還股權義務。2020 年 6 月 22 日，許榮華
到南京中院申請執行該股權轉讓糾紛案。2020 年 10 月 28 日，南京中院
決定，依照《民事訴訟法》和最高法院《關於限制被執行人高消費及有關
消費的若干規定》，對范天銘採取限制消費措施，限制其實施高消費及非
生活和工作必需的消費行為。[2]這是一起公權力介入私權領域的典型案件。
五個股東間的糾紛，本身不需要公權力介入。「公權力不但介入，而且介
入非常深。該案的判決，為公權力退出這類可通過自我協商等解決的糾紛
領域，劃定公權、私權的分界提供了很好的判例。」[3]

1　《江蘇牧羊集團股權糾紛案二審結束一年未判，當事人：不接受調解》，載《界面新聞》，
　　2020 年 1 月 20 日，https://baijiahao.baidu.com/s?id=1656214235086178267&wfr=spider&for=pc.
2　王麗娜：《牧羊集團股權爭奪戰再起波瀾　實控人范天銘被限制出境》，載《財經》，2021 年
　　1 月 6 日，http://finance.sina.com.cn/stock/s/2021-01-06/doc-iiznctkf0490533.shtml.
3　《江蘇「牧羊案」一審落幕：十年之爭後股權被判決返還》，載《界面新聞》，2018 年 9 月 25
　　日，https://www.sohu.com/a/256122294_313745.

　　2017 年 7 月 24 日，經中共中央批准，中共中央紀委對江蘇省高級人民法院原黨組書記、院長許前飛嚴重違紀問題進行了立案審查。經查，許前飛同志身為高級人民法院黨組書記、院長，違反政治紀律和政治規矩，干預和插手具體案件審判工作，以案謀私，嚴重損害司法公信力和人民法院形象；決定給予許前飛同志撤銷黨內職務處分，由最高人民法院給予其撤職處分，降為正局級非領導職務；收繳其違紀所得。[1]

　　我們在 2017 年，開始參與本案，在南京和北京的往返穿梭中，詳細梳理案卷，推敲細節邏輯。與委託人作各種推演，我們深知，本案係發生於民營企業家之間的紛爭，爭議雙方理性妥善地處理後續紛爭，避免矛盾進一步複雜和激化，重新回到依法理性解決糾紛的軌道上來是所有股東之間爭議的關鍵和核心問題。正如奧斯卡・王爾德在《自深深處》一書中說，「為了自己，我必須饒恕你。一個人，不能永遠在胸中養着一條毒蛇；不能夜夜起身，在靈魂的園子裏種滿荊棘。」

　　由於種種原因，我們並沒有涉及該案最終的細節工作，僅為該案的部分模塊進行了系統論證，並提出了專業意見，受到委託人的肯定。

　　在一個晴日的下午，我離開南京，並在機場作詞一首，權作對本案的記錄：

《念奴嬌・過金陵》

　　玄武青草，近端午，但聽一湖青色。梁武穿林九千日，夫子徇徘三涉。淡日餘時，貢院無聲，秦淮盡洗潆。棲霞留思，雞鳴經驗如何。我聞四百八十，功德如是，同理皆分轍。無始自在應觀厄，恨長水東宴客。溪成楞嚴，影繪法華，萬象俱經珂。捫石行車，飲啄又數今河。

四、南京采石磯

南京燕子磯，是「萬里長江第一磯」。登磯眺江，有無限縱深感。燕子磯見證了歷史上不少戰役，棲霞區幕府山東北角觀音門外，濁浪排空，江濤拍岸，總有莽蒼的時空感。

作為長江三大名磯之首，燕子磯有詩云：「絕壁寒雲外，孤亭落照間。六朝流水急，終古白鷗閑。樹暗江城雨，天青吳楚山。磯頭誰把釣？向夕未知還。」[1] 長江三大名磯，另兩個是馬鞍山采石磯和岳陽的城陵磯，采石磯近當塗縣的李白墓，和項羽自刎的古烏江隔江對望。

磯是水邊突出的巖石或江河當中的石灘。總會給人錯覺：堆岸於江，並非岸之安全，而是風險陡增，譬如傳言李白就是醉酒後赴江捉月，溺死於采石磯。

我接到新加坡勝科水務董事的電話，是在奔赴 2019 年巴西金磚工商領導人峰會的途中，這是一趟遠距離的飛行，在亞德斯亞貝巴轉機。和新加坡勝科水務數小時的會議後，團隊律師在最短時間內飛到南京，因為該案一審刑事程序已經結束，附帶民事訴訟部分正處於關鍵階段，刑事二審程序正在進行過程中 —— 這是一起與時間賽跑的案件，是「開出史上國內污染環境最嚴厲罰單」[2] 的案件，是南京市中級法院 2019 年度十大典型案件之一，也是 2019 年最高人民法院環境污染典型案例之一。該案刑事程序同時包含污染環境刑事附帶民事公益訴訟案件，亦係最高人民檢察院、公安部、原環境保護部聯合督辦案件。

該案的基本起因是 2014 年 10 月至 2017 年 4 月，南京勝科水務有限公司多次採用修建暗管、篡改監測數據、無危險廢物處理資質卻接收其他單位化工染料類危險廢物等方式，向長江違法排放高濃度廢水共計

---

1 《燕子磯》是施閏章的一首詩。施閏章（1619 — 1683），清初著名詩人。字尚白，一字屺雲，號愚山，媲蘿居士、蠖齋，晚號矩齋，後人也稱施侍讀，另有稱施佛子。參考：https://so.gushiwen.cn/mingju/juv_642a4004f61c.aspx.

2 該罰款金額加上環境修復費用，最終付出了 5.2 億元的慘重代價。

284,583.04 立方，污泥約 4362.53 噸，危險廢物 54.06 噸。經鑒定，勝科公司的前述違法行為造成生態環境損害數額合計約 4.70 億元。[1] 南京市鼓樓區人民檢察院於 2018 年 1 月提起公訴，指控被告單位勝科公司、被告人鄭某某等 12 人犯污染環境罪。並作為公益訴訟起訴人於 2018 年 9 月提起刑事附帶民事公益訴訟，請求判令被告勝科公司承擔生態環境修復費用約 4.7 億元。

南京勝科水務有限公司於 2003 年 5 月成立，經營範圍為向南京化學工業園排污企業提供污水處理服務，係危險廢物國家重點監控企業。其母公司勝科（中國）投資有限公司於 2011 年 5 月 18 日在上海市工商行政管理局登記成立。資料說，勝科憑藉領域專業知識和卓越的全球業績，提供創新的解決方案，支持能源轉型和可持續發展。通過專注於發展可再生能源和綜合性城鎮解決方案業務，勝科致力於通過資產組合轉型，邁向更綠色的未來，成為領先的可持續解決方案提供商。勝科擁有平衡的能源資產組合，總產能逾 12,800 兆瓦，其中，可再生能源產能逾 3,300 兆瓦，包括分佈在全球的太陽能、風電和儲能。同時，勝科在將未開發土地轉化成可持續的綜合性城鎮方面擁有卓越的業績，在全亞洲擁有逾 12,000 公頃的城鎮項目。

2019 年 5 月 17 日，南京市玄武區人民法院關於南京勝科水務有限公司、ZHENGQIAOGENG 等污染環境罪一審刑事判決書（2018）蘇 0102 刑初 68 號，判定被告單位南京勝科水務有限公司犯污染環境罪，判處罰金人民幣五千萬元（罰金於判決生效之日起一個月內繳納）；判決該公司總經理鄭某某，犯污染環境罪，判處有期徒刑六年，並處罰金 200 萬元；判決其他 11 名被告人兩年九個月至一年不等的有期徒刑，並處 20 萬元至五萬元不等的罰金。關於附帶民事公益訴訟案件，2019 年 5 月 7 日，法院向檢察機關轉達勝科水務公司提出民事公益訴訟案件的調解申請，其控

---

1 《企業環境違法，總經理判七年罰 200 萬》，2021 年 6 月 29 日，https://new.qq.com/rain/a/20210629A082AP00.

股股東勝科（中國）投資有限公司出具擔保函。公益訴訟起訴人綜合考慮實際情況，尋求保護公益「最優解」，同意調解意見。創造性同意增加第三人勝科（中國）作為賠償義務人，採取「現金賠償＋替代性修復」方式，經 35 輪 50 餘次磋商，科學確定 4.7 億總額的調解方案。經江蘇省南京市玄武區人民法院調解，江蘇省南京市鼓樓區人民檢察院與勝科公司、第三人勝科（中國）投資有限公司簽署調解協議，確認勝科公司賠償生態環境修復費用現金部分 2.37 億元；勝科（中國）投資公司對前述款項承擔連帶責任，並完成替代性修復項目資金投入不少於 2.33 億元。2020年 2 月，南京玄武區人民法院依法就本案民事部分出具調解書並向當事人送達，該案民事部分以調解結案。[1] 刑事部分，南京市中級人民法院於 2019 年 10 月 15 日裁定駁回上訴，維持原判。2020 年 2 月 7 日，該調解書生效。

　　環境污染刑事案件中，判斷行為人是否具有環境污染犯罪的故意，應當依據犯罪嫌疑人、被告人的職業經歷、專業背景、業務能力以及相關供述進行綜合判斷。而附帶民事訴訟，因民事公益訴訟的調解程序僅有程序性和原則性的規定，本案中刑事附帶民事公益訴訟被告接受檢察機關提出的訴訟請求，願意積極賠償損失，在不損害社會公共利益的前提下，根據案外第三人主動申請加入程序，刑事附帶民事訴訟被告履行損害賠償責任的形式，人民檢察院可以綜合考慮被告賠償能力、損害修復效果等因素，採用現金賠償、替代性修復等多種方式。

　　與該案當事人的溝通過程，總會使我不由想起 2000 年的晉北引黃入太水污染行政處罰及行政訴訟案，在以往經驗基礎上，充分參考最高法院典型案例，並引入股東擔保調解，充分發揮了司法實踐的創造性，也是股東勇於承擔社會責任的集中體現。該案典型性還在於，不僅對被告單位，而且對直接責任人員、分管負責人員以及篡改監測數據的共同犯罪人員，

一併追究刑責。同時，檢察機關作為原告，提起附帶刑事公益民事訴訟。多次組織專家學者、環保行政部門人員論證調解方案。該案生態環境修復費用現金部分為 2.37 億元，替代性修復項目資金投入不少於 2.33 億元，用於環境治理、節能減排生態環保項目的新建、升級和提標改造。同時，該案亦充分關涉長江等重點流域區域違法排污犯罪行為的司法政策，和損害擔責、全面賠償的救濟原則，確保長江生態環境及時、有效恢復，在促進企業進行綠色升級改造以及引導股東積極承擔生態環境保護社會責任等方面，均具有重要的示範意義。

　　律師的法律服務大概有三個層面：其一，個人與當事人層面，通過律師個體法律覺知，維護當事人合法權益；其二，行業層面，通過個案對行業標準，律師形象獲得一定程度的提升和標定；其三，對於社會責任的考量。勝科案包括三個層次，關鍵更在於第三層面 —— 該案結束不久，2020 年 12 月 26 日《長江保護法》獲得通過，自 2021 年 3 月 1 日起施行。該法第 43 條明確規定：「國務院生態環境主管部門和長江流域地方各級人民政府應當採取有效措施，加大對長江流域的水污染防治、監管力度，預防、控制和減少水環境污染。」第 44 條補充規定：「國務院生態環境主管部門負責制定長江流域水環境質量標準，對國家水環境質量標準中未作規定的項目可以補充規定；對國家水環境質量標準中已經規定的項目，可以作出更加嚴格的規定。制定長江流域水環境質量標準應當徵求國務院有關部門和有關省級人民政府的意見。長江流域省級人民政府可以制定嚴於長江流域水環境質量標準的地方水環境質量標準，報國務院生態環境主管部門備案。」

　　團隊在年終對本案的復盤中，共同回顧了 M. 斯科特·派克在《少有人走的路》中的一段話：「以積極而主動的態度，去解決人生痛苦的重要原則，主要包括四個方面：推遲滿足感、承擔責任、尊重事實、保持平衡。」

五、菩提老祖

在血液醫療領域，陸道培院士是菩提祖師般的存在。陸院士是「亞洲骨髓移植第一人」，在 1960 年代初，他就開始了異基因骨髓輸注治療再生障礙性貧血並獲成功。1964 年，他就創下過兩項世界記錄與一項亞洲記錄：第一次安全地應用孕婦作供者；第一次應用最低的供者細胞數獲得成功；第一次在亞洲成功骨髓移植，患者在 30 年後隨訪時造血功能仍正常，在當時屬世界上移植骨髓後存活時間最長的兩例病例之一。

和陸道培院士在小紅樓會議室討論民事訴訟，是在一個安靜的下午，案卷很厚，會議室外已是清秋時節。

在法律關係層面，這一案件並不複雜，署名權歸屬著作權範疇，科技成果在發明權層面比重為大，二者存在一定交叉。我更關注這一案件背後情感的起伏波瀾。

1987 年 7 月，黃曉軍考取北京醫科大學博士研究生，師從陸道培院士，於 1992 年 7 月獲得醫學博士學位。2008 年 12 月，黃曉軍以「細胞因子誘導免疫耐受的基礎和應用研究」項目申報中華醫學科技獎一等獎。2008 年 12 月 21 日陸道培舉報黃曉軍申報的項目存在剽竊、侵奪他人學術成果，偽造科學事實等問題。2008 年 12 月 30 日，北大人民醫院稱黃曉軍等人的申報成果「不存在學術造假、學術剽竊行為」。2009 年 1 月，黃曉軍獲中華醫學科技獎一等獎。2009 年 2 月 24 日，陸道培等人向中華醫學會、教育部舉報黃曉軍。2009 年 5 月 4 日，北大醫學部和北大人民醫院聯合回覆陸道培，稱項目「沒有發現明確偽造實驗數據的證據，但存在數據有誤、標註不清、表格不規範的問題」，黃曉軍剽竊他人學術成果等問題則「難以作出明確結論」。[1]

2008 年，陸道培院士和黃曉軍博士一對師徒徹底反目。我總不時想

---

1 《陸道培告弟子侵犯技術成果權》，2011 年 7 月 23 日，https://www.bjnews.com.cn/news/2011/07/23/138612.html.

起《西遊記》中菩提老祖叮囑猴子：「千萬莫提起師父名號」，這是菩提老祖的灑脫。在龐涓與孫臏揮淚仇恨時，我不知道鬼谷子當時的心緒，收徒的本根究竟為何？

2010 年 6 月 22 日，陸道培向海淀法院遞交民事起訴書，起訴黃曉軍及北京大學人民醫院侵犯其 GIAC 及相關論文署名權，海淀法院於 7 月 2 日送達被告起訴文本。8 月 17 日，原被告雙方到法院交換證據。2010 年 12 月 3 日，該案公開庭審，原告認為，其作為 GIAC 方案（即造血幹細胞移植預處理體系）的創建人，從最初理論基礎研究、具體技術細節到命名形成，均做出至關重要的創造性貢獻，並在國內外發表論文數十篇及在學術大會上報告十餘次。2006 年，其以第一完成人身份，通過包含 GIAC 方案的《HLA 配型不合造血幹細胞移植的研究和臨牀結果》成果鑑定，並獲北京市科學技術獎一等獎及中華醫學科技獎二等獎，GIAC 移植體系獲得明確肯定。然而在 2008 年，被告黃曉軍以第一完成人身份，經北京大學人民醫院推薦以「細胞因子在造血幹細胞移植中誘導免疫耐受的基礎和應用研究」項目申請中華醫學科技獎，並最終獲一等獎。該獲獎項目是以「建立了 GIAC 移植技術體系」作為主要技術成果之一，項目的共同完成人中竟然不包括 GIAC 方案的創建人和最重要的貢獻者 —— 陸道培本人，且在申獎材料中「主要技術文件目錄及來源」列出的 20 篇代表性論文中，有八篇被告並非第一作者的文章，均被被告篡改為「黃曉軍等」或「Huang XJ, etal」的署名方式，其中甚至包括原告在全世界首先命名 GIAC 方案的代表性論文，也被被告刪去第一、第二作者姓名，而篡改為「黃曉軍等」的署名方式（被告係第三作者）。黃曉軍不僅採用欺騙的方式將已獲獎的 GIAC 方案成果重複、虛假申獎，更在申獎材料中完全抹殺陸院士作為 GIAC 方案主要完成人之身份，嚴重侵犯其著作署名權，給其造成了巨大的精神壓力和心理創傷，對其聲譽及我國學風造成惡劣影響。[1]

1　參考《工程院士訴學生侵犯署名權案開審　原告拒絕調解》，人民網，2010 年 12 月 10 日，http://www.hinews.cn/news/system/2010/12/10/011644165.shtml。

很多年後，再研讀開庭細節及案卷資料，我仍會為期間酸澀感到驚心動魄。名利的追尋與克己復禮之間，仿佛存在不可調和的衝突與矛盾，「一日為師，終身為父」仿佛也僅有形式主義價值，而非心靈層面的信義。

知音難覓，生命的障礙在於，無論你懷着多大的善意，仍然會遭遇惡念；無論你秉持多深的真誠，仍然會遭遇懷疑；無論你奉呈多少柔軟，仍然會直面寡恩；無論你多麼安靜地只做你自己，仍然會有很多人按他們的期待標準量衡你；無論你多麼猛烈地撕開自己，仍然有人虛幻出一個他心目中的你。

陳繼儒在《小窗幽記》中說：「清閑無事，坐臥隨心，雖粗衣淡飯，但覺一塵不染。憂患纏身，煩憂奔忙，雖錦衣厚味，只覺萬狀悲苦。」亨利・詹姆斯在《見信如晤》中的文字，我會用力再讀：「不要讓自己過多地消融於世界，要儘量穩固、充實、堅定。我們所有人共活於世，那些去愛、去感知的人活得最為豐盛。」

六、以我觀物

2014 年的一個下午，周林先生從美國歸來不久，他的身體還有些虛弱，他 12 年的不易讓人唏噓不已。

在兒時為數不多的傳播媒介中，收音機是廣告宣傳的關鍵途徑，很多產品廣告在時間的沖刷中無影無蹤，但周林頻譜的形象總是很生動。在枯燥的氣象廣播之後，周林頻譜的廣告文案更像是問候，而非廣告。王國維在《人間詞話》中說：「有我之境，以我觀物，故物皆著我之色彩。」周林頻譜儀所着的，正是周林先生的獨特色彩。

資料表明，1978 年，周林在全球首次發現自然界的生物頻譜現象，引起國內國際高度關注。1991 年，國務院召開「生物頻譜辦公會」，認定生物頻譜是中國最早發現和廣泛應用的；用發現者周林的名字命名，以帶到全國的發明與革新活動中，同時也把這項中國的創新載入史冊；用國

家的力量全力支持保護。周林應邀成立的北京周林頻譜科技有限公司長期致力於生物頻譜技術的科研推廣和成果轉化，曾經成為中關村的前五名之一。經過多年發展，公司已經成為集醫學、農業、畜牧業、生命科學等尚無人跡領域的科研、生產、銷售、服務於一體的高新技術企業。[1] 周林公司成立於 1991 年 7 月 24 日，經營範圍包括生產及銷售 II -6826-3 光譜輻射治療儀器、一類醫療器械等。周林公司研發並推出了一系列頻譜類醫療器械產品，包括「WS-601」型的「周林頻譜保健治療儀」和「WS-901A」「WS-901B」「WS-901D」型的「周林頻譜保健治療屋」等。公司對其產品進行了大量宣傳、推廣並獲得大量榮譽，其中周林頻譜保健治療儀自 1994 年起多次獲得北京市乃至全國範圍的「十大優勢產品」「北京名牌產品」「北京市自主創新產品」「優秀科技產品」「消費者信得過產品」等。但曾經風靡全國的周林頻譜儀，在進入 21 世紀之後逐漸淡出大眾的視線，而其中關鍵的轉折點出現在 2001 年。

　　周先生在 2001 年身患重病，赴美國治療，此後又受到併發症的折磨，前後在美國治療了 12 年。三次罹患腫瘤，兩次肝臟移植手術，後來又是腎衰竭，險象不斷，九死一生。在家人的陪伴鼓勵下，憑藉堅定的信念、強大的生命意志，和病魔抗爭了 20 年，最終恢復健康，重返生物頻譜科技世界。[2] 這是一場奇蹟。世間的一切，除了生死，都是小事。經歷過生死的人，尤能明白其間的含義。

　　在苦難和病痛中，人更容易看到時間，並看到自己的身影。史鐵生說：「微笑着，去唱生活的歌謠。不要抱怨生活給予了太多的磨難，不必抱怨生命中有太多的曲折。大海如果失去了巨浪的翻滾，就會失去雄渾，沙漠如果失去了飛沙的狂舞，就會失去壯觀，人生如果僅去求得兩點一線的一帆風順，生命也就失去了存在的魅力。」

---

1 《「相約昆明　譜寫未來」生物頻譜發明人周林分享會舉行》，2021 年 12 月 12 日，https://baijiahao.baidu.com/s?id=1718953199938266595&wfr=spider&for=pc.
2 《「相約昆明　譜寫未來」生物頻譜發明人周林分享會舉行》2021 年 12 月 12 日，https://baijiahao.baidu.com/s?id=1718953199938266595&wfr=spider&for=pc.

　　經歷過生死的周林，還要直面是非對錯的磨礪。這裏的是非和對錯，需要訴訟程序來考量。美國哥倫比亞大學徐小群教授在《現代性的磨難》一書曾說：「司法是衡量文明社會的標尺，近代史上，司法改革的失敗是中國現代性的磨難。司法首先是權力如何分配、如何運行的問題，或者說是政治問題，其次才是解決各種衝突常態化的工具。」

　　周林先生有自己的堅持和理念，他需要對其曾經的代理商發起一場訴訟，找回應有的公道。2006 年，周林頻譜與廣東駿豐頻譜股份有限公司簽訂《總代理協議書》，由後者作為周林頻譜保健治療屋系列產品的銷售總代理。周林本人由於在患病期間，未能深入了解此次簽約，因此由家人代為簽署該協議。

　　廣東駿豐公司成立於 1995 年 4 月 24 日，經營範圍包括生物頻譜技術的研究、開發、加工、生產（由分公司另辦照經營）、銷售等。廣東駿豐公司美健分公司係廣東駿豐公司的分公司，成立於 2008 年 12 月 31 日。上海駿豐公司係廣東駿豐公司的子公司，成立於 2014 年 10 月 22 日。上海駿豐公司德平路經營部係上海駿豐公司的分公司，成立於 2015 年 3 月 19 日。廣東駿豐公司及其「駿豐頻譜」品牌、產品亦獲得大量國內外榮譽，包括「廣東省高新技術產品」「廣東省名牌產品」「科技進步獎」等，廣東駿豐公司的法定代表人還因發明 JF-902C、JF-802、JF-139 駿豐生物頻譜水療法獲得 2015 年日內瓦國際發明展銀獎。廣東駿豐公司註冊在駿豐頻譜水治療保健儀上的「駿豐頻譜」系列商標於 2008 年和 2013 年被認定為廣東省著名商標，註冊在第十類水治療保健儀、醫療器械和儀器商品上的「駿豐頻譜」商標於 2015 年 6 月被認定為馳名商標。廣東駿豐公司自 1999 年開始獲得「JF 型」駿豐頻譜水治療保健儀等產品的醫療器械產品註冊證，其中，「駿豐頻譜治療保健房（JF-902A、JF-902B、JF-902C、JF-902D）」於 2009 年 9 月獲得註冊證，2012 年上市銷售；「駿豐頻譜治療保健儀 JF-802」於 2015 年 1 月獲得註冊證。上述產品均由廣東駿豐公司研發，由廣東駿豐公司美健分公司生產，由包括上海駿豐公司、上海駿豐公司德平路經營部在內的眾多關聯公司或加盟商對外銷售。

周林先生在案件陳述中強調，自己在美國治病的 12 年間，其一手創立的企業失去了控制。而隨着自己身體的康復，他開始回國組織力量對公司進行整頓。目前，公司的管理、財務、銷售等工作逐步走向正軌，他着手終止總代理協議，駿豐頻譜已在北京提起訴訟，要求周林頻譜賠償其經濟損失 7250 萬元。而周林頻譜在此後也向北京中院提起反訴，要求駿豐頻譜賠償兩年未完成任務及不正當競爭給周林頻譜帶來的約一億元損失。[1]

但周林公司的商譽訴訟並未獲得法院的支持。對於四被告，即廣東駿豐頻譜股份有限公司、廣東駿豐頻譜股份有限公司美健醫療器械分公司、上海駿豐生物科技有限公司、上海駿豐生物科技有限公司德平路經營部的被控侵權行為是否構成商業詆毀，應當從原告主張的宣傳內容是否存在、相關宣傳內容是否屬於虛偽事實、四被告的行為是否會損害上訴人的商譽以及四被上訴人的行為是否具有主觀過錯等因素予以考量。「原告主張四被上訴人存在上述侵權行為，但對此並未提供相應證據予以證明，故本院對上訴人的該項上訴意見不予採納。」該訴訟經過一審、二審程序，最終塵埃落定。猶如美國著名辯護律師 F. 李·貝利（Francis Lee Bailey Jr. 指出的，「在訴訟中，總有人輸，但他們並不總是輸家，然而，那些放棄的人總是失敗。只要有鬥志，我就堅持到底。」

現在市面上，兩種頻譜治療儀同時存在，駿豐頻譜治療儀是通過頻譜水在人體內進行治療，從裏到外治療；周林頻譜屋是通過光外照皮膚進行治療，從外到內進行治療。經歷了是非、生死、恩怨的周先生，踐行了劉震雲《一句頂一萬句》的句子：「我活了七十歲，明白一個道理，世上別的東西都能挑，就是日子沒法挑 …… 我還看穿一件事，過日子是過以後，不是過以前。」

跟過去和解，很多時候容易；跟是非和解，也不是太難；但跟自己和解，需要勇敢和禪心。於是，我想起伯特·海靈格說過：「當你只注意一

---

1 段心鑫：《周林頻譜控制權爭奪戰：創始人 12 年後回歸謀變革》，載《21 世紀經濟報道》，2014 年 3 月 19 日，https://business.sohu.com/20140319/n396828105.shtml。

個人的行為，你沒有看見他；當你關注一個人行為背後的意圖，你開始看他；當你關心一個人意圖後面的需要和感受，你看見他了。」

七、又一位「李剛」

　　逢年過節，吉野家的洪先生總是第一時間將禮品快遞到律師樓。很多年持續下來的惦念，是一種難得的緣分和溫暖。吉野家在內地是一負責任和有相當影響力的品牌，也是我在香港經常拜訪的舖子，鬧中取靜，也是一種難得。吉野家主要經營各式日式蓋澆飯，包括煎雞飯、牛肉飯、東坡飯、咖喱雞肉飯等，牛肉飯和煎雞飯是吉野家的主打招牌菜，牛肉飯使用煮好的上好牛肉配上煮好的洋葱，加以醬汁，放在飯上，用料和做工簡便，但也考究。煎雞飯，先把無骨雞胸肉放在鍋裏煎到金黃，皮酥肉嫩，然後切開肉但不切皮，和煮好的西蘭花、菜花、胡蘿蔔一起碼在有米飯的碗裏，澆上棕色的醬汁，雞肉總有一種特別的金黃色，口味酥脆，醬汁甜鹹可口，蔬菜嬌豔欲滴。蓋澆飯一般用日本大花瓷碗盛放，下面是米飯，上面是雞肉或牛肉，浮面澆汁，這是一種有文化底蘊和消費理念的連鎖品牌。

　　1992 年，內地第一家吉野家招牌在北京掛起，正式宣告中國速食市場有了亞洲東方米食文化的元素。內地由香港洪氏集團成功引進國際專利，旗下擁有吉野家和 DQ 冰淇淋等數個國際餐飲連鎖品牌，經過長期的努力耕耘，至 2000 年，京城吉野家的規模達到六家，2001 年吉野家進入快車道，2002 年有了第 18 家、2003 年有了第 26 家、2004 年有了第 37 家、2005 年有了第 42 家、2006 年有了第 52 家……幾乎以一年十家的速度增長，同時吉野家的腳步也從北京邁出，到達了天津、廊坊、石家莊、瀋陽、大連和哈爾濱，甚至是內蒙古都有吉野家的店招。

　　但在 2011 年，北京豐台青塔分店遭遇了「李剛」，當然不是那個「我爸是李剛」的李剛，但這個李剛也是同樣能量驚人。

　　說起「我爸是李剛」，這在 2010 年是引起轟動的網絡詞彙，源於肇事者李一帆那句「我爸是李剛」的「驚天豪語」，並引起各大傳媒介入，形成公共事件。《國際先驅報》也曾有頭版頭條報道：「中國隱晦笑話：我爸是李剛」，《金融時報》報道：「李剛是一個有能力的人，在保定這個地方，似乎是萬能的超人 ⋯⋯『我爸是李剛』發展到最後不僅僅是一個人，而是一宗事件。事件的核心人物李剛，係河北保定市公安局北市區分局副局長（副科級），是在河北大學校園開車撞死一名、撞傷一名新生的肇事者李啟銘（又名李一帆）的父親。[1] 由媒體推動公共事件的發展，在中國已經形成了慣例，但讓人遺憾的是，它每一次的華麗出場，都因為受到公權力的干擾而不能最後堅持到底，結果無非就是激發了網民歇斯底里的吶喊。因此，以媒體監督推進法治進程仍然任重道遠，可我們仍然懷揣希望，等待「風能進，雨能進，國王不能進」的那天。[2]

　　說回吉野家，這是一起普通的租賃合同糾紛，吉野家租期未到，出租方提前收房，停水停電，拒絕補償，並將設備強行搬遷至他處，然後很快將房屋出售，買方為一央企。該案法律關係並不複雜，但中間進程曲折。案件承辦人一換再換，審限一拖再拖，也在一定層面反映着各個層面的鬥爭。歷時三年多，最後才塵埃落定。代理團隊終憑專業、扎實的法律方技，獲得充分肯定，最大限度實現法律事實與客觀事實的彌合，為當事人挽回巨額經濟損失，充分維護了當事人的合法權益。

　　本次商事爭議涵蓋房屋租賃合同履行、租賃標的賣買、租賃標的優先購買權、賣買委託、買受人違約責任、租賃權之物化、買受人與原出租人之連帶責任、司法鑒定、司法判例、租賃公示研究等疑難商事訴訟諸多環

1　2010 年 10 月 16 日晚，其子李啟銘酒後在河北大學內飛車接女友，將兩名女生撞飛，致一死一重傷（經搶救無效身故）；事發後，李剛憑藉後台關係調離北市區繼續上任。李剛被網友評為「四大名爹」之一。李啟銘肇事案引起了重大交通安全事故，而且是在非行車路段加速行駛，造成學生一死一傷，涉嫌危害公共安全罪，需要承擔全部的事故責任。最終判處六年有期徒刑，賠償死者家屬 46 萬，傷者 9.1 萬。

2　王思魯：《「李剛門」事件的法律分析與曝光後的影響》，金牙大狀律師網，http://www.jylawyer.com/jinyatt/yewudt/20110706/581.html.

節，「《委託出租函》及《產權人承諾函》同時約束出租人、代理人，產權人與代理人對《租賃合同》的履行承擔連帶責任。租賃物在租賃期間發生所有權變動，不影響租賃合同之效力。」「後手買受人不能舉證其在交易時盡到審慎注意和核實，理應承擔相關責任」等相關代理觀點被爭議機構充分採納，為處理類似疑難商事訴訟再添一宗寶貴經驗。

托爾斯泰在《戰爭與和平》中說：「面對危險的迫切，人類靈魂中總有勢均力敵的兩種聲音：一種很合理地教人考慮危險的性質和避免危險的方法；另一種則更合理地說，考慮危險太令人喪氣和痛苦了，因為預見一切和迴避大勢不在人類能力之內，所以在痛苦的事到來以前還是不去管它而去想愉快的事好。」但法律崇尚另一種思維，「李剛」的作用最終在證據與法律事實的印證下消弭於無形。對於重大案件的代理，我們不唯上，不唯書，不唯權，只唯實。

該案的另一啟示就是關於挑戰，猶如《壞瓜不壞》中說：「人生路上若是有絆腳石，那你一定是平行，向上爬，絆腳石都會成為墊腳石。」我們也堅信廖一梅在《像我這樣笨拙地生活》中的判斷和思緒：「在每個死胡同的盡頭，都有另一個維度的天空，在無路可走時迫使你騰空而起，那就是奇蹟。」

八、上海的房屋與土地

上海是一神奇的地方，在《上海灘》中有大佬，更有房屋與土地。列夫·托爾斯泰說：「人像河川一樣在不斷流動、不斷變化，人並非每天都以同樣的面貌存在，人是有各種可能性的：傻瓜可能變聰明，邪惡的人可能變成善良的人，反之亦然。」房屋和土地，何嘗不是如此？

張愛玲在《傾城之戀》中寫道：「黃色的燈光，落在青磚地上⋯⋯紫檀匣子刻着綠泥款識。正中天然几上，玻璃罩子裏，擱着琺瑯自鳴鐘，機括早壞了，停了多年。兩旁垂着朱紅對聯，閃着金色壽字團花，一朵花

托住一個墨汁淋漓的大字。在微光裏，一個個的字都像浮在半空中，離着紙老遠。」其原型就是上海蘇州河南岸的康定東路 85 號，這是一棟建於 1920 年代的獨立式花園洋房，是張愛玲的曾外祖父李鴻章名下的房產，也是張愛玲的出生地。

2007 年，我們開始接受一項棘手的任務，棘手的原因在於年代久遠。具體法律文書是 1955 年 9 月 27 日，上海市第二中級人民法院出具的滬二刑字第 66 號《刑事裁定書》：「茲以陳某霖死亡多年，其家屬悉在國外，水利經租處管理負責人陳之妹夫徐瑛清亦以生前與曾養甫關係，佔據政府要職，乘機貪污，以人民建設資金飽其私囊，即以上海房地產估價而論，即已達百萬之巨，其財產之取得，屬於民脂民膏，應該歸還人民之語。該項財產依法自應予代管，特此裁定。」

陳某霖（1900 — 1942），廣東蕉嶺縣人，早年留學美國，後在上海登記註冊青年貿易公司，經營進出口貿易，並設立永安地產公司，從事房地產經營。1929 年至 1941 年間，分別以陳某霖（陳某琳、陳某記）及子女的名義在上海市建造、購買多處房產；後因抗戰爆發，為躲避戰亂，攜眷遷居香港，前述上海房產交由水利經租處負責人徐瑛清管理。按照現今所涉房屋的市值，該房產遠超人民幣 50 億元，這是時間和經濟賦予房屋與土地的另一註解。在上海一個賓館，我們開始駐紮，十多人的規模，歷時 20 多年，工作就是盡調，涉及岳陽路、南京路等 50 餘棟老時的別墅；和各個主管部門的溝通是我們背調的關鍵。數十萬字的盡調報告是最後的工作成果。

陳老先生出生於 1933 年，此時仍然健朗，可以熬夜喝酒，習慣一個人旅行，隻身從美國趕到上海；想起小時候的回憶，總是淚流滿面，那是一種特殊的情感。猶如我對小時候的泥坯院牆非同尋常的記憶，陳先生的童年記憶也是鑲嵌在每一塊磚石上面。

法律上的代管，並不發生所有權的移轉，不同於沒收與罰款，但由於時間的積淤，標的房產的產權實際均已變更 —— 或國家房管部門所有，或企業所有，或第三自然人所有。所謂的代管財產的返還，在實體法上存

在權利基礎，但在程序法上尚不存在任何救濟手段，民事訴訟法並未對該法律事項的處置提供任何路徑。

申訴作為信訪的另一種稱謂，並不產生期限限定與權利義務的處分。前述裁定存在的問題，諸如陳某霖任所謂「偽建設委員會主任」一職係在 1937 年，但其在上海所取得房產基本為 1937 年前取得，而取得該房產的資金均來源於陳某霖 1920、1930 年代在南洋創業所獲之收入，而非 1937 年以後取得。因此，系爭購房產的資金來源並非刑事裁定中所認定的「貪污人民建設資金」所得，明顯屬認定事實錯誤。代管裁定不區分房屋產權人而將所有房產全部認定陳某霖所有，並未區分夫妻共同財產。

物質的意義不在於健壯時有多麼輝煌，而在於當它逐漸凋落時，有明白它的人在一旁靜靜地理解，不言不語，在屏息中交換生命的本真，無視四周的嘈雜與糾紛。「人去樓不空，物事人已非」是這宗案件的基本基調，好在陳老先生豁達、寬容，對未來不放棄努力，但對不確定性保持理解。

至於周小弟，2001 年，他以總價 6.34 億元（單價每畝 25 萬元）拿下浦東三林懿德地塊 2536 畝土地的使用權，隨着土地的不斷升值，他也從一名普通的民企老闆，變為實力不俗的地產富豪。因為 2536 畝的三林懿德地塊的土地轉讓價格問題，周小弟的公司與合作夥伴西子集團及上海環境置業有了矛盾，他經常與西子集團的全資房地產公司總經理尹明華吵架。[1] 2008 年 12 月 25 日，上海第一中級人民法院第一法庭，上海商人周小弟一年多來首次出現在媒體面前，在法警押送下，他走向犯人席，表情平靜冷漠，[2] 被指控涉嫌「故意傷害罪」和「挪用資金罪」，其旗下的「上海新世紀懿德房產公司」則被控「非法倒賣土地使用權罪」和「對非國家工作人員行賄罪」，2009 年 11 月 4 日，周被判處有期徒刑 14 年，剝奪政治

1　《「浦東之子」周小弟往事》，2020 年 11 月 5 日，https://baijiahao.baidu.com/s?id=1682504404475223485&wfr=spider&for=pc.

2　https：//www.gerenjianli.com/Mingren/15/teaesd31co.html.

權利一年，罰金五億元，沒收財產五億元，此前的 2008 年 5 月 30 日，相關地塊已被政府收回，就是後來世博會的用地。

世間的流轉曲折，猶如 6000 多公里的長江，亦如從不平靜的黃浦江。刑事申訴、民事案件、民事執行、刑事執行，中間的糾纏、擾動如影隨形。一波一波的評估、拍賣、執行，是鐘擺的晃動，讓人心緒不寧。最終的刑事申訴，由最高法院指令江蘇高院對原審被告人周小弟故意傷害、非法倒賣土地使用權一案異地再審，對一段歷史糾葛從新作出梳理、裁斷。

亨利‧貝斯頓在《遙遠的房屋》中說：「年復一年，大海試圖侵吞土地；年復一年，土地為捍衛自己而戰，盡其精力及創造力，令其植物悄然地沿海灘滋長蔓延，組成了草與蔓編織的網，攏住了前沿的沙石，任憑風吹雨打。」陳老先生，還有非常雅緻、心量宏大的委託人、世博會原土地使用權所有人錢總，他們對房屋和土地與眾不同的理解，是「草與蔓編織的網」，扛得住任何風吹雨打。

九、I DO

《I Do》是由莫文蔚演唱的一首單曲，由李焯雄作詞、倫永亮作曲，發行於 2017 年 8 月 16 日，其中有歌詞說：「愛是甘於付出，尋常也很滿足。漫漫長路，愛是莫忘最初。」任何職業，必須尋找出其間的愛，才能做到不負職業。

「I Do」也是一著名珠寶品牌，隸屬於恆信璽利實業股份有限公司，其名字取得非常巧妙，源自婚禮誓言，意思為「我願意」。恆信璽利公司成立於 2007 年 9 月 4 日，法定代表人為李厚霖，經過 15 年的努力，儼然成為一家珠寶首飾集團，致力於為追求高品位生活人士設計高端典藏級珠寶，旗下涉及高定品牌 HIERSUN 恆信、婚戒品牌 I Do、時尚定製品牌 ooh Dear 等，其中 I DO 是備受中國消費者推崇的情感珠寶品牌，為眾多

一線明星爭相代言。[1]公司經營範圍包括高級珠寶、鑽石、黃金、時尚珠寶等，銷售覆蓋 140 多個城市，擁有 500 多家門店。多年來，HIERSUN（恆信）鑽石機構結合中國消費市場的變化不斷創新，提出婚戒、高端珠寶定製，時尚珠寶等概念，催生和引領新的市場，推動行業的發展。同時，企業視精益求精的品質為生命，從商品、設計、服務等眾多層面建立了行業新的標準。先後被授予「中國著名品牌」「企業信用評價 AAA 級信用企業」「中國珠寶玉石首飾行業科技創新優秀企業」等眾多重量級的獎項與認可。

　　和李董最初的會面，是在國貿的一間寫字樓。相對方法國設計機構咄咄逼人，堅持依然在國際貿易仲裁委員會提起仲裁，證據匱乏，這是一場包含訴訟、仲裁在內的爭議解決，涵蓋 A 股上市公司股權投資、資產重組、違約賠償、委託設計合同履行、設計費用支付、產品同一性比對、專利認定等商事訴訟、知識產權爭議諸多環節。

　　公司當時的焦慮情緒在蔓延，對於正在進行的仲裁和訴訟，缺乏信心，這種信心缺乏同樣來自其他專業人士的判斷和分析。但困難和挑戰恰是差異性價值的體現。代理團隊不畏挑戰，通過精準的法律和判例研究，模擬對抗，嚴密推理，邏輯求證，周嚴組織證據，提出系統代理意見，最終獲得相關仲裁庭、法院高度認可，實現了法律技術、公司經營、資本市場之間創造性的聯結，在中國國際經濟貿易仲裁委員會、北京市第一中級人民法院、北京市高級人民法院陸續塵埃落定，代理觀點獲得支持。

　　李董有自己的感慨：「痛苦是最偉大的營養，看看那些成功的因素，努力、堅持、積極、遠見、意志等，都是讓身體器官極不舒服、痛苦的過程，所以，如果一件事讓你感到痛苦，那麼恭喜你，提升的機會來了。」「人一生中會面臨很多問題，形形色色、各種各樣。有些問題我們可以直

1　知名婚戒品牌「I Do」，源自婚禮的誓言，代表着步入婚姻殿堂的愛侶對於愛情忠貞不渝的承諾，是最神聖的愛情宣言。一句「I Do」，婚戒滑入無名指，自此以愛為名，相守一生。2006 年，「I Do」品牌應運而生，在北京開設了首家珠寶精品店，以其和婚姻契合度極高的品牌名稱，及在婚戒、對戒作品上的突出表現，迅速成為珠寶業界備受推崇的婚戒品牌。https://baike.baidu.com/reference/4627166/958fJQzh5CnYc8DB6iPSULpP92BnCICt32xqUb4d_MO-wpxDL7B1ztoRkxhjsnn01tFUWgEpMxC5mS2i4e4HKQNxyy0k, 2021 年 1 月 31 日。

接或間接控制，可以通過正確的行為或施加影響得以解決；但有些問題，我們很難甚至無法控制，比如今天的天氣，此時我們要做的，就是不管晴天雨天，改變面部曲線，嘴角上揚，以平和的心態接受並面對，如此才不會被問題控制。」

遙遠山巔的冰雪在陽光下發出耀眼的光芒，清澈的河水汩汩而流。從 2007 年到 2014 年，李董堅持去岡仁波齊轉山八年，轉了十六圈。猶如我們這一系列的訴訟，也有高原反應，也有嚴重不適，是一種痛苦的磨礪。這些在《轉山八年》一書中都有體現，他在書中說，「轉山這條修行路，是肉體上的，更是精神上的。如果把人生比作轉山，我們常常會在這個過程中遇到艱難險阻和毀譽參半，只有堅持、忍耐，相信自己能做到，才真能做到。轉山，其實就是煉心。」

「我看着牀，看着房間裏的一切，忘記了即將崩潰的身體，忘記了我身在何處，整個人飄飄忽忽，猶如進入夢幻世界。」[1] 所謂「若不撇開終是苦，各自捺住即成名」，生命一直向前，無常至於定恆，世間自有和合。

從企業家到慈善家，再到一個虔誠的膜拜者，李董有自己的沉澱，懷有一顆素直的心。這些也是讓我感動的地方，每一案的紛繁蕪雜，婆娑殘缺，大抵都是一種最完美的註解。

李總是李董的兄長，友善、熱情，酒量極好，而且能夠熬夜。他對娛樂界、影視界有自己的定位和理解。我們一起喝過不少紅酒，為慶功，也為對未來的暢想。恆信有他的執着和堅韌，前路可期。

一些事如星斗轉，三島由紀夫在《金閣寺》中說：「人類只不過承繼自然界諸種屬性的一部分，運用有效的接替方法傳播和繁殖。如此說來，金閣和人的存在越發表現出了明顯的對比，一方面，人類易於滅亡姿態，卻浮現着永生的幻象；而金閣不朽的美麗，卻飄蕩着滅亡的可能性。人類這種 motal 現象，是無法根絕的。金閣這種不滅的東西，反而能夠使之消

---

1 《李厚霖，8 年時間重複着「轉山」》，2015 年 3 月 4 日，http://panews.zjol.com.cn/panews/system/2015/03/04/019090079.shtml.

滅。」案卷層疊，我曾不斷思考意義。猶如蔣勛在《孤獨六講》中所言：「我想，有沒有可能生命的意義就是在尋找意義的過程，你以為找到了，卻反而失去意義。當你開始尋找，那個狀態才是意義。」

十、溫哥華的鬱金香

攝影，在一段時間成為我出差間歇時的「課餘愛好」，一些光影的凝結，成為一種輔助和寄託。最初的拍攝是用手機完成的，主要對象是植物。它們的四季枯榮，對我來說都是明豔的成長過程，都是特別的存在。

上海的街頭總有大大小小的公園，我總能看到各式各樣的花伴隨四季，從不缺席，仿佛是對陽光的回饋，即使冷寒季節也透着溫暖。我在天台的國清寺，以仰角拍到過盛開的荷花，還有 1400 年的梅花。在梅花樹下，時間總有另一種定義，譬如疏離和停滯。白落梅說佛前的青蓮和梅花：「因為沒有耐住雲台的寂寞，貪戀了一點凡塵的煙火。所以才會有今生這一場紅塵的遊歷。於是，那些有性靈的物象，總是會如約而至。比如，一隻鳥兒多情的目光，一朵花兒潔白的微笑，一首宋詞婉約的韻腳。而我們，只需用這些純淨的愛，平凡的感動，打理簡單的華年。」

2012 年，我在從北京到溫哥華的航班上，同樣感到了時間的疏離與停滯，甚至是回轉。這是一種奇異的感覺，從時間的軀殼脫離，然後俯視時間，細緻品味時間的每一幀畫面。

見到賀總的時候，他對回國基本已不報太大希望，「就想尤勝之年，能再看看老娘」。《異鄉人》中說的，「故鄉安置不了肉身，從此有了漂泊，有了遠方。異鄉安置不了靈魂，從此有了歸鄉，有了故鄉」，只有在大起大落的企業家口中，才有真切的滋味。這種滋味有酸甜苦辣鹹，更有悔嗔癡慢疑。所有的一切，都是因為一塊地，準確的名字叫赤土山，秦皇島靠海非常出名的一塊別墅用地，馬路的對面就是歷史聞名的「鴿子窩」。

毛主席著名的詞《浪淘沙·北戴河》，就是他在鴿子窩所寫，「大雨

落幽燕，白浪滔天，秦皇島外打魚船。一片汪洋都不見，知向誰邊？往事越千年，魏武揮鞭，東臨碣石有遺篇。蕭瑟秋風今又是，換了人間。」上闋寫景，下闋寓情於史。

2010 年 9 月對於倉皇於溫哥華的賀總而言，無疑是驚濤駭浪，人間蒼茫。賀儉，男，中國國籍，1965 年 11 月 14 日出生於中國河北。曾任河北港口集團方大房地產公司經理，因涉嫌貪污罪和單位行賄罪，「在方大地產公司改制過程中貪污巨額資金，挪用方大公司巨額煤炭業務款支付了其購買方大公司的股金」，逃至加拿大，2011 年 12 月 9 日由國際刑警組織發佈紅色通緝令。[1] 2015 年，賀儉被國際刑警組織中國國家中心局列為 100 名涉嫌犯罪者之一，位列 68 號。2017 年 4 月 28 日，《中央追逃辦 22 名外逃人員藏匿線索公告》中，賀儉列第 21 位。[2] 賀總在方大公司的股權是秦皇島市政府「主輔分離」「輔業改制」的結果，即 2007 年 2 月 8 日，秦皇島市政府經過多次審計、評估最後下發的《秦皇島市人民政府關於秦皇島港方大房地產開發有限公司改制的批覆》（批覆 [2007]4 號），批覆同意將方大公司 80% 國有淨資產協議轉讓給以經營層為代表的企業內部職工，保留 20% 國有股權，由河港集團持有，轉讓最終價款為 1598.46 萬元。由於方大公司在其後的運營中，拿到了令人眼紅的赤土山，因此潛在的爭奪在「白浪滔天」「汪洋不見」中依然展開。

紅色通緝令的背後，是刑事、行政、民事程序的立體化展開。張北縣人民檢察院分別於 2011 年 5 月 31 日、2011 年 6 月 8 日向河北省國資委、秦皇島市國資委作出張檢建（2011）13 號《檢察建議書》，建議撤銷改制文件、宣佈改制無效。2011 年 6 月 13 日，秦皇島市政府作出批覆《關於撤銷秦皇島港方大房地產開發有限責任公司改制文件的批覆》（批覆 [2011]25 號），撤銷改制批准文件，秦皇島工商局依據該批覆直接變更賀儉等股東的股權登記，股權 100% 收回到河鋼集團的名下。同時，另一場

1　《中國發佈「紅色通緝令」全球通緝 100 名外逃人員》，人民網，2015 年 4 月 22 日。

2　《中央追逃辦曝光 22 名外逃人員海外「藏身處」》，2017 年 4 月 28 日，http://www.xinhuanet.com//local/2017-04/28/c_129578937.htm.

民事訴訟也在秦皇島中級法院開打。

清朝的胡雪巖是紅頂商人，賀儉同樣為紅頂商人，但他的紅頂，在刑事程序中有「鐵帽子王」的稱號，其為刑事辯護的天花板，幾無辯護和法律幫助的空間。2012 年，在逃亡兩年後，賀總已是走投無路，陷入空前的絕境。始終希望「見到老娘，救贖時間」，但救贖之路，遠隔重洋，且暗淡無光。而民事程序、行政程序仿佛已是暫時忘卻、可以「不去關心的事情」。

那是我第一次踏上溫哥華的土地，那年的微信和朋友圈還未普及，還是新奇的存在。我住在一個乾淨整齊的賓館，賓館的一層是一個小型賭場，對我並沒有吸引力。我只關心該案的客觀事實。

十多年來開始形成的接受委託的標準在於：1.當事人毫無辦法，窮極路徑後案件仍然疑難和複雜，如有其他人可以提供幫助，還有些許希望，我們並不考慮參與；2）客觀真實，不得弄虛作假，不能存在僥倖和隱瞞；3）我們確實可以提供一定的幫助，起到一定的作用。以上三點並存，缺一不可。至於挑戰性、複雜性、艱巨性，並不是考慮因素。賀總對案件的陳述，完全符合前兩個標準，且能夠對律師工作方式予以理解，對時間跨度有客觀判斷。這是此行團隊給出的任務，也是能接受委託的核心基礎。至於能否提供法律幫助，是需要團隊共同討論的，我們對可行性準確、詳實的判斷，才是接受委託的第三個標準。

對那次行程，我印象最深的還是賀總窗外的一盆嬌豔的鬱金香，溫暖而有生命力，是一種與寒冬完全相反的力量。嫂子是一個綠植專家，在多麼艱苦的環境也能培養出茁壯的盆栽。

堅韌是這一案件必備的心理基礎，因為跨洋過海，還有無數的險關和天塹，需要搭建與眾不同的橋梁，路在腳下，需要自己走出來。「紅通」「獵狐」「天網」是這宗案件最濃重的底色。我們需要種植刑事、行政、民事綜合、立體的綠植，開出不可思議的花來。

中間我又多次奔赴溫哥華，給賀總帶去了《彭真文集》，也經常與他促膝長談、喝茶、攝影。李娟在《阿勒泰的角落》一書中討論過兔子：「都

說兔子膽小，可我們所知道的是，兔子其實是勇敢的，它的生命裏沒有驚恐的內容。無論是淪陷，是被困，還是逃生，或者飢餓、絕境，直到奄奄一息，它始終那麼平靜淡然。它發抖，掙扎，不是因為害怕，而僅僅是因為它不能明白一些事情而已。」賀總很有同感，給自己取的微信稱呼就是「小強」。賀總狀態明顯改善，打球的狀態明顯提升，時常有不錯的發揮。

2017 年 11 月 7 日，國航 CA992 次航班在北京首都機場落地，[1]賀儉終於再次踏上故土。2018 年 12 月 23 日，河北省張北縣人民法院一份刑事判決書（2018）冀 0722 刑初 107 號，即秦皇島港方大房地產開發有限責任公司、賀儉單位行賄一審刑事判決書，是一個關鍵的里程碑，法院最終認定「被告單位秦皇島港方大房地產開發有限責任公司犯單位行賄罪，判處罰金人民幣 100 萬元。限本判決生效後十日內繳清。被告人賀儉犯單位行賄罪，判處有期徒刑二年，緩刑三年。」摘掉紅帽子，不再是「紅頂商人」，這是刑事程序的最終結論，但我們知道這只是畫上了一個分號，而非句號。判決書下達後不久，賀儉之前凍結的賬戶、扣押的物品便被一一返還，這已是不小的奇蹟。

2022 年 7 月，張家口檢察院出具《撤回張檢建（2011）13 號檢察建議決定書》，認定「未履行層報程序，且同一文號的檢察建議書向不同的兩個單位發出（河北省國資委、秦皇島市國資委），存在程序違規問題。」這是行政程序、民事程序分支的新階段。

一些工作還在倔強地展開，安妮寶貝說，「綠葉硬朗青翠，花瓣粉白芬芳，濃郁如絲緞。青翠結實飽滿，花朵如同帶有毒性的辛辣。」「即使明天世界就要毀滅，我也要繼續種我的蘋果樹」，這是對那株倔強的鬱金香的倔強承諾，而這個承諾已經過去了十年，我還有更艱苦的路要走。

---

1 《「百名紅通人員」第 68 號賀儉歸案　揭祕歸案細節》，央廣網，2017 年 11 月 7 日，https://baijiahao.baidu.com/s?id=1583407196952752837&wfr=spider&for=pc. 經中央有關部門和河北省委、省紀委扎實工作、不懈努力，「百名紅通人員」第 68 號賀儉回國投案。這是黨的十九大勝利閉幕後首個回國投案的「百名紅通人員」。《「百名紅通人員」第 68 號賀儉回國投案》，人民網，2017 年 11 月 7 日，http://politics.people.com.cn/n1/2017/1107/c1001-29632420.html.

十一、峨眉山的佛光

　　峨眉山是普賢菩薩的道場，普賢薩埵素有大願，經文中說：「願令眾生，常得安樂，無諸病苦，欲行惡法，悉皆不成，所修善業，皆速成就。」張總，一個不苟言笑的專業技術人員，也抱持大願，在他七里坪的小屋，對縫紉機前沿技術保持着令人歎為觀止的熱情和專注，絕無其二。

　　他的創新與沉澱，來自兒時的困頓和不幸。他自小就是孤兒，很小就開始漂泊江湖，他在縫紉機領域的敏感和創新，在北京大紅門仿佛一夜之間開始湧現，且一發不可收。他的高超技術並不來自所謂學院派嚴格的鍛造，而是在廢品收購、拆解、組裝、縫補的過程中爐火純青。

　　張總和周總，是模範伉儷的典型代表，性格互補，一路並肩走過。和他倆溝通，才會真正理解莊子所說的「相濡以沫」。他們在大紅門從最底層的銷售開始奮鬥，為後來在寧波、四川的創業打下了基礎，更重要的是，他們善良、慈悲、堅韌。

　　他們在寧波投資的第一間公司是中外合資性質，他們佔據最大股權。但由於公司所有的土地不斷升值，他們開始受到排擠和打壓，相對方同樣不惜採用刑事和民事結合的手段，意圖吞掉他的全部投資和權益。於是系列爭議迸發，涵蓋中外合作企業出資方式、董事會訣議無效、抽逃出資刑事責任追究、工商行政處罰、股權否定、股東權利限制、企業資產審計、股權轉讓、公司解散、出資追繳、資產評估、股東知情權、債權追訴等連鎖疑難商事訴訟。

　　2006 年和張總的碰面，是在小紅樓的會議室，張總已然被爭議糾纏得苦痛不安，但他心中仍充滿光明，不事嗔恨。我們在許仙樓吃過飯，討論過心中的苦悶。

　　案件最終得以解決時，律所已經從小紅樓搬到幸福二村的 43 號樓 C 座 4-5 層，那年的張總和周總，在綿陽的工廠已經大展拳腳。整個案子歷時 13 年。在開業大典上，張總邀請我給舞動的獅子點了眼睛，我感謝這樣的殊榮。

　　這宗系列案件，本質訴求是為老實人找到公道，在法律規定的局限性下找出突破點。法律修改前，實施中的中外合資企業權力機構為董事會，而非股東會，董事會的議事規則是一人一票，與股權比例無關。董事會決策取代大股東意志，成為該案最大的挑戰；且在刑法修正之前，出資不實和抽逃出資，構成刑事考量，將被追究刑事責任，而相對方在特定地域的影響力超出想像。土地的增值，通常伴生一系列利益糾葛和纏繞。團隊不畏挑戰，通過精準的法律和判例論研，模擬對抗，嚴密推理，邏輯求證，查閱卷宗，調查取證，克服重重困難，撰寫數十萬字各類法律意見，生成程序文書數十件，終憑專業扎實的法律技術，突破地域保護壁壘，在對比嚴重失衡的情況下，最大限度還原案件客觀事實，獲得完全勝利，投資款獲得收回。而收回的投資款對於新建的工廠，正是及時的甘霖。

　　從寧波北侖區法院、寧波中院、浙江省高院，到浙江省檢察院、北侖區公安局，我們經歷了幾番風雨。在原一審、二審全部支持對方，張總成為被執行人，甚至一度被限制高消費的被動境況下，張總和周總仍然選擇信任我們。其實，我們已經初步掌握相對方通過虛假證據進行虛假訴訟的證據，但張總仍以寬諒為要，案結事了，要將精力和財力投入更大的宏願，幫助更多的人。最終全部錯誤生效法律文書被撤銷，這個案例也感動了相關方面組委會，最後入選「2021 — 2022 中國商業創新優秀案例」，感動是可以傳染的，因為它最有能量。

　　南懷瑾在峨眉山修行過很長時間，他在書中說過自己的親身經歷：在半年多時間，他在山頂修行，不食不睡，真正能夠覺悟所謂「大音希聲」「大象無形」「大方無隅」，也會真正了解塵世的煙火味。

　　對於張總和周總而言，他們在離峨眉山不遠的城市，仍然忙碌不停，仍然會熬夜不疲，仍然會喝酒，仍然還有要發的脾氣。七董年說，「生活裏充滿了太多不值得那麼快樂的快樂，和不值得那麼悲傷的悲傷。要說波瀾，其實不過只是池塘裏的漣漪。我們的生命這樣地單薄，一切大痛大徹，其實不過是存在於我們的幻想中。」他們夫妻二人，就像北傾在《他站在時光深處》一書中的記敘，是「那種經歷了大風大浪，卻還平靜得像

只是下雨時踩濕了褲腳一樣的人。性格裏有一種從容不迫的力量，也溫柔，也不慌不忙。」

峨眉山報國寺有不一樣的蜀葵，寺和花都是沉靜和大願的化身，一是建築，一是自然。有情眾生都是從目觀耳聽的世界裏尋得信仰的蹤跡。《道德經》中說：「不出戶，知天下；不窺牖，見天道；其出彌遠，其知彌少。是以聖人不行而知，不見而名，無為而成」。

趙汀陽在《惠此中國》中有一段話，「一個精神世界越被廣泛使用，越被更多的人分享共用，就會因此凝聚起越多的文化附加值和難以拒絕的魔力，就越能夠吸引更多的心靈，結果會形成一個無窮增值的循環。一以貫之的努力，不得懈怠的人生。每天的微小積累會決定最終結果，這就是答案。」關於普賢菩薩的大願，也許就在於此。

十二、普陀山的光影

普陀山是觀音菩薩的道場，其中法雨寺的九龍殿最為特殊，該佛殿是從南京明故宮整體搬遷而來的，殿內有普陀山三寶之一「九龍藻井」。坐在普陀山的海邊，浪花翻捲，光影交錯，忽明忽暗，變幻間浪花忽碎忽合，剎那間，光影和浪花又磨為一體。

格雷厄姆·格林在《我們在哈瓦那的人》中說，「人總要很久以後才會了解，在錯綜複雜的人生之圖中，每樣事物 —— 甚至一張明信片 —— 都是圖案的一部分，因此不管是什麼東西，掉以輕心都過於草率。」2000 年 6 月，我第一次到普陀山是走從上海出發的海路，輪船要走一個晚上，有一些綠皮火車的感覺。從普陀山回上海，也是在一間小艙，在海浪中顛簸了一夜。

回程中，一位非常年輕且健談的青年分享他在北京投資房產的心得，那是我對按揭的首次感知，「在郊區和城鄉結合部，通過按揭投資買方，然後考慮出租，租金應該能夠覆蓋每月的按揭貸款」，這是在內地房產高

峰期來臨之前的預判，至今想來，也是非常令人佩服，但我財力和執行力有限，並沒有充分享受房產的紅利，只是解決了北京的首套房產，想來也是非常知足和感恩。也許，這就是觀音薩埵的悲憫與點化。

2007 年 8 月，《知識產權報》登載：歷時 23 年，涉案金額五億元，被稱為「中國商業祕密糾紛第一案」的貴州長征電器訴上海華明案再現轉折，遵義市檢察院撤銷了對上海華明實際控制人肖日明的批捕決定，長征電器也撤銷對肖日明和上海華明的民事訴訟，上海華明卻據此對長征電器提出了侵犯名譽權訴訟。[1] 在貴州長征電氣股份有限公司與上海華明電力設備製造有限公司之間引發的名譽侵權、商業祕密確認不侵權等一系列訴訟爭議，歷經上海二中院、上海市高級人民法院，最後上海高院出具的（2008）滬高民三（知）終字第 159 號為我國知識產權司法實踐中開創性案件，早於相關不侵權司法解釋出台時間。貴州長征電氣有限公司前身為長征電器一廠，從上海遷入貴州，是「三線建設」時代政策的執行和落實，[2] 該廠是集變壓器有載分接開關及無勵磁分接開關研發、製造、銷售和服務於一體的專業高新技術企業。但其與上海華明電力設備製造有限公司之間存在技術和市場的重疊和競爭，因此，相關糾紛在預料中此起彼伏，一時劍拔弩張、硝煙瀰漫，戰鼓不息。2005 年 9 月，長征電器向貴州省有關部門舉報肖日明及上海華明涉嫌侵犯該公司商業祕密，稱時任長征電器一廠總裝車間技術室副主任和總工程師辦公室副主任的肖日明於 1984 年離開長征電器後創辦上海華明開關廠（後改制為上海華明電力設備製造有限公司），在產品研發中使用了 1984 年長征電器從德國 MR 公司引進

1　徐新明：《中國商業祕密糾紛第一案引發思考》，載《知識產權報》，2007 年 8 月 24 日，http://www.ciplawyer.cn/aljxsymm/122720.jhtml. 貴州上市公司長征電器發出公開信，要求上海律師嚴義明在三日內道歉。據了解，長征電器在公開信中，要求嚴義明「立即停止損害長征電器聲譽的行為，在公開信發佈後三個工作日內，在你原提供不實信息的媒體上向長征電器及其股東公開道歉。」昨天，長征電器委託人貴州山一律師事務所李良國律師表示，如果嚴堅持不道歉，擬向貴州省當地法院提起名譽權訴訟。《「嚴義明 PK 長征電器事件」追蹤》，載《重慶商報》，2006 年 9 月 4 日。

2　「三線」建設已成為歷史，工業化奠基時代漸漸離我們而去的時候，「三線」已成為距我們最近的工業遺產，它是一種失落的光榮。https://m.weibo.cn/status/4633873340958641.

的 110 伏、220 伏 M 型、V 型有載分接開關製造技術。2005 年 5 月，長征電器以「引進技術被竊取，企業利益被侵害」為由向貴州省工商局投訴，並請求保護。同年 7 月 14 日，貴州省工商局正式立案，9 月，該案移交貴州省公安廳，被指定為督辦案件並正式立案查處。2005 年 12 月 19 日，遵義市人民檢察院批准逮捕當時赴美考察未歸的肖日明，予以邊境控制。[1]但十幾年後，雙方偃旗息鼓，握手言和，合二為一，也是起承轉合，回到起點，冥冥中自有安排。資料表明，貴州長征電氣有限公司現為華明電力裝備股份有限公司（SZ.002270）下屬控股公司。

委託人在小紅樓和幸福二村的會議室均與我們有充分的溝通，涉及案件細節的方方面面，但方案的擬定與落實存在的空間、時間的距離，考驗委託人的即時判斷力和執行力，這是很多案件必須直面的問題。但從另一角度而言，何嘗不是更大場景和圖案的組成和拼接？《渴望生活‧梵高傳》中說，「你永遠不可能總是對任何事情都做到確有把握。你所能做到的就是用你的勇氣和力量去做你認為是正確的事。結果也許會證明你的所作所為是錯誤的，然而至少你是去做了，這才是重要的。」這個案件總使我陷入法律和道德之間關係的思考。不同的糾紛與爭執，其核心層面都是對人的需求和慾望的考察，都是對淨餘額究竟為善還是為惡的究問。法律與道德的合作是以分工為基礎的，且由於法律與道德的謙抑性，兩者各有其限度而均非萬能。所以，一方面要避免泛法律化，以為法律萬能而事事繩之以法。法律是一刀切的剛性規範，難以獨立應對現代社會的多元化需求。正如刑罰不是越嚴苛越好，法律也不是越多越好。相反，「德失則法繁」，法律過多可能是道德約束力下降的結果，因為「法律與其他社會控制成反比」。如法律過於繁苛，社會便失去了寬鬆自由的發展空間。另一方面，也要避免泛道德化，動輒以道德衛士自居而處處苛責他人。鑒於各人偏好排序的不同及信息佔有的不對稱，局外人的判斷未必會比當局者

1　徐新明：《中國商業祕密糾紛第一案引發思考》，載《知識產權報》，2007 年 8 月 24 日，http://www.ciplawyer.cn/aljxsymm/122720.jhtml.

明智。過多或過度的法律或道德都會不合理地限制人性，給人的自由造成「多餘的壓抑」。[1]

簡媜在《以箭為翅》中說：「人並非不知道江山易改的道理，也熟讀滄海桑田的故事；然而，面對繁花似錦的世間，忍不住要去爭取、去唱和，人仍然有一絲憧憬，以為江山已改了千萬次，不會恰恰好在我身上改動，滄海已換了千萬回面目，怎會恰恰好在我身上變成桑田？」

律師埋在個體的案卷裏，暗無天日。把一件件案件處理完，幹好，才漸漸感受到靜謐、安靜。

十三、雞足山的金頂

雞足山位於滇西賓川縣境內，因為它的形狀像雞足一樣而得名，據說是釋迦牟尼座下大弟子迦葉的道場。從大理出發，那年只有坐中巴才能到達。據說現在建設了索道 —— 之前爬山是需要心理建設的。尼采在《查拉圖斯特拉如是說》有言：「真正有決心的人，是明明了解恐懼還能強迫自己去克服恐懼的，是明明目睹了深淵還能傲然以對的。」

山腳下的炎熱與酷暑，與山頂的飄雪、冷寒總能形成巨大的反差。這種反差總在不意間到來，一片雲捲雲舒，便是滂沱大雨，李碧華在《生死橋》中說，「人很少為自己而活，不是為所愛的人，就是為所恨的人。」但雞足山是消弭愛恨的地方，從山上下來，一切重負、纏繞總是空離、脫解。

虛雲禪師[2] 與雞足山緣分頗深，曾在雞足山襤褸衲衣降服過荷槍實彈的軍閥，以一衲、一杖、一笠、一鐘行遍天下，一生堅持頭陀苦行，1959 年，在雲居茅棚內圓寂，享年 120 歲，出家時間長達 101 年。100 年虔誠於一事。

雞足山的頂寺是位於天柱峰上的金頂寺，是雞足山的最高寺廟，金頂

---

1 謝可訓：《人性視角下的法律與道德》，載《人民法院報》，2016 年 7 月 8 日。
2 虛雲禪師（1840 — 1959），湖南湘鄉人，俗姓蕭，名古巖，字德清，六十歲後改字幻遊，號虛雲，是近代「一身而系五宗法脈」之禪宗大德。

寺因有銅鑄「金殿」而得名，與武當山的金頂異曲同工。金頂寺內有一座
銅殿和一座楞嚴塔，塔高 41 米，加之高聳於海拔 3220 米的金頂上，甚為
壯觀，是雞足山的標誌。金頂寺位於峰頂，金碧輝煌，寺門前有個大觀景
台，叫睹光台，站在上面可以一覽眾山。這是對攀山者的獎勵。

　　伴隨特別的過橋米線和蟲宴，我們在雲南陸續代理過三宗重大案件，
分別涉及水電股權糾紛、借款糾紛和進口汽車股權爭議。

　　第一宗，水電站股權爭議，總計涉及怒江 15 座水電站，從 2007 年開
始，先後經歷四級法院，即五華區法院、昆明中院、雲南高院，直至最高
法院，存在多重法律關係交叉，2009 年 3 月 19 日，雲南省高級人民法院
作出（2008）雲高民二再字第 1 號《民事判決書》，認定江東公司為華龍
公司股東，股東與公司之間簽訂的《借款協議》為合法有效，並判決：撤
銷（2005）雲高民二初字第 2 號《民事調解書》，華龍公司償還江東公司
借款 2.0683 億元及利息。其後就是債權股權，對股權評估、拍賣，實施
對標的公司控制權。

　　第二宗，於 2009 年 4 月 28 日開始介入，係中國信達資產管理股份有
限公司雲南省分公司與昆明曉安拆遷經營有限責任公司債權糾紛及處置。
截至 2019 年 12 月 31 日，該債權總額為 87,834.30 萬元。債務人位於雲南
省昆明市官渡區點睛苑小區 B 幢 1-8 號，該債權由昆明佳達利房地產開發
經營有限公司、李留存提供保證擔保；由李留存、李崑崙合計持有昆明曉
安拆遷經營有限責任公司 100% 股權提供質押擔保；由昆明曉安拆遷經營
有限公司名下以下土地提供抵押擔保：1. 昆明市鳳凰村 23 號，使用類型
為出讓，面積為 5,354.14 平方米；2. 昆明市官渡區關上街道辦事處日新社
區上首蓿村，使用類型為出讓，面積為 27,200 平方米；3. 昆明市官渡區關
上街道辦事處，使用類型為出讓，面積為 29,204.71 平方米。[1] 在該案處理

1　《信達公司雲南省分公司關於昆明曉安拆遷經營有限責任公司債權的處置公告》，編號：
　　101100043176，2020 年 1 月 2 日，http：//www.cinda.com.cn/bulletin.do?seachtype=find&status=com
　　pany&bulletintno=43176. 昆明市官渡區人民法院根據昆明曉安拆遷經營有限責任公司的申請於
　　2021 年 3 月 10 日裁定受理昆明曉安拆遷經營有限責任公司重整一案，並於 2021 年 3 月 10 日
　　指定昆明曉安拆遷經營有限責任公司清算組擔任昆明曉安拆遷經營有限責任公司管理人。

過程中，我印象最深的是見識了一位雲南地方大律師的牌面，在委託人層面，我們不是對手，而是隊友。早班飛機落地昆明後，本想在上午完成與這位大咖的溝通和交流，趕到這間律師樓的時候是上午 11：45，但被告知，需要下午 1:30 才能開始會面，其實他本人就在律所，只不過是午休而已。下午的見面，需要遠隔一張碩大的桌子，喊着交流。他的辦公桌，據說是特別的紅木，牆上掛着一幅署名蔣中正的對聯，「養天地正氣，法古今完人」。

第三宗，受託人為 BVI 基金，通過香港合資公司將資金輸入內地，但被中方合資者另行建設新的門店。這一案件依稀是江蘇合資建設啤酒流水線的翻版，仿佛印證着一句著名的話：「歷史從未消失，歷史終是重複」。

三宗案件直接或間接均與環境、資源和能源關聯，也是團隊開始萌生發展環境法律服務專業化的起點，儘管充滿挑戰，也有危險。團隊在怒江的實地考察存在重大危險，那裏常有滑坡和泥石流；也曾路過虎跳峽，峽內礁石林立，有險灘 21 處、高達十來米的跌坎。中間也有剎車失靈的經歷，現在想來仍是驚心動魄。所有的危險，其實在傳遞一個信息：要想與眾不同，必須有所經歷和體驗。如同稻盛和夫所言，「人生中所發生的一切事情，都是由自己的內心吸引而來的。不管想做成什麼事情，不管面對怎樣的命運，只要我們活着，目標就應該是培育一顆為他人着想、為他人努力的善良之心。越是提高真我，就越能夠接近事物本來的規律。」也唯在金頂，才有「一覽眾山小」的曠達與視野。

周國平在《守望的距離》中說，「人分兩種，一種人有往事，另一種人沒有往事。有往事的人愛生命，對時光流逝無比痛惜，因而懷着一種特別的愛意，把自己所經歷的一切珍藏在心靈的穀倉裏。沒有往事的人對時光流逝毫不在乎，這種麻木使他輕慢萬物，凡經歷的一切都如過眼煙雲，隨風飄散，什麼也留不下。」三宗案例，陸續深藏在專業化心靈的穀倉裏，慢慢生根發芽。

十四、五台山

　　對我來說，五台山的首次出現，不在地圖上，而在一次夢中。夢很短，短到只有寥寥短暫的對話，清晰而深刻，我馬上清醒爬起。

　　一位老者，白鬚飄飄，騎着獅子，要求我必須來一趟「山裏」，「山在北京的西南，有一些距離」，「必須來！」於是我深夜久坐，思索，查詢地圖。

　　第一次到五台山，是坐最早的一班列車，依然是綠皮咣咣作響的路線，習慣黑夜的局限，等待黎明的破綻，陽光透出時，我看到清涼寺大殿裊裊的燭煙，然後看到殊像寺，夢境中的獅子恍然出現了 ── 驚異，不偏不倚，我亦看到殊勝的村子。那一刻，我竟淚流滿面，分不清夢境與現實。拾級而上黛螺頂，瑣碎和微塵已成空無，究竟是清涼境界。明代憨山大師在《山居》說，「春深雨過落花飛，冉冉天香上衲衣。一片閑心無處著，峰頭倚仗看雲歸。」這是五台山真正的佛意所在。

　　《天道》中有「醉舞經閣半卷書，坐井說天闊。大志戲功名，海斗量福禍。論到囊中羞澀時，怒指乾坤錯。」也有精彩的五台山論道，丁元英、韓楚風向智玄大師請教佛理，「悟道休言天命；修行勿取真經。一悲一喜一枯榮，哪個前生注定。袈裟本無清靜，紅塵不染性空。」五台山，有五爺，有順治，還有歌手李娜。後來還有我的人大同學，他有豐富的資歷和驕人的業績，做過法官、教授，但決絕選擇在五台山剃度，在色達五明佛學院進修，然後雲遊四方，超然方外。他在奔赴五台山的前夜，我們有過短暫的茶聊。「活着的最好態度，不是馬不停蹄一路飛奔，而是不辜負。不辜負身邊每一場花開，不辜負身邊一點一滴的擁有，用心地去欣賞，去熱愛，去感恩。每時，每刻」── 丁立梅在《風會記得一朵花的香》一書中的表達，也很有禪意。後來，我再無機會與他相遇和茶談，在終南山的綿延崇嶺，那裏有瑞典詩人帕爾·拉格克維斯特的詩句：「是誰走過了，經過我時光深深的夜晚，留下我單獨一個人，永遠。」

　　在小紅樓的棋盤上，主席有一段時間興致不高，原因在於一宗山西的

案件有些「趴窩」，[1] 該宗案件由太原分所負責承辦，主要涉及煤礦採掘專利問題，法律監督和社會監督已達到相當層級，但落地路徑仍是「只在此山中，雲深不知處」的悵惘。那一段時間，山西的當事人總是很準時地來單位喝茶，少言少語，和藹可親。

在一枚棋子落子後，主席突然說，「小楊，你不是學知識產權的嗎，專利怎麼樣？」客觀而言，專利在知識產權體系中極為特殊，無理工科背景，很多時候不能解其深邃。我在忐忑不安中接受了任務，實地考察，整理卷宗，另闢蹊徑，終有所得。深 900 米的礦井我是下過的，另一次深入井下幾百米的經歷是在瑞士。當我一身疲倦、煤灰不乾地回到小紅樓時，主席點了點頭：「沒想到，小楊還是一名福將！」只是這輕聲的一句，便已足夠。

陝西七建，全稱是陝西建工第七建設集團有限公司，是中國 500 強陝西建工（股票代碼：600248）核心子企業。始創於 1951 年，歷經多次名稱演變，2013 年名稱才變更為陝西建工第七建設集團有限公司。集團先後被評為中國建築企業 500 強、全國 500 家經濟效益建築企業、全國建築業 AAA 級信用企業、全國建築業科技領先百強企業、全國質量管理優秀施工企業、全國工程建設質量安全信譽 AAA 級保障單位、中國建築業具成長性百強企業、陝西省優秀施工企業、陝西省建築業新技術應用示範工程先進集體等殊榮。[2]

作為多年老朋友的委託人在該城市有一重大項目，工程質量優秀，但工程結算後，長期拖欠工程款。委託人深知，訴訟或仲裁將是一可以預見的訴累，給我們的任務是，能否嘗試非訴訟解決工程款問題。這是一宗非常具有挑戰性的工作，也許本身就是不可能的工作。因為，雙方早已文鬥武戰多年，戰火連綿不絕，訴訟和仲裁只是形式而已，和解解決的窗口早已關閉多年。

1　編輯註：方言，表停滯不前。
2　陝西建工第七建設集團有限公司官網，2022 年 8 月 30 日，https://www.sx7j.com/intro/1.html.

　　七建的經理有一特別的姓氏，「別」，有卓別林的幽默，其實按《辭海》解釋：別子，古代指天子諸侯的嫡長子以外的兒子。曾鞏《公侯議》：「天子之嫡子繼世以為天子，其別子皆為諸侯，諸侯之嫡子繼世以為諸侯，其別子各為其國卿大夫。」別姓是有些來歷的，尤其在寶雞。別書記，酒量驚人，可以斤計，偏胖，非常熱愛生活，但也因這件事惱火得不行，經常喝悶酒。他來北京多次，邀請我到堯都「問診看病」。「我們確實活得艱難，一要承受種種外部的壓力，更要面對自己內心的困惑。在苦苦掙扎中，如果有人向你投以理解的目光，你會感到一種生命的暖意。」塞林格在《麥田裏的守望者》中的描述，也是別書記真實的心境。

　　山西臨汾有堯都區，據說是三皇中堯的故都。據說相對方還是堯都區的原體制內官員，很有官威。「以法為基，以德服人」，最終事情圓滿和解，效率和質量都超出了別書記的期待，他非常高興，酒量又增加不少。

　　但我深知，薩埵以大智慧為本願，經中云：攝心為戒，由戒生定，由定生慧。而文殊菩薩以淨行法門，指導我們要處處為眾生着想，故文殊菩薩教導我們要有無私念頭，把大眾的利益放在第一，自身清淨不染而利人，才能入三昧大智正定。利他不染，這才是律師應該做的事情。

十五、紅牛（REDBULL）的背後

　　從北京開車到鄭州、洛陽、南陽的長途行程中，我沒少用紅牛提神。後來在各地的馬拉松比賽中，紅牛也是我忠實的陪伴者，想來我與紅牛的緣分不淺。

　　「紅牛（REDBULL）」商標的主人是泰國天絲醫藥保健有限公司創始人許氏家族。2016 年一個冬日，許氏家族的代表從泰國直飛首都機場，然後從機場開車三個多小時到訪延慶的「古崖居」。

那一天北風很緊，懷來是北京的風口，古崖居是主席幽居的地方。許先生一行背負焦慮，和主席的溝通有「三顧茅廬」的懇切，更有「斷臂立雪」的決心。

紅牛維他命飲料有限公司是一合資公司，註冊地在北京懷柔，其控制人為華彬集團，外界將其簡稱為「中國紅牛」，中國紅牛與泰國紅牛此前保持着良好的合作關係，前者負責紅牛產品在中國的運營，後者提供商標授權和配方、工藝技術、財務支持。[1]雙方合作始於 1995 年，進軍中國市場 20 餘年間，中國紅牛早已家喻戶曉。但從 2015 年開始，天絲與華彬投資出現糾紛，最終對簿公堂。由此產生的訴訟涵蓋合資期限、商標、不正當競爭、損害股東利益、盈餘分配、股權、破產清算等，有 20 餘起。[2]此前，《商標許可合同》約定，天絲公司對紅牛維他命飲料有限公司的商標許可使用期限至 2016 年 10 月 6 日止。我們接受委託的時候，一場「海陸空超級別對抗」已經蓄勢待發，噴湧而出，其烈度、級別和投入兵力，均是非同尋常的。

表 1 紅酒商標涉及的部分訴訟在案件

序號	法院	案由／基本案情
1	北京市東城區人民法院	天絲提起對紅牛維他命飲料有限公司、奧瑞金公司的商標侵權案，意在要求被告停止使用「紅牛」商標，2017 年 7 月受理。
2	江蘇省高級人民法院、浙江省高級人民法院	天絲提起對紅牛維他命飲料（江蘇）有限公司的商標侵權及不正當競爭案，意在要求被告停止使用「紅牛」商標並不得使用「紅牛」作為企業名稱。

1 《中國紅牛敗訴 最高院駁回「享有紅牛系列商標合法權益」的上訴》，載《經濟觀察報》，2021 年 1 月 5 日。1984 年，嚴彬在泰國創辦華彬集團，並於 1995 年 12 月，與泰國紅牛、泰國天絲在中國合資成立了中國紅牛，擁有了「紅牛 REDBULL」商標在中國的經營權。

2 《「中國紅牛」接連敗訴，判決賠償金額超 3 億元！》，載《深圳商報》，2022 年 5 月 13 日，https://baijiahao.baidu.com/s?id=1732674116927631808&wfr=spider&for=pc.

（續上表）

序號	法院	案由／基本案情
3	吉林省高級人民法院	對紅牛維他命飲料（湖北）有限公司的商標侵權及不正當競爭案，意在要求被告停止使用「紅牛」商標並不得使用「紅牛」作為企業名稱。
4	北京市東城區人民法院	華彬集團對泰國天絲提起的商標權屬爭議糾紛。
5	廣東佛山法院	紅牛維他命飲料有限公司、廣東紅牛以及江蘇紅牛以包裝侵權為由將廣州曜能量飲料有限公司推上被告席位。而廣州曜能量正是泰國天絲醫藥保健有限公司在 2017 年收購的公司，並藉此推出了紅牛安奈吉。廣州曜能量只有一家控股股東 —— 香港公司品牌文化有限公司，法人為 GANYONGAIK。

表 2　最高法院國際商事法庭受理的關涉紅牛商標部分案件

序號	受理時間	案件名稱	案號	案由／基本案情	備註
1	2018-12-28	環球市場控股有限公司與許馨雄損害公司利益責任糾紛民事裁定書	（2018）最高法民轄 189 號	本案係具有重大影響和典型意義的第一審國際商事案件，案情疑難、複雜，紛爭所涉利益巨大，社會各界高度關注，宜由國際商事法庭審理。有關各方還涉及多起與本案相關的關聯案件，宜一併審理。本院依照《中華人民共和國民事訴訟法》第二十條、第三十八條第一款以及《最高人民法院關於設立國際商事法庭若干問題的規定》第二條第五項之規定，裁定如下：由本院第二國際商事法庭審理。	
2	2018-12-28	英特生物製藥控股有限公司與嚴彬損害公司利益責任糾紛民事裁定書	（2018）最高法民轄 190 號		

（續上表）

序號	受理時間	案件名稱	案號	案由／基本案情	備註
3	2018-12-28	泰國華彬國際集團公司與紅牛維他命飲料有限公司股東資格確認糾紛民事裁定書	（2018）最高法民轄191號	本案係具有重大影響和典型意義的第一審國際商事案件，案情疑難、複雜，紛爭所涉利益巨大，社會各界高度關注，宜由國際商事法庭審理。有關各方還涉及多起與本案相關的關聯案件，宜一併審理。本院依照《中華人民共和國民事訴訟法》第二十條、第三十八條第一款以及《最高人民法院關於設立國際商事法庭若干問題的規定》第二條第五項之規定，裁定如下：由本院第二國際商事法庭審理。	5月29日，最高法院第一次開庭。
4	2018-12-28	英特生物製藥控股有限公司與紅牛維他命飲料有限公司公司盈餘分配糾紛民事裁定書	（2018）最高法民轄188號		

表3 地方法院部分法院已審結涉紅牛案件

序號	裁判時間	法院	案件名稱	案號	案由／基本案情
1	2021-12-31	浙江省高級人民法院	紅牛維他命飲料（江蘇）有限公司、北京紅牛飲料銷售有限公司、杭州紅牛飲料有限公司（以上三公司也均由華彬集團全資控股）等，侵害天絲公司紅牛註冊商標專用權及不正當競爭糾紛一案	浙江省高級人民法院【2020】浙民初42號	判決華彬前述三被告和杭州聯華華商集團有限公司立即停止生產、銷售「紅牛維生素功能飲料」；並判決華彬三被告立即停止使用含有「紅牛」字樣的企業名稱並限期變更企業名稱，同時，連帶賠償原告天絲公司經濟損失一億元人民幣。

（續上表）

序號	裁判時間	法院	案件名稱	案號	案由／基本案情
2	2019-11-25	北京市高級人民法院	「紅牛」系列商標權屬糾紛一案	[（2018）京民初166）]	駁回華彬集團實際控制的紅牛維他命飲料有限公司的全部訴訟請求。即駁回紅牛維他命飲料有限公司要求法院確認紅牛維他命飲料公司對「紅牛系列商標」享有所有者合法權益，並要求泰國天絲支付廣告宣傳費用的全部訴訟請求。
3	2020-12-21	最高人民法院	「紅牛」系列商標權屬糾紛上訴一案	（2020）最高法民終394號判決	駁回中國紅牛上訴請求，維持一審原判。
4	2022-05-07	廣東省廣州市天河區人民法院	天絲醫藥保健有限公司針對廣東紅牛維他命飲料有限公司、珠海紅牛飲料銷售有限公司、廣州紅牛維他命飲料有限公司（合稱為華彬三被告，均由華彬集團全資控股）和廣東永旺天河城商業有限公司侵害商標權及不正當競爭糾紛一案	（2016）粵0106民初15728號	華彬三被告立即停止生產、銷售「紅牛維生素功能飲料」，立即停止使用含有「紅牛」字樣的企業名稱，同時判決華彬三被告連帶賠償原告天絲公司經濟損失人民幣219,109,003元。法院認定，自2016年10月7日起，華彬廣東紅牛公司在其生產的紅牛飲料罐體、包裝箱以及生產廠區依然使用紅牛商標標識，華彬三被告銷售紅牛飲料的行為，已構成對天絲公司紅牛註冊商標專用權的侵害。在商標許可使用期限屆滿後，華彬三被告在經營活動中繼續使用「紅牛」字號已非善意，且客觀上容易造成相關公眾混淆，該行為已違反公平、誠信原則，法院認定華彬三被告已構成不正當競爭。

（續上表）

序號	裁判時間	法院	案件名稱	案號	案由／基本案情
5	2018-10-15	北京市第一中級人民法院	紅牛中國清算糾紛	北京市第一中級人民法院（2019）京01清申3號民事裁定書	紅牛維他命飲料（泰國）有限公司依法提起強制清算紅牛維他命飲料有限公司的法律訴求。
6	2020-07-09	國家知識產權局	紅牛維他命飲料有限公司對11460102號「紅牛REDBULL」立體商標提出的無效宣告	國家知識產權局無效宣告審查決定第37709號	駁回了無效宣告請求，確認了權利人泰國天絲享有紅牛金罐包裝的合法權益。爭議商標紅牛金罐包裝由天絲公司於2012年9月7日申請，2014年5月7日核准註冊，商標專用權期限至2024年5月6日。

　　先不論案件數量，光是涉及法院、標的、權利類型就足以匹配重大、疑難、複雜的字眼，同時這些案件統計中還不包括泰國法院啟動的程序，[1]但從天絲醫藥保健有限公司訴廣東紅牛維他命飲料有限公司、珠海紅牛飲料銷售有限公司、廣州紅牛維他命飲料有限公司和廣東永旺天河城商業有限公司侵害商標權及不正當競爭糾紛一案，廣州市天河區人民法院判定被告立即停產、停售、停用，同時賠償經濟損失人民幣2.19億元，[2]已經

1　泰國最高法院的一次宣判結果顯示，針對華彬集團董事長嚴彬試圖推翻紅牛維他命飲料（泰國）有限公司（下稱泰國紅牛）董事會決議效力的請求，終審駁回。這意味着，嚴彬在泰國再次敗訴，他在紅牛中國的董事長、法定代表人身份在泰國不再合法。《紅牛中國嚴彬終審敗訴，其董事長法人代表身份在泰國不再合法》，2022年6月22日，https://www.sohu.com/a/559768137_206676.

2　《華彬紅牛再敗訴一審被判停產賠2.19億　能量飲料市場銷量佔23.4%成第二》，載《長江商報》，2022年5月16日，https://baijiahao.baidu.com/s?id=1732949744113430032&wfr=spider&for=pc. 截至2021年12月5日，紅牛維他命累計生產突破500億罐，產量值3000億元，2021全年訂單額218億元，交貨額221億元。《21世紀經濟報道》，2022年5月16日。

是一非常驚人的數字。

此前，曼谷南部民事法院於 2018 年 7 月 3 日作出一審判決，泰國曼谷上訴法院 2019 年 8 月 20 日作出二審判決，都駁回了嚴彬的請求。嚴彬先生已失去擔任合資公司董事長和法定代表人的權利來源，無權代表合資公司或者以合資公司從事任何行為。未經紅牛維他命飲料有限公司合法董事會批准，嚴彬先生或任何個人無權使用公司公章對外簽署任何協議或其他形式文件。罷免嚴彬、嚴丹驊、張立剛和費曉暄的合資公司董事職務，以及罷免嚴彬在合資公司擔任的董事長及法定代表人職務的決議是合法的；泰國紅牛有權利向中國有關政府部門就嚴彬在董事會權力及身份的變化進行相關變更登記事宜。[1]

在新加坡，中國香港、上海、北京、廣州，關於該案的討論、推敲，是一個漫長的磨礪過程，猶如從延安到西柏坡，再到北平。「午後的影子是疲憊，是一整天勤勞帶來的收穫與遺憾，是先到的夜晚。坐在這種陰影裏吃晚飯的人們，咀嚼生活的自足與艱辛。」[2]

所有的戰役，必須有一個核心，或者叫作主要矛盾，抑或是據點，縱橫、騰挪方有終始。正如席慕蓉在《給我一個島》中說：「要有一個島在心裏，在揚帆出發的時候，知道自己隨時可以回來，那樣的旅程才會有真正的快樂。原來，自由的後面也要有一種不變的依戀，才能成為真正的自由。」

1　《紅牛中國嚴彬終審敗訴，其董事長法人代表身份在泰國不再合法》，2022 年 6 月 22 日，https://www.sohu.com/a/559768137_206676.
2　劉亮程：《一個人的村莊》，春風文藝出版社 2006 年版，第 136 頁。

十六、孤獨的思索

有媒體近來被口誅筆伐，因為他們盜用了很多律師的資料，並把勝訴率作為首要指標。[1]盜用他人信息，進行所謂的大數據分析是一方面，我更願意探討另一個話題，就是律師的勝訴率問題。

勝訴率，本身是一偽命題。因為只有訴訟律師，才涉及一個勝訴問題，對於非訴訟律師而言，他們沒有爭議解決的程序，根本不可能存在生效法律文書的大數據比對，他們的勝訴率只能為零。即使對於訴訟律師而言，刑事程序，作為公權力參與的程序，勝訴率需要怎樣的評價體系？無罪、不起訴，才是勝訴？罪輕就應該排除在外？對於民商事訴訟律師而言，勝訴以委託人訴訟請求為標準，還是以法院生效法律文書判項為標準？不同的標準，會得出不同的結論。

主席從來沒有參加過訴訟程序，但無損其在律師界和法律界的地位和影響。因此，勝訴率只是編製者為特殊目的編製的花環和泡影。博爾赫斯在《你不是別人》中說，「上帝的長夜沒有盡期，你的肉體只是時光，不停流逝的時光，你不過是每一個孤獨的瞬息。」勝訴也只是孤獨的瞬息。每一宗案件，都是修行。龍應台在《目送》說，「修行的路總是孤獨的，因為智慧必然來自孤獨。」

2008 年 8 月，團隊接受委託的一宗法律事務，本質就是「一件孤獨的思索」，而不可能存在任何勝訴率問題。新世界百貨中國有限公司（香港股份代號：0825）於 1993 年成立，係新世界發展有限公司（香港股份代號：17）在中國內地的零售旗艦，擁有 75% 的股權，後發展為國內最大的百貨店擁有人及經營者之一，並於 2007 年在香港聯合交易所有限公司

---

1 《北京律協：「法先生」小程序未經授權盜用律師信息涉嫌虛假宣傳》，中國科技網，2022 年 8 月 31 日，http://tech.china.com.cn/internet/20220831/390596.shtml. 「法先生法律大數據」微信小程序未經律師授權，公開展示北京市及全國多位律師的聯繫方式等具體信息，小程序中顯示的法律顧問與律師達成合作事宜涉嫌虛假宣傳。經查，微信小程序「法先生法律大數據」的備案主體「北京法先生科技有限公司」，由「北京律政信息技術有限公司」全資控股。

主板上市。擁有 26 家在中國內地以「新世界」命名的百貨店，11 家在上海以「巴黎春天」命名的百貨店及購物中心，概約總樓面面積為 1,209,350平方米，覆蓋中國 19 個主要地點，包括北京、長沙、成都、重慶、哈爾濱、昆明、蘭州、綿陽、南京、上海、瀋陽、天津、武漢、西安、燕郊、煙台及鄭州。

　　鄭志剛先生係鄭家純博士之子，2005 年回到家族企業，期間安排新世界百貨上市。2007 年，出任新世界發展的執行董事，同時兼職新世界發展行政總裁、周大福執行董事、K11 創始人。[1]這些都是該宗法律事務的背景。

　　還有一個背景是，新世界百貨在進軍上海百貨市場時，遭遇一現實的挑戰，就是上海早已存在的本地企業：上海新世界股份有限公司，同時也是一家在上海受全行業保護的企業，成為新世界百貨在上海區域使用「新世界」名稱不可逾越的障礙。新世界百貨曾多次向上海市工商行政管理局進行諮詢，答覆是：如設立具有獨立法人資格的子公司，在上海會受到使用「新世界」名稱預先核准方面的限制。

　　在北京到上海的多次往返中，在黃浦江畔孤獨的漫步中，我們開始考量申請審理「新世界百貨集團」的名稱，然後用新世界百貨集團統領上海區域的獨立百貨子公司，成為逾越法律障礙的現實、效率路徑。2013 年10 月 16 日，新世界百貨中國斥資 2.8 億元人民幣，約八倍市盈率，收購上海漢新旗下的上海匯姿百貨全部股權。這是新世界百貨集團設立後的實際效用。與此同時，新世界百貨於 1997 年 4 月 8 日向國家商標局申請註

1　《愛國企業家：新世界發展 CEO 鄭志剛，造港文化新地標，講中國故事》，《創始人觀察》，2022 年 7 月 9 日，https://baijiahao.baidu.com/s?id=1737755016225400424&wfr=spider&for=pc. 鄭志剛博士於 2016 年起為香港特別行政區政府委任的太平紳士，以及於 2017 年獲法國政府文化部頒授法國藝術與文學軍官勳章（Officier in the Ordre des Arts et des Lettres）。鄭志剛博士持有哈佛大學文學學士學位（優等成績），並於 2014 年獲薩凡納藝術設計學院頒授的人文學科榮譽博士學位。新世界集團是建基於香港的知名企業，以物業、電訊等核心業務為主。穩健的財務狀況、多元化的業務組合、因時制宜的商業策略，使新世界集團變得更具實力，成為香港地位舉足輕重的大財團。

冊了「新世界」商標（引證商標），於 1998 年 2 月 28 日獲得註冊，後於
2007 年底完善後期續展工作；並將公司標誌性圖案 🌀、文字「新世界」
及英文「NEW WORLD」等在國際眾多類別中申請註冊近 200 件商標；
耗費巨資打造推廣和宣傳該品牌。但在內地區域仍充斥着大量的「新世
界」商標註冊以及「新世界」企業名稱，在相同和類似類別中存在識別性
誤導和障礙。為委託人利益，相關註冊必須進行清理。

　　清理的過程是繁瑣、漫長的，商標異議、複審、訴訟是一慣常的過
程，但委託人對清理工作的充分確認和理解，是克服孤獨、繁瑣與漫長的
關鍵。羅曼·羅蘭在《約翰·克里斯朵夫》中說，「不要懼怕孤獨 ——
孤獨才是你最可靠的朋友；不要懼怕黑夜 —— 在黑夜裏待久了，你就能
在黑夜中看見東西，蛻變成一頭貓頭鷹。」

　　其實，案卷堆砌的一頁頁，案件進程的一幕幕，猶如一個個時光切
片。我感歎每一案的挑戰和路徑。「其實都蜿蜒得無可丈量。而在這條路
上，遇到的很多事情，其實都不會朝着我們所期望的樣子，去成長，去發
生。在恆久的星空下，我們都是孤獨的夜行人」，雪小禪在《星星是窮人
的鑽石》中的句子，總讓人品味許久。

十七、白楊禮讚

　　1941 年，作家茅盾寫過一篇散文《白楊禮讚》，成為我初中學的
課文。

　　　那就是白楊樹，西北極普通的一種樹，然而實在不是平凡
　　的一種樹。那是力爭上游的一種樹，筆直的幹，筆直的枝。它的
　　幹呢，通常是丈把高，像是加以人工似的，一丈以內絕無旁枝。
　　它所有的丫枝呢，一律向上，而且緊緊靠攏，也像是加以人工似
　　的，成為一束，絕無橫斜逸出。它的寬大的葉子也是片片向上，
　　幾乎沒有斜生的，更不用說倒垂了；它的皮，光滑而有銀色的暈

圈，微微泛出淡青色。這是雖在北方的風雪的壓迫下卻保持着倔強挺立的一種樹。哪怕只有碗來粗細罷，它卻努力向上發展，高到丈許，二丈，參天聳立，不折不撓，對抗着西北風。

在很多似西北風的案件重壓下，我總能想起這些令人震撼的句子，默默背誦。中學課本中，還有著名作家翦伯贊[1]在 1961 年秋，應烏蘭夫同志之邀，與范文瀾、呂振羽等同志去內蒙古訪問，寫下的《內蒙訪古》，我到現在也印象深刻。尤其他的《大同感懷》的詩句：「重到邊城訪舊蹤，雲崗石佛華嚴鐘。難忘三十年前事，風雪漫天過大同。」我在大同出差時，之所以能夠對抗漫天風雪，不能不說是這些語句的功勞。

北京朝陽門有一幢一度非常出名的華普大廈，一樓有規模不小的華普超市。我在 1998 年冷徹刺骨的冬天，對西北風和漫天大雪絲毫無還手之力，幾乎在華普超市吃了一個寒假的「王子夾心餅乾」和方便面，卻絲毫沒有醒悟自己應該打起精神來，好好照顧自己。我曾沉迷於「天龍八部」的高亢片段中，卻在現實中萎靡不振，過着了無生趣的日子。這一段獨自封閉的經歷，直接導致了後來畢業面試的重重失敗，但也為 2020 ― 2022 年的隔離積累下最初的經驗。

周作人在《結緣豆》中說，「人是喜群的，但他往往在人群中感到不可堪的寂寞，有如在廟會時擠在潮水般的人叢裏，特別像是一片樹葉，與一切絕緣而孤立着。」但很多年後的一宗案卷，還是讓我與華普大廈再次產生聯繫。華普大廈的老闆翦英海[2]，確實和翦伯贊同宗。早在 2001 年就榮登福布斯中國內地富豪榜的他，旗下產業涉地產、礦產、快消等領域，

1　翦伯贊（1898 年 4 月 14 日－1968 年 12 月 18 日），維吾爾族，湖南常德桃源縣人。中國著名歷史學家、社會活動家，著名馬克思主義史學家，中國馬克思主義歷史科學的重要奠基人之一，傑出的教育家。

2　翦英海，1963 年生，湖南桃源人，維吾爾族，生長於北京。全國政協委員。擔任海南華普有限公司、北京華普吉安商業貿易有限公司、河北華普超市有限公司等公司法定代表人，擔任北京華普產業集團有限公司、北京德潤致遠投資諮詢有限公司、廣州市華普物業管理有限公司等公司股東，擔任華普超市有限公司、北京東方天星華普休閒健身俱樂部有限公司、海南華普有限公司等公司高管。

曾控制兩家上市公司，除華普智通扣非淨利潤連虧 13 年，旗下另一家上市公司湖北武昌魚股份有限公司（以下簡稱「ST 昌魚」，600275.SH）在 13 年中扣非淨利潤僅一年盈利。業績慘淡之餘，竇英海旗下公司卻「熱衷」於重大資產重組。[1]

但 2015 年 12 月 23 日，上海證券交易所發佈的《關於對湖北武昌魚股份有限公司及其實際控制人竇英海和有關責任人予以通報批評的決定紀律處分決定書》〔2015〕55 號開始使風向發生偏轉，通告說：「公司及其實際控制人竇英海對重組標的盡職調查不審慎，相關信息披露及風險揭示不充分，決定對湖北武昌魚股份有限公司及其實際控制人竇英海予以通報批評。」[2]

2019 年 7 月 26 日，ST 昌魚的一則公告再次讓本已不在上市公司擔任職務的竇英海再次被輿論關注，使一些塵封的過往再次被展現。公告顯示，公司實際控制人竇英海因涉嫌行賄罪被淮北市公安局相山分局刑事拘留。2019 年 10 月，在淮北市相山區人民法院開庭審理竇英海行賄罪一案中，公訴人稱，竇英海為謀取不正當利益行賄相關人員，於 2010 年 3 月與其他合作方共同收購雲南江城泰裕鉀肥有限公司，擬通過股份重組上市，炒作概念股，抬升股價，實現回本獲利。而 2011 年華普智通的一則收購意向公告顯示，標的公司正是鉀肥生產企業。[3]

2020 年 8 月淮北市人民檢察院公佈的信息說：經依法審查查明，2009 年下半年至 2010 年 4 月，被告單位北京華普產業集團有限公司原法

1　《「被刑拘者」竇英海的產業潰敗：華普智通擬重新上市 ST 昌魚主業連虧 8 年》，2020 年 4 月 15 日，https://baijiahao.baidu.com/s?id=1664048357252151251&wfr=spider&for=pc.

2　上海證券交易所，http://www.sse.com.cn/disclosure/credibility/measures/criticism/c/c_20151225_4028113.shtml.

3　《「被刑拘者」竇英海的產業潰敗：華普智通擬重新上市 ST 昌魚主業連虧 8 年》，2020 年 4 月 15 日，https://baijiahao.baidu.com/s?id=1664048357252151251&wfr=spider&for=pc. 華普系老闆、北京中地房地產開發有限公司實際控制人竇英海，因牽涉安徽省投資集團有限公司（下稱「安徽投資」）總經理張春雷嚴重違法違紀案件，在被安徽省監察委留置調查後，移送公安機關查處。據說竇英海涉嫌行賄、詐騙、侵吞國有資產等多項罪名，涉案金額高達數十億元。https://ishare.ifeng.com/c/s/7piTRzsm73r, 2019 年 9 月 5 日。

定代表人、董事長被告人翦英海以非法佔有為目的，在簽訂、履行合同過程中，騙取他人財物，數額特別巨大；2012 年，被告人翦英海為了謀取不正當利益，給予國家工作人員以財物，情節特別嚴重。市中級人民法院對公訴機關起訴書指控的犯罪事實全部予以確認，認定翦英海犯合同詐騙罪數額近五億元、單位行賄罪數額為 627 萬餘元，採納了檢察機關提出的刑事犯罪量刑，對翦英海數罪並罰，決定執行無期徒刑，剝奪政治權利終身，並處沒收個人全部財產。[1]

叔本華在《要麼庸俗要麼孤獨》中說，「促使人們投身於社會交往的，是人們欠缺忍受孤獨的能力。在孤獨中人們無法忍受自己。他們內心的厭煩和空虛驅使他們熱衷於與人交往和到外地旅行，觀光。他們的精神思想欠缺一種彈力，無法自己活動起來。」上市、基金、併購都是歡暢和熱鬧的，可以讓人暫時摒棄孤獨和靜寂，那年在華普大廈的「王子餅乾」其實教會了我很多。

對物質的過度迷戀和醉心，本質是對愛的渴求和追尋，也是因為內心愛的匱乏。周國平說，「或許可以說，一個人對孤獨的體驗與他對愛的體驗是成正比的，他的孤獨的深度大致決定了他的愛的容量，反過來說也一樣，人類思想史和藝術史上的那些偉大的靈魂，其深不可測的孤獨豈不正是源自那博大無際的愛？這愛不是有限的人世事物所能滿足的。」

於是，白楊總讓我莫名地敬重與感動。在它們的倔強、孤獨、堅韌面前，我想起安雨在《在不經意的年紀，遇見最好的自己》中的句子：「我們生來孤獨，繁華落盡皆成雲煙；我們生在平凡，破繭成蝶必定用力。這是我們的選擇，你可以碌碌無為，你也可以胸無大志，但一定要凡事自立自強。因為，你想要的生活，自己給的最舒服。」

---

1 《判了！无期徒刑！沒收个人全部财产！》，載《瀟湘晨報》，2021 年 1 月 29 日，https://baijiahao.baidu.com/s?id=1690191895466046325&wfr=spider&for=pc。

十八、赤壁之戰

曹操在赤壁大戰中最大的教訓是，「船艦首尾相接」，被火攻付之一炬。唐代李白有詩：「烈火張天照雲海，周瑜於此破曹公。」元代鄭雲端同樣評價說：「老瞞雄視欲吞吳，百萬樓船一炬枯。」

戰略是當事方思想、意識和認知等的綜合呈現。其實，同樣的錯誤也發生在劉備主導的夷陵之戰，被火燒「連營七百里」。燒與被燒，劉備在白帝城應該有深沉的思考。但同樣的悲劇還是發生在南宋最後一戰「崖山之戰」中，陸秀夫「戰艦相連，如履平地」，最後被「燒之而投海」。

在眾多商標爭議案件中，「火燒連營」的情況是層出不窮的：

表 4　關涉系列「搶註」「囤積」惡意註冊商標部分案例

編號	案件信息	裁判摘要	裁判結果
1	陳趁義等與國家知識產權局二審行政判決書（2021）京行終7714號，2022年7月21日。	原審第三人：南社布蘭茲有限公司。本案中，訴爭商標為英文組合「Benfuyalagu」，引證商標一為「BENFU」，引證商標二、三均為「奔富」，引證商標六、七、八均含有文字「奔富」，引證商標九至十一為「PENFOLDS」。結合南社布蘭茲公司提交的在案證據，其在葡萄酒商品上對「奔富」「PENFOLDS」的長期持續使用，已使二者形成對應關係，而「BENFU」可作為「奔富」的漢語拼音。因此，訴爭商標與各引證商標在文字構成、讀音及整體認讀效果等方面相近。陳趁義雖表示訴爭商標由其獨創設計，但未對之作合理解釋，亦未提交充分證據證明對訴爭商標進行了使用，已產生足以與各引證商標相區分的顯著特徵。訴爭商標與各引證商標分別使用在各自核定商品上，相關公眾施以一般注意力，容易認為彼此商品來源於同一主體或存在特定聯繫，進而產生混淆誤認，構成近似商標。截至本案二審訴訟期間，引證商標三仍為在先有效申請商標，構成訴爭商標維持註冊的在先權利障礙。因此，訴爭商標的註冊違反了2013年《商標法》第三十條、第三十一條的規定，原審判決和被訴裁定的相關認定並無不當，本院予以確認。	駁回上訴，維持原判。

（續上表）

編號	案件信息	裁判摘要	裁判結果
1		本案中，陳趁義還申請有 100 多枚商標，且其中涉及與他人有一定知名度的商標近似的商標，陳趁義並未提交相應的證據證明其申請註冊相關商標確係生產經營需要，也未提交證據證明其對相關商標進行了正常使用。陳趁義對包括訴爭商標在內相關商標的申請註冊屬於不當佔用商標資源、擾亂商標註冊秩序的行為，故訴爭商標的註冊屬於 2013 年《商標法》第四十四條第一款規定的「以其他不正當手段取得註冊的」情形，應當予以無效宣告。原審判決及被訴裁定的相關認定正確，本院予以確認。陳趁義的相關上訴主張，缺乏事實依據，本院不予支持。	
2	貴州君成天下企業管理諮詢有限公司；維多利亞的祕密商店品牌管理公司；國家知識產權局；二審行政判決書（2021）京行終 7836 號，2022 年 7 月 15 日。	本案中，根據查明的事實可知，訴爭商標原註冊人廣州市瑋譽貿易有限公司在多個商品或服務類別上申請註冊了包括訴爭商標在內的五千餘件商標，君成天下公司雖提交了訴爭商標的宣傳使用證據，但數量有限，難以證明訴爭商標申請註冊時具有真實使用的意圖，廣州市瑋譽貿易有限公司的上述行為已明顯超出正常的生產經營需要，擾亂了商標註冊管理秩序，不正當佔用了公共資源，屬於囤積商標的行為，已構成 2013 年《商標法》第四十四條第一款規定的「以其他不正當手段取得註冊」的情形。君成天下公司受讓取得訴爭商標，亦不能據以認定該商標具有合法申請註冊事由。原審判決對此認定正確，本院予以支持。	駁回上訴，維持原判。
3	深圳市常青藤生物科技有限公司與美商‧新科技有限公司等二審行政判決書（2021）京行終 6820 號，2022 年 7 月 15 日。	該項規定的立法精神在於貫徹公序良俗原則，維護良好的商標註冊、管理秩序，營造良好的市場環境。「其他不正當手段」包括爭議商標申請人採取大批量、規模性搶註他人具有一定知名度的商標的行為。本案中，美商公司提交的「CELLFOOD」產品詳細介紹、美商公司產品在京東和天貓平台的搜索結果及其他媒體報道、國家圖書館出具的檢索報告等證據能夠證明在訴爭商標申請日之前，其已在「蛋白質」等商品上在先使用「CELLFOOD」商標，並具有一定知名度。同時，常青藤公司提交的證據中涉及的部分商品與美商公司引證商標一、二核定使用的商品類似，常青藤公司對美商公司的「CELLFOOD」商標理應知曉，卻申請註冊與美商公司在先使用的「CELLFOOD」商標完全相同的訴爭商標，亦未提供	二審改判，認定「以不正當手段取得註冊」。

（續上表）

編號	案件信息	裁判摘要	裁判結果
3		有說服力的合理解釋。此外，美商公司提交的證據顯示，常青藤公司在多個類別商品和服務上申請註冊了十數枚與「CELLFOOD」商標完全相同或高度近似的「CELLFOOD」「CELLFOODIVY」「ZMBCELLFOOD」等商標，還註冊了其他商標數十枚。常青藤公司雖提交了訴爭商標的宣傳使用證據，但其所提交的證據中或未顯示商標，或顯示商標並非訴爭商標，或為自製證據，或並非其核定使用服務，難以證明訴爭商標申請註冊時具有真實使用意圖。常青藤公司的上述行為已明顯超出正常的生產經營需要，擾亂了商標註冊管理秩序，不正當佔用了公共資源，屬於囤積商標的行為，構成 2013 年《商標法》第四十四條第一款規定的「以其他不正當手段取得註冊」的情形。	
4	恆生控股集團有限公司等與國家知識產權局二審行政判決書（2021）京行終 8344 號，2022 年 8 月 15 日。	上述法律條款中「以欺騙手段或者其他不正當手段取得註冊」，是指以欺騙手段或其他不正當手段擾亂商標註冊秩序、損害公共利益、不正當佔用公共資源或者以其他方式謀取不正當利益的行為。相關主體申請註冊商標，應該有使用的真實意圖，其申請註冊商標行為應具有合理性與正當性。本案中，除訴爭商標外，恆生控股公司還申請註冊了 221 枚商標，其中包括第 5 類、第 9 類、第 25 類商品上申請註冊的「皇茶」商標，在第 30 類、第 32 類商品上申請註冊「茶貢」商標，在第 35 類、第 43 類服務上申請註冊「貢茶世家」商標，在第 35 類、第 36 類服務上申請註冊「麥肯錫」商標等多件與其他知名商標相近的商標。恆生控股公司對此未能作出合理解釋，足見其註冊訴爭商標的主觀意圖難謂正當。恆生控股公司註冊多件商標的行為明顯超過了正常生產經營的需要，該行為已擾亂正常的商標註冊管理秩序。故訴爭商標的註冊構成 2013 年《商標法》第四十四條第一款所指「以其他不正當手段取得註冊」的情形。原審法院及被訴裁定對此認定正確，本院予以維持。恆生控股公司的上訴理由缺乏事實與法律依據，本院不予支持。	駁回上訴，維持原判。
5	鄭州市新鑫源商貿有限公司等與國家知識產權局二審行政判決書	本案中，根據查明的事實可知，鄭州新鑫源公司共申請註冊了 940 枚商標，其中包括「阿芙」「新百倫」「植村秀」「李寧」「吉野家」「回力」「紀梵希」「赫蓮娜」等多件與他人具有一定知名度的商標相同或近似的商標。鄭州新鑫源公司提交的證據不足以證明其對訴爭商標具有真實使用意圖。鄭州新鑫源公司上述申請註	駁回上訴，維持原判。

（續上表）

編號	案件信息	裁判摘要	裁判結果
5	（2022）京行終 3468 號，2022 年 8 月 15 日。	冊行為已明顯超出正常的生產經營需要，擾亂了商標註冊管理秩序，不正當佔用了公共資源，損害公共利益，訴爭商標的申請註冊已構成 2013 年《商標法》第四十四條第一款規定的「以其他不正當手段取得註冊」的情形。因此，被訴裁定及原審判決的相關認定並無不當。鄭州新鑫源公司的相關上訴理由不成立，本院不予支持。	
6	（2022）京行終 3169 號煙台歐洲風情酒莊有限公司訴中華人民共和國國家知識產權局、麥吉爾·托勒有限公司商標不予註冊複審行政糾紛二審判決書（2022）京行終 3169 號，2022 年 8 月 18 日。	在案證據能夠證明，除本案訴爭商標外，歐洲風情公司還申請註冊了 20 餘件商標，其中包括「盒馬鮮生」「盒馬」「盒馬嚴選」「超級盒馬」等與具有較高知名度的商標相近的多件商標，且歐洲風情公司提交的在案證據不能證明其註冊上述大量商標具有合理目的，故其具有明顯的複製、抄襲他人較高知名度商標的故意以及利用他人在先商標聲譽謀取不正當利益的意圖，不具備註冊商標應有的正當性，擾亂了正常的商標註冊管理秩序，有損於公平競爭的市場秩序。因此，訴爭商標的註冊屬於《商標法》第四十四條第一款所指「以其他不正當手段取得註冊」的情形，原審法院對此認定正確，歐洲風情公司的相關上訴理由不能成立，本院不予支持。	駁回上訴，維持原判。

　　從上述判例不難看出，「100 多枚」「五千餘件」「商標數十枚」「221 枚」「940 枚」「20 餘件」不可不謂是多如牛毛，最新的商標司法判例中的「火攻」體現在：「其中包括『XXX』『XX』『XXX』等與具有較高知名度的商標相近的多件商標，且提交的在案證據不能證明其註冊上述大量商標具有合理目的，故其具有明顯的複製、抄襲他人較高知名度商標的故意以及利用他人在先商標聲譽謀取不正當利益的意圖，註冊存在惡意。」得出的結論即為「主觀意圖難謂正當。註冊多件商標的行為明顯超過了正常生產經營的需要，該行為已擾亂正常的商標註冊管理秩序。」

商標註冊實踐中，有所謂防禦性商標的概念，指的是商標持有人在原來註冊商標的類別或者近似類別、其他不相關類別上註冊相同或者近似的商標，主要目的就是防止他人在相同或者近似類別上使用相同或者近似商標。原來的註冊商標為主商標，其他的都是防禦性商標。防禦性商標的主要功能不是使用，而是防禦，在抵抗「三年不使用」的條款前提下，還要接受「艦船連鎖」的考驗。團隊在參與「可口可樂」「百事」「康明斯發動機」「耐克」「肯德基」等前期域名爭議中，以及「畢馬威」「新世界」「徵信服務商標第一案 11315」[1]「卡斯特」「奔富」「賓利」「德勤」等一系列商標案件中，對「火燒連營八百里」的凄慘，總是有切身的感受。總是需要委託人對於商標戰略有清醒、高維的認知，否則只能在左右互搏的表演中受傷。

余秀華說的「一個能夠升起月亮的身體，必然也馱住了無數次日落」，以及蔡崇達在《皮囊》中說的「我期待自己要活得更真實也更誠實，要更接受甚至喜歡自己身上起伏的每個部分，才能更喜歡這個世界。我希望自己懂得處理，欣賞各種慾求，各種人性的醜陋與美妙，找到和它們相處的最好方式」，敍述的應該也是同樣的志趣。

蘇軾的「羽扇綸巾，談笑間，檣櫓灰飛煙滅」，是總結也是預言。

十九、蘭州印象

「印象」一詞，一度被用得很爛。譬如桂林有「桂林印象」，海口有「海南印象」，武夷山有「大紅袍印象」。蘭州，稍顯偏遠，「印象」還沒

---

1 《國內「徵信服務商標第一案」終審判決》：北京知識產權法院對綠盾徵信（北京）有限公司侵犯中品質協（北京）質量信用評估中心有限公司「21315」商標權一案作出終審判決。這起被稱為國內「徵信服務商標第一案」終於有了了結。根據法院裁判，綠盾公司應自 2016 年 1 月 8 日起停止在其微信平台上使用「11315」標識，賠償 21315 微信管理集團五十二萬七千零五十元，並加倍支付遲延履行期間的債務利息。至此，紛紛擾擾十個月的「21315」商標侵權案終於塵埃落定。2016 年 5 月 24，http://ip.people.cn/n1/2016/0524/c136655-28374843.html.

有被充分發掘。

蘭州因黃河而城，有一座著名的蘭州黃河鐵橋。它建於光緒三十三年至宣統元年（1907 — 1909 年），是西北地區第一座引進境外建造技術的橋梁 —— 橋上的每一顆鉚釘、每一根鐵條都由德國輾轉而來。在交通不便的過去，鐵橋取代了羊皮筏子，使物資運轉效率得到了跨時代的飛躍。

蘭州還有一件文物「東漢銅奔馬」，出土於甘肅省武威。現收藏於甘肅省博物館，是中國國家旅遊局的著名標誌，「馬踏飛燕」的形象早已深入人心，駿馬俊健的身子穿梭於雲間，本身就是人間盛景。

馮夢龍在《醒世恆言》中說，「世人大多眼孔淺顯，只見皮相，未見骨相。」權力的透視，需要透見骨相。由於一宗案件，團隊沒少飛蘭州，蘭州機場距離市區還有很遠一段路要走。蘭州正宗的蘭州拉面，門面不需要太大，主要區別在面的粗細，「粗」「細」「毛細」口感有明顯不同。其實，我對拉面中的一些小菜印象更深刻，它們充分體現了蘭州不同的性格和風貌。

原蘭州市交通運輸局局長、黨組書記顏承魯受賄一案，是蘭州當時比較轟動的案件。2012 年 5 月 7 日，顏承魯被市檢察院帶走「協助調查」。5 月 17 日，顏承魯涉嫌受賄罪被刑事拘留。起訴書指控，顏承魯涉嫌收受十餘人向其奉送的 1033 萬餘元人民幣及英鎊兩萬元。隨後，顏承魯因涉嫌受賄罪被提起公訴。2012 年 12 月 14 日，該案在蘭州中院公開審理，審理時長達三天之久，身為蘭州市交通局局長，兼蘭州市 2008 年出租汽車報廢更新工作領導小組副組長，在負責組建吉利汽車專屬的汽車出租公司的過程中，被告人顏承魯利用職務之便，擅自決定成立了蘭州東方汽車出租有限公司，在沒有實際出資的情況下，向東方公司的實際出資公司索取 51% 的股份，後將此股份以 720 萬元的價格進行轉讓，其行為應當以受賄論處。劉某等人在年關前後，以「拜年」為名給顏承魯送上 33.8萬元。法庭審理後認為，以上多人之所以打着「拜年」名號上門送錢，主要是向着顏承魯交通局局長的身份，並希望得到關照，而顏承魯對他人送

錢的目的心知肚明，卻仍然收受，其行為符合受賄罪的構成要件。[1]

　　團隊的基本辯護意見在於「顏承魯在偵查階段的供述存在刑訊逼供嫌疑，所作供述屬於非法證據，應予以排除」，但在刑法修正之前，西部地區司法實踐特有的基調，法院未予支持：「案件在開庭審理時，已依法啟動非法證據排除程序，並進行調查；公訴機關當庭提供了顏承魯進入看守所時的體檢表，以及辦案單位出具的由辦案人員簽名的辦案說明等證明，以上關於偵查機關合法偵查的證據確實充分，被告人顏承魯在偵查階段的供述，可以結合本案的其他證據作為案件證據使用。」一審法院以受賄罪對顏承魯判處無期徒刑，並剝奪政治權利終身。甘肅省高級人民法院於2013年8月20日公開開庭審理了此案。經審理認為，顏承魯受賄犯罪的事實清楚，證據確鑿充分，原審定罪處刑及適用法律均正確，審判程序合法。終審裁定：駁回上訴，維持原判。[2]

　　國家工作人員利用職務上的便利，索取他人財物的，或者非法收受他人財物，為他人謀取利益的，是受賄罪。國家工作人員在經濟往來中，違反國家規定，收受各種名義的回扣、手續費，歸個人所有的，以受賄論處。該案受賄數額計算尤其精確，包括過年禮金，甚至有具體「山羊幾頭」的折算。該案儘管沒有獲得預期的辯護結果，但對蘭州刑事審判帶來了足夠的正面影響，很多刑法審判理念，包括但不限於「非排」等，受到了辦案機關的充分重視，並在此後的刑事審判中具有明顯體現。

　　交通部門是權力腐敗的重災區。與此同時，河南交通廳16年四任廳長相繼「落馬」，三人被判無期：曾錦城，1997年獲刑15年。張昆桐，2001年受賄100餘萬，被判處無期徒刑，剝奪政治權利終身。石發亮，2006年受賄人民幣1497萬、美元48萬、港幣36萬，被判處無期徒刑，剝奪政治權利終身，並處沒收個人全部財產。董永安，2011年受賄人民

1　《蘭州市交通局原局長受賄千萬一審被判無期》，載《蘭州晚報》，2012年12月26日，https://news.sina.com.cn/c/2012-12-26/164225900128.shtml.

2　《蘭州市交通運輸局原局長顏承魯受賄千萬終審被判無期》，https://news.12371.cn/2014/03/17/ARTI1395055552512892.shtml?from=singlemessage.

幣 3000 萬，2012 年 11 月 29 日，認定董永安犯受賄罪，判處無期徒刑，剝奪政治權利終身，並處沒收個人全部財產。[1]

達爾伯格・阿克頓在《自由與權力》中說：「權力導致腐敗，絕對的權力導致絕對腐敗」，亞里士多德在《政治學》中補充說：「把權威賦予人等於引狼入室，因為慾望具有獸性，縱然最優秀者，一旦大權在握，總傾向於被慾望的激情所腐蝕。故法律是排除了激情的理性，因而它比個人更可取。」

蘭州有佛寺，依稀記錄着佛經從西域到東土的艱辛；還有清真寺，牆上雕有薔薇花、石榴花、葡萄、牡丹等，它們由中心向外擴展成平面構圖。幾何花紋大量採用多角式、格子式、鑷齒式和迴環式等構圖，圖案變化無窮。表徵着伊斯蘭傳統風格的建築符號如尖券、穹頂等，是常用的母題，能引發一種對歷史傳統的記憶。清真寺建築裝飾色彩大多為藍綠白黑冷色調系，在阿拉伯地區熱烈的自然環境中與人的心理需求相適應。佛寺與清真寺間也有融合，比如佛寺的頂端也有不同的帽子。融合，是一種信仰，還是一種權力？我總想起德國詩人荷爾德林在《浮生的一半》中的感慨：「把頭浸入，神聖冷靜的水裏。可悲啊，冬天到來。我到哪裏去採花，哪裏去尋日光和地上的蔭處？四壁圍牆，冷酷而無言，風信旗，在風中瑟瑟作響。」

二十、包頭的烈風

包頭的九原，據說是呂布的老家。武力值爆表的呂布，外在強悍，但有一顆飄零、柔弱的心。他的這種矛盾與衝突，最終傷了很多人的心，包括性命。

---

1 《河南省交通廳 16 年 4 名廳長相繼「落馬」 兩人被判無期》，人民網，2012 年 10 月 12 日，https://news.12371.cn/2012/10/12/ARTI1350021542631394.shtml?from=groupmessage.

　　包頭也是稀土的故鄉，在城市的一域，總能看到特定工業的身影。張愛玲說：「熱鬧、擁擠，然而陌生，隔閡，人與人之間的溝通充滿着幻覺、煙幕。這個世上『好』人很多，但『真人』很少。」

　　馬永茂一度是內蒙古最知名的稀土民企老闆之一，有太多 title：包頭華美稀土高科有限公司總經理、包頭市人大代表、中國稀土學會理事、內蒙古稀土行業協會副理事長等等。2017 年 1 月 10 日，馬永茂被吉林通化警方羈押，次日因涉嫌行賄罪被通化市二江道區人民檢察院指定居所監視居住。兩個月後的 2017 年 3 月 17 日，包鋼集團原董事長、黨委書記周秉利被採取強制措施。[1] 2017 年 8 月 27 日，中央紀委監察部網站公佈，中央紀委駐財政部紀檢組組長、財政部黨組成員莫建成涉嫌嚴重違紀，接受組織審查。2019 年 6 月 28 日，河北張家口市橋西區法院一審以馬永茂犯單位行賄罪、行賄罪、職務侵佔罪，三罪並罰，決定執行有期徒刑十年六個月，並處罰金 100 萬元。[2]

　　距離通化不遠的延邊，另一起案件正在偵辦過程中。2017 年 3 月 15 日至 19 日期間，延邊朝鮮族州檢察院對劉希泳[3]涉嫌行賄案成立調查組，採取監視居住強制措施。劉希泳最為人所知的是他在香港化工巨頭王德輝（Teddy Wang）遺囑糾紛案中扮演的角色。在王德輝的遺孀、當時的亞洲女首富龔如心（Nina Wang）與其公公爭奪家產時，他曾予龔如心最大的幫助。在龔如心於 2007 年去世、其遺產引發後續的法庭論戰期間，劉希

1　新華社呼和浩特 2019 年 8 月 11 日電（記者劉懿德）內蒙古自治區紀委監委 11 日發佈消息，內蒙古自治區安全生產監督管理局原黨組成員、副局長周秉利被開除黨籍、開除公職。周秉利犯受賄罪和國有公司、企業人員濫用職權罪，被判處有期徒刑十一年，並處罰金 50 萬元。

2　《稀土老闆行賄部級官員案二審，控辯爭論「是否構成職務侵佔」》，《澎湃新聞》，2019 年 12 月 23 日，https://baijiahao.baidu.com/s?id=1653692305208674805&wfr=spider&for=pc.

3　劉希泳（Lau Hei-wing），中國中央電視台（CCTV）知名主持人劉芳菲的丈夫，1970 年代末期中國第一批留美學生，進入了哈佛大學，後到香港地區經商，成為擁有巨額資產的富豪和香港尖沙咀君怡酒店的老闆，也是 JCPenny 服裝供應商、香港新立基（國際）集團有限公司董事長，一度成為擁有幾十億資產的「金融大鱷」。香港高等法院受理的已故華懋集團主席龔如心遺囑認證案中，劉希泳出庭作證。參見《龔如心案關鍵人物陳振聰到庭　料接受華懋方盤問》，中國新聞網，2009 年 6 月 24 日。

泳在法庭上作證時透露了自己曾經扮演過的角色。[1] 但在審訊過程中，許學哲為組長的九名檢察官對劉希泳採取了刑訊逼供。[2] 起訴書顯示，劉希泳在被剝奪睡眠和遭受酷刑 80 個小時後，於 2017 年 3 月 19 日死亡。在審問過程中，以許學哲為組長的九名檢察官，對被害人採取膠帶纏口、顧匙捅腳心、通渠泵捅口鼻、雙腿綁在前方椅背上的方法逼取口供。在四天內只有兩小時讓被害人到居住室休息，其餘時間一直捆在審訊椅上，且在夜間進行連續審問。[3]

　　2018 年 9 月 7 日，劉希泳被刑訊逼供致死一案在天津一中院開庭，涉案的即為原吉林延邊州檢察院反貪局九名檢察官。2018 年 10 月，時任延邊檢察院副檢察長、專案組組長許學哲因故意傷害罪獲刑 13 年，其餘八人分別獲刑一至五年。2019 年 7 月 17 日，吉林省人民檢察院黨組書記、檢察長楊克勤涉嫌嚴重違紀違法，接受中央紀委國家監委紀律審查和監察調查。[4] 2021 年 5 月 17 日，河北省石家莊市中級人民法院一審公開宣判吉林省人民檢察院原黨組書記、檢察長楊克勤受賄案，對被告人楊克勤以受賄罪判處有期徒刑 13 年，並處罰金人民幣 400 萬元，對楊克勤受賄所得財物及其孳息依法予以追繳，上繳國庫。[5] 掩卷唏噓，簡媜說過，「人與人接壤，能述說的僅是片面辰光，一兩椿人情世故而已。能說的，都不是最深的孤獨。」

　　包頭鋼鐵，1954 年開始建設，1959 年投產。擁有「包鋼股份」和「包鋼稀土」兩間上市公司，是世界最大的稀土工業基地，世界最大的鋼軌生

1　《刑訊逼供致劉希泳死亡的 9 名檢察官獲刑》，中國視點網，2018 年 10 月 24 日，http://www.cnsdchina.com/s/2018/fzsd_1024/8434.html.

2　《央視花旦和香港富豪之死》，騰訊網，2022 年 3 月 15 日，https://new.qq.com/rain/a/20220315A0014Z00.

3　《吉林省檢察長楊克勤落馬　插手礦山項目致東窗事發》，載《中國新聞周刊》，2019 年 8 月 5 日，總第 910 期。http://www.hi.chinanews.com.cn/hnnew/2019-08-01/497012.html.

4　《吉林省檢察院檢察長被查，一周前被帶走，曾說對違紀違法零容忍》，載《中國新聞周刊》，2019 年 7 月 17 日，https://baijiahao.baidu.com/s?id=1639308567401425094&wfr=spider&for=pc.

5　《吉林省檢察院原反貪局長喻春江被查　原檢察長楊克勤已獲刑》，新浪網，2021 年 9 月 10 日，http://k.sina.com.cn/article_1893892941_70e2834d020012j26.html.

產基地，世界最大的稀土原材料供應商，在採、選、分離、冶煉和部分功能材料領域處於國際領先地位。包鋼擁有全球最大的稀土礦 —— 白雲鄂博礦的獨家開採權。2014 年 2 月 19 日，包鋼集團現有的稀土、煤炭、鈮等資源將逐步注入包鋼股份。包鋼股份將轉型為資源型企業，成為全球最大的稀土企業。2016 年 8 月，包頭鋼鐵（集團）有限責任公司在「中國企業 500 強」中排名第 397 位。2019 年 9 月 16 日被公開宣判的包鋼集團原董事長崔臣的判決書顯示，崔臣因受賄 2332 萬餘元，5727 萬餘元巨額財產來源不明，被判處有期徒刑 18 年，並處罰金 200 萬元。

從包頭到呼和浩特，從呼和浩特到北京，看守所、酒店、法院，是不同點線面體的聯結和組合，也是不同人生軌跡的纏繞、糾結和分離。央視主持人劉芳菲在自己的微博上有這樣的句子：「你喜歡的我的樣子，其實我一直沒有達到。你走之後，我才明白我應該過怎樣的生活，我才真正成為你最喜歡的樣子。這一課，你的代價是生命，而我的代價是永遠的痛。—— 寫給你。」深情的表白，是這一系列案件中的色彩。時空轉換，每一案件都是另一起案件的引線或者部分。

龍應台在《目送》中說：「有一種寂寞，身邊添一個可談的人，一條知心的狗，或許就可以消滅。有一種寂寞，茫茫天地之間余舟一芥的無邊無際無着落，人只能各自孤獨面對，素顏修行。」這也是我在包頭辦案期間真實的心境。

包頭是一個狹長的城市，冬日的早晨常有驟起的風，裹着沙子，讓人看不清路，也帶來不堪的冷。「大街上人們漠然走過，漠然地揚起塵灰，讓語音匯成一片喧嚷，人們來來去去，緊抱着各自的命運」—— 猛然間，我想起陳敬容在《船舶和我們》中的詩句，權作一些案件的筆記。

第五章
須彌芥子

　　我的相機好像是上帝的眼睛。我們在人間
庸庸碌碌，只看得到自己周圍的一畝三分地，
它卻能站在高處捕捉到所有人轉瞬即逝的微妙
瞬間，然後讓那些背後的故事露出一條細細的
尾巴。可是我抓不住。

　　　　　　　　　　── 八月長安《最好的我們》

一、吳哥窟

廣東湛江甘飴公司，其股東為香港公司，同時在柬埔寨投資甘蔗加工廠黃田（柬埔寨）國際有限公司，工廠建設工程由廣西建工集團負責施工，後期工程款結算及債務轉讓產生糾紛，請求判令被告甘飴公司支付給原告債務轉讓款 26,465.285191 萬元及違約金 529.3 萬元（違約金按轉讓款總額的 2% 計算）。同時訴求被告甘飴公司支付給原告設備材料款 12,933.45 萬元及違約金 776.007 萬元（違約金從 2014 年 3 月 20 日起按每月 2% 計算，暫計至 2014 年 6 月 20 日）。該二案由廣西高院受理，案號分別為（2014）桂民四初字第 1 號，（2014）桂民四初字第 2 號。

相對方在立案後，同時查封了委託人的銀行賬戶及資產。這是一宗跨境建設工程合同糾紛，工程資料、簽單、結算資料、往來函件是關鍵組成部分，但現場勘驗、實地調查也極為重要。經多方協調、審慎準備，2015年 6 月，我們踏上赴柬埔寨的行程，在金邊落地，然後趕赴黃田工地。一路上塵土飛揚，柬埔寨的基建仍是中國 1960 年代的水平。雨季經常寸步難行，道路隨時會成為泥沼和湖泊。

好在案件按照預期的規劃進行，與對方的和解、賬戶解封一一落實，期間訴訟進程一波三折，我們一一克服不確定性，同時，對南寧的螺螄粉亦有痛徹的領悟。

案件緊張進程中，我們無暇探訪吳哥窟（Angkor Wat）[1]。兩年後，在

1　又稱吳哥寺，被稱作柬埔寨國寶，是世界上最大的廟宇類建築，同時也是世界上最早的高棉式建築。吳哥窟原始的名字是 VrahVishnulok，意思為「毗濕奴的神殿」，中國佛學古籍稱之為「桑香佛舍」。蘇利耶跋摩二世（1113 — 1150 年在位）時為供奉毗濕奴而建，三十多年才完工。吳哥窟是吳哥古跡最精華的部分，也是柬埔寨早期建築風格的代表。

連日征戰的間歇，在疲勞和苦累中，應朋友之邀，才得以成行。我在金邊瞻仰了紅色高棉的看守所，有和重慶渣滓洞同樣的陰沉和猙獰。然後就是探訪吳哥窟的旅程，我們用雙腳走過了很多遺蹟，古樹粗大的根系同時張裂古老的石牆，風雨銷蝕堅硬的雕像。總覺得吳哥窟和敦煌石窟、雲岡石窟、龍門石窟在感性層面存在點線面的關係，但在理性層面，又是不同的方向。吳哥窟叫「窟」不是窟，而是座城。分小吳哥城（目前認為是國王的陵墓）和大吳哥城（國王的居住地和辦公地，及大臣居民住的地方）。造像是對肉身的刻畫與觀照，丹麥王子說過：「既有肉身，就注定要承受與生俱來的千般驚擾」。

1296 年，元成宗鐵穆爾派遣周達觀出使真臘。使團取海路從溫州開洋，經七洲洋（西沙群島海面）、占城、真蒲、查南、半路村、佛村（菩提薩州），橫渡淡洋（今洞里薩湖）至吳哥國登岸。周達觀和他的使團駐吳哥一年。回國後周達觀寫了關於柬埔寨風土民情的報告《真臘風土記》。《風土記》中稱吳哥窟為「魯班墓」，說國王死後，有塔埋葬，吳哥寺乃皇陵。資料稱，建築吳哥窟時所徵召的民工達 1500 萬以上，寺廟全部用巨大的沙巖石塊重疊砌成，最重的石塊重量超過八噸，石塊之間沒有任何黏合物。

我有充足的時間駐足吳哥的廢墟，審視歲月的苔蘚和枯黃。聽古老的浮雕脫離時間的束縛，重新走上人世的塵煙，打獵、捕魚、送別、戰爭、沉靜；或「乳海翻騰」「天神制魔」，或跌坐的佛陀，或舞蹈的女神。蔣勳在《吳哥之美》一書中說：「隔着數百年興亡滄桑，她們仍然如此熱烈，要從靜靜的石牆上走下來，走進這熱鬧騰騰的人世紅塵。」

石頭自身的溫度，在吳哥的微笑和佛塔的夕陽下如此震撼。佛像、祭壇和迴廊，仿佛歷史閃轉騰挪的地方，屏息靜聽，可以感知別樣的生動和美麗。那一刻，塑像與自己恍若一體，猶如那個在五台山殊像寺大殿淚如雨下的剎那。

然而，高棉的文明還是無可避免地隕落了。湯因比在《歷史研究》中指出：「文明毀於自殺，而非謀殺。」「美無法掠奪，美無法霸佔…… 美

總是走向廢墟。」佛曰：「沙門學道亦然。心若調適，道可得矣。於道若暴，暴即身疲；其身若疲，意即生惱，行即退矣。」蔣勳坦言：「吳哥窟是使我思考自己最多的地方。」「不只是在吳哥，走到世界任何一片曾經繁華過的廢墟，我們都似乎是再一次重新經歷了自己好幾世幾劫的一切吧？自己的愛，自己的恨，自己的眷戀，自己的不捨，自己的狂喜與沮喪……」

在一個僻靜的角落，在只有舊葉和碎石的牆垣，我把智利詩人巴勃羅·聶魯達的詩《請安靜》，朗讀給吳哥窟：

> 現在讓我們數到十二，
> 然後全都保持靜止。
> 在這大地上，至少這一次
> 讓我們不講任何語言；
> 讓我們停下片刻，
> 不要過多地揮舞雙臂。
> 這將是個奇妙的時刻，
> 無需匆忙，沒有發動機轟鳴，
> 所有人都一起團結在
> 突然出現的異常氣氛裏。
> 在寒冷的海上，漁夫
> 不會去傷害鯨魚
> 而那採鹽的人
> 看了看自己受傷的雙手。
> 那些策劃綠色戰爭，
> 毒氣戰，火戰的人，
> 犧牲一切的勝利者，
> 都穿上乾淨的衣服
> 與弟兄們一起漫步於
> 樹蔭下，什麼事都不做。
> 不要困惑，我不是要求

完全地停滯不前。

生活需要繼續進行，

但我不要它與死亡相關聯。

如果我們不是單單執着於

在生命中不斷進取，

那麼至少這次什麼都不做，

也許一種巨大的沉默

將中斷我們的悲傷。

這種從未了解自己的悲哀

和對死亡逼近的恐慌

也許大地可以教會我們

當一切看似滅亡的東西

到後來證明其實還活着。

現在我要一直數到十二，

你們保持安靜，我要走了。

二、中日友好醫院

　　2008 年是一個特殊的年份。《加繆手記》說：「心平氣和的世紀。災難隨時隨處都可能降臨，以至於和所有處境都必須面臨的死亡結局已經沒有什麼兩樣。此即何以如今順應自己的時代就等於順應死亡。這個極端危險的世紀，也是一個最心平氣和的世紀。」

　　5 月 12 日，「汶川地震」那一刻，我在青島一幢 80 層的大廈裏翻閱案卷，透過窗戶開始看到鋼筋森林的「波濤洶湧」與「驚心動魄」，那一刻，什麼動作都將是多餘，只能淡定。在自然須彌的不確定性面前，人類是微塵的量級。在青島的海邊，我為太多的人祈禱，林清玄在《鐵樹的處女之花》中說：「這世界上每一朵花的興謝雖有長短之分，卻無斷滅之別。每一朵花都是由因緣所生，在因緣中滅去，是明明白白的，是人力所不能

為的。」

　　多次往返青島，是要處理德勤的一宗爭議解決，由青島中院受理。在此之前，2007 年 2 月 19 日，廣州中院開始受理一批「科龍投資者對科龍及其控股公司、參股公司為被告的證券虛假陳述案件」，部分投資者同時將彼時的審計機構德勤會計師事務所作為被告，承擔連帶責任。結合「顧雛軍刑事案件」的審理，以及相關媒體的高關注度，德勤作為科龍電器的 2002 — 2004 年度審計機構，需要提供的應然證據為：1. 2002 — 2004 年出具審計報告時所依據的審計工作底稿；2. 為科龍 2002 — 2004 年度出具的審計報告；3. 與科龍締結的《業務約定書》等。

　　基於畢馬威錦州港虛假陳述的經驗，該次系統解決方案效果明顯，委託人德勤非常滿意，因此，此後的相關檢察機關因為偵辦刑事案件的需要，向德勤調取會計報告底稿，檢察機關要求德勤對工作底稿進行說明，並要求給德勤的工作人員作筆錄等多項法律服務及意見，團隊均進行了跟進。

　　同時，對於德勤已註冊商標「DELOITTE」「DELOITTE & TOUCHE」「DELOITTE JOUDHE TOHMATSU LNTERNATIONAL」「DELOITTE TAX RESEARCH FOUNDATION」「DELOITTE TOUCHE TOHMATSU」「DELOITTE TOUCHE TOHMATSU INTERNATIONAL」「DELOITTE TOUCHE TOHMATSU LITERNATIONAL」等，以及中文商標「德勤」亦進行了系統商標診斷，並提出了建議。期間，東方廣場的西樓也是我們經常駐足的場所。

　　一系列的出差、加班、飲食無度後，在從青島轉南京後，我的身體開始出現嚴重狀況。我在回北京後，直接住進中日友好醫院急診，吊瓶連續一周無休。中日友好是一家三甲醫院，位於北京市朝陽區櫻花園東街二號，距離對外貿易大學不遠。

　　那一周是難捱的一周，也是我意識到身體提出明確指令的一周，我的身體已出現了不可逆的損害。那一周，我必須認真審視獨處，並和自我和平相處。費里尼在《小丑的流浪》中就特別懼怕獨處：「獨處是種特別

的能力，有這種能力的人並不多見。我向來羨慕那些擁有內在資源、可以享受獨處的人，因為獨處會給你一個獨立空間、一份自由，這些是人們嘴上喊要，實際上卻害怕的東西：人生在世，沒有什麼比獨處更讓人懼怕的了」。對於習慣於快節奏、高行程、效率至上的律師而言，停下來獨處，是一個從沒有面對過的課題。

中日友好醫院也是大多數孩子出生的地方，也是人們為新生命流淚的地方，這是一個進階的開始，也是能量轉換的地方。人，總是在寂靜中嘗試思考，而非在匆忙中結束思索。「與其熱鬧着引人奪目，步步緊逼，不如趨向做一個人群之中真實自然的人，不張揚，不虛飾，隨時保持退後的位置。心有所定，只是專注做事。」我認真體會安妮寶貝《素年錦時》一書的句子。對於積勞成疾，我努力做到不着絲毫痕跡，不有纖芥在胸中，開始以更加務實的視角觀照世界和自己。

出院後，我才將真實情況報告師父，因為在住院期間，我生怕影響各項工作的進程，以及太多來之不易的局面和境況。因為我知道，師父那一段時間承擔的更多。遇到再難的事，我必須雲淡風輕地說出來，這才是一種負責和得體。師父把我帶進康達，包容了我太多的缺點，讓我見識了不可想像的場面，但我的成長還不夠。

所以，我突然病倒也無形中增加了一種不可言狀的愧疚。

那段時間，師父的萎縮性胃炎開始頻繁發作，這與壓力和喝酒均有直接關聯。他的醫院診斷報告也清楚地申明着幾條禁令，但他不服輸。對案件高度負責、高度熱情的師父，總是違反着這些醫院「禁令」，無意關心自己。

從山西特地搞到的土小米、從藍島超市購進的電飯煲、多方蒐集的養胃良方、師母的叮囑，師父都會拋到九霄雲外，只是因為當事人的重託，因為委託人的信任。

師父那段時間只能喝粥，吃麵條和烤饅頭，這是屬於小紅樓特定時段的香味兒，也是師徒二人先後走進醫院的縮影。

三、星展銀行的尊重

　　2017 年 3 月，我們接受星展銀行（香港）有限公司（DBS Bank Hong Kong）的委託，在內地辦理一項複雜的背景資料盡職調查法律服務。

　　星展銀行有限公司（簡稱 DBS）是新加坡跨國銀行和金融服務企業，公司總部位於新加坡濱海灣金融中心。該銀行之前的全名是新加坡發展銀行，於 2003 年被正式更名為星展銀行。為新加坡三大銀行之一，與華僑銀行和大華銀行並列。該銀行於 1968 年由新加坡政府銀行成立，在新加坡交易所上市，業務覆蓋東南亞、東北亞以及南亞，在 17 個市場開展業務，在海外 50 個城市擁有 300 多家分行和 1250 多台 ATM 機。星展銀行是東南亞資產規模最大的銀行，也是亞洲最大的銀行之一，截至 2019 年 12 月 31 日，其資產總額約為 5010 億美元（6500 億新元）。在除新加坡以外的其他地區（包括中國），它還在消費銀行、財政和市場、資產管理、證券經紀、股票和債務融資等領域佔據市場主導地位。

　　星展銀行最大控股股東是新加坡第二大主權財富基金淡馬錫控股（Temasek Holdings），這是新加坡僅次於 GIC 的第二大主權財富基金。截至 2018 年 3 月 31 日，淡馬錫擁有星展銀行 29% 的股份，且由於該銀行可靠的資本狀況還獲得了標準普爾和穆迪的「AA-」和「Aa1」信貸評級，這是亞太地區最高的評級之一。同時還連續多年獲得「亞洲最安全銀行」稱號。並且被《歐洲貨幣》評為 2016 年全球最佳數字銀行。2019 年 7 月，星展銀行成為全球首家同時獲得《歐洲貨幣》《全球金融》和《銀行家》三項最負盛名的全球最佳銀行榮譽的銀行。星展銀行自 2018 年 10 月 2 日起在道瓊斯亞太可持續發展指數（Dow Jones Sustainability Asia Pacific Index）中上市，成為東南亞首家上榜的銀行。在 2018 年發佈的第一份彭博社（Bloomberg L. P.）性別平等指數（GEI）中，星展銀行是新加坡首批在性別平等方面做出努力的公司之一。[1] 星展更於 2009 至 2021 年連續 13

1　《星展銀行簡介及歷史來由》，2022 年 1 月 12 日，https://baijiahao.baidu.com/s?id=17217188804478 98968&wfr=spider&for=pc.

年榮獲《環球金融雜誌》評選的「亞洲最安全的銀行」稱號。

星展銀行（香港）有限公司是一家在香港註冊成立的持牌銀行，是香港總資產第七大銀行，是新加坡星展銀行子公司。星展集團於 1999 年開始在香港開展業務，收購了梁氏家族和日本富士銀行（現瑞穗實業銀行）的廣安銀行，並將其更名為星展廣安銀行。它在 2001 年從國浩集團收購道亨銀行及其子公司海外信託銀行。後來，這三家銀行以星展交易名稱和星展銀行合併。於 2003 年 7 月 21 日與道亨銀行合併，正式更名為星展銀行（香港）有限公司。[1]

該項法律服務圓滿完成，受到委託人的肯定和確認。DBS 按照合同的約定支付了法律服務費用。令人感動的是，星展銀行在三個月後，再次支付了一筆款項，表示獎勵和感謝。由於原代理合同沒有約定該獎勵費用，只能原通路退回。一時間，在所內傳為佳話，「羊，真不吃麥苗」。

我每每想起這件事都特別感動。相較之下，部分內地當事人並沒有真正理解和尊重律師的法律服務，很多委託事項完成後，仍想盡一切方法，窮盡一切手段拖欠和不支付律師費用，很多時候，他們可以忘卻危難時的不易、窘迫和善意，只能說，金錢蒙蔽了太多人的眼睛。

很多時候，我會想不通。在將心比心的期待中，痛苦尤為加重。我在律協懲戒委員會遇到一個當事人投訴的案件，那本是一件非常普通的民事案件代理，律師代理費用人民幣一萬元，首付 3000，達到委託人訴訟目標後另行支付餘額。民事案件，不會因為標的小，而簡化程序，反而仍然激烈、一波三折，開庭多次，還有一審和二審。二審生效法律文書，完全符合委託人原定訴訟目標，支付餘款條件達成，但委託人以困難為由，拒不支付。律師痛定思痛，被迫提起追討律師費用訴訟，同樣是一審、二審。二審生效後，朝陽法院作為強制執行法院，卻無法執行到位。原因在於，委託人開始律協、司法局交叉投訴，律師百感交集，陷入無限的解釋

1　在星展集團收購之前，該銀行被命名為廣安銀行，並且是日本富士銀行（現在的瑞穗實業銀行）子公司。

和說明中。最後，不但 7000 元不再追討，原收取的 3000 元也被迫退回。這件事深刻地銘刻在我的腦海 —— 中國的法治進程，不惟是律師的責任，更有社會民眾的共同責任。

還有一宗刑事案件，當事人涉嫌虛假訴訟罪名，被辦案機關羈押。律師接受委託後，廢寢忘食，通宵達旦，在第 37 日的最後期限，完成對當事人的取保候審變更強制措施的訴求。當事人獲得自由後，開始主張家屬簽署的律師費用不是自己真實意思表示，取保並非律師工作，律師工作不起任何作用。竟然開始毫無底線地舉報律師刑事詐騙，不能成立後，頻繁向律協、司法局，用最惡意、不堪的字眼進行投訴，最後律師只能含淚退費了結。

這樣的案例比比皆是。在這些案卷中，我一度懷疑律師的職業屬性，律師是否有能力找出清白，因為他們在成為「竇娥」的境況下，很多時間都是忍氣吞聲。

正如三毛在《雨季不再來》中說：「有時候，我多麼希望能有一雙睿智的眼睛能夠看穿，能夠明白了解一切，包括所有的斑斕和荒蕪。」尊重和理解，是這世界最珍貴的禮物，委託代理合同和律師費用，應然為理解與尊重的顯化和呈現。

塞林格說：「長大是必經的潰爛」。我記着曾經到過的街道和河流，四周的牆壁和樹林，但和奧斯卡・王爾德在《自深深處》中的迷茫一樣，忘記了「時鐘的指針正指着哪一點，風正吹向哪一面，月色月影又是什麼模樣？」

星展銀行給予了律師法律服務足夠的尊重，我們特別感激，並在內心深處耕種下了跨境商事法律服務專業化的種子。這是後話，也是難得的緣分。

四、二十二年的信任

人是觀念的產物，人們通常喜歡相信自己願意相信的東西和概念，並且執着、貫徹到底。平原地區長大的孩子，很難理解山之高聳入雲，以及雪山的恢弘。

《詩經·小雅·車舝》中說：「高山仰止，景行行止」，我此前也是不理解的。能夠明白一些事情，才是成熟的標誌。

2022 年 8 月 29 日，顧總（顧小鋒）在北京市工商業聯合會第十五次代表大會上當選為北京市商會兼職副會長，這是一個很光耀的 tittle。其他 tittle 還有北京格林偉迪科技股份有限公司、北京格林威爾科技發展有限公司董事長、海淀區政協委員、海淀區工商聯副主席、海淀區工商聯上地街道商會會長。

2007 年 11 月，顧總忽出了一本攝影專著《駱駝向左》，評論家說這是一本在「浮躁的社會中難得的一本令人沉靜的好書」「恨不得自己馬上就到達那個美麗的地方去」…… 顧小鋒是企業家也是藝術家，是商界裏最懂藝術的，也是藝術圈裏最會經商的。但顧小鋒卻說，「我只是個理工男。」[1] 不管怎麼樣，顧總這個理工男一舉混成了攝影家協會會員。「如此看似無章的混搭恰恰是生活的本質。所以這不是一本攝影書，也不是一本旅行手冊，這是我們對於生命以及生活感悟的一次表達，也是對過程和結果的錯位進行修正的一次嘗試。我們正在被越來越多實際的目標所牽絆，生活的內涵，或者說活着的價值漸漸被忽略掉。其實生活可以不是這樣的，可以是更美好的。」[2] 這些表述，更像是小說家的風情。

第一次見顧總，是 2000 年在他雅緻大方的辦公室。我剛出道時的拘謹和生澀，在他當過高校教師的眼中，是鮮活生動的，所以，他還是在

1　《會員故事｜顧小鋒：向「左岸」偷渡》，載《馬奈藝術生活》，2017 年 9 月 7 日，https://www.sohu.com/a/190513994_99931788.

2　https://www.jianshu.com/p/db62df5522b2，2023 年 10 月 24 日。

《常年法律顧問》的協議上簽了字、蓋了章，沒有猶豫，顯然有些草率。

後來他對草率的釋義是：「你的認真和踏實，這是一種能力，不單是性格。」後來，他竟更大膽地聘任我為公司的獨立董事，這也是我唯一的獨立董事頭銜，他竟然不顧我已經頻繁換了兩家律師樓。

在西四環的馬奈畫室，顧總喝了不少紅酒，能夠輕鬆說出曾國藩的名句：「多躁者必無沉毅之識，多畏者必無卓越之見，多慾者必無慷慨之節，多言者必無質實之心，多勇者必無文學之雅。」

顧總的公司是一家專注於電信運營商及各大專用網絡的從事光傳輸、綜合接入設備、寬帶接入設備等的設計開發、製造和營銷服務的高科技企業。依託強有力的系統設計能力、軟件和芯片開發能力、完善的質量管理體系、遍佈全國的營銷網絡和規範的售後服務，直接服務於 300 多個電信運營單位，格林威爾品牌設備已遍佈中國所有的省份並出口到海外。近年來，格林威爾在產品技術、市場拓展、客戶服務、管理變革等方面都取得均衡發展，在寬帶接入、新產品開發等多個領域獲得了質的突破。2022年 2 月 10 日，入選 2021 年度第二批擬認定北京市專精特新「小巨人」企業名單。[1]

顧總的公司與一般的通信公司不同，顧總有自己的創新和堅定。不曾向資本低頭和轉變立場。在一些 5G 高科技公司中，雞飛狗跳的事情隨處可見。

2001 年，公司與北郵電信結成戰略合作夥伴後，開始了在寬帶領域的積極探索：「APON」，獲得兩項國家專利及自然科學基金支持，是國內第一個通過信息產業部入網檢測的 PON 產品。EPON 項目成為國家 863計劃的重點支持項目。「兩個胖子」的事情，在那一段沒少折騰我的神經，腦袋經常被「胖子」敲打得嗡嗡的。好在一切順利，公司步子穩健，

1　格林威爾品牌誕生於 1993 年，歷十年，完成從 IC 到系統，從產品到邊緣網絡解決方案的不斷發展。北京格林威爾科技發展有限公司成立於 2000 年 2 月 22 日，註冊地位於北京市海淀區永豐路 5 號院 1 號樓 4 層 402。2008 年 6 月至 2015 年 8 月任格林偉迪有限董事長，2015 年8 月至今擔任北京格林偉迪科技股份有限公司董事長。

是工信部認定的「集成電路設計企業」，北京市認定的「企業技術中心」「北京市工程實驗室」。作為項目主持或合作單位，公司先後四次承擔國家 863 無源光纖網絡重大項目、十餘次承擔國家和市科技與產業化項目；先後形成兩項國際電聯標準和三項國家標準；已獲得和申請發明專利 55 項、軟件著作權 18 項；先後獲得北京市、中國通信標準化協會、教育部頒發的多項獎勵。公司連續多年與華為、中興、烽火等通信企業一併被評為「中國光通信最具競爭力企業 10 強」。

這些都是顧總在攝影之外的閑暇做出的成績。他攝影太忙，我逢年過節也不聯繫他。我們很少推杯換盞。他有事，就來一個電話，我一一落實，在香港地區、美國也沒有掉過鏈子。信任是一種奇妙的東西，是一種不容褻瀆的信條。

很多年輕律師也很難理解一宗訴訟案件的時間跨度在 15 年以上，更難想像法律顧問可以連續簽署 20 年以上。「不以臣卑鄙，猥自枉屈」「咨臣以當世之事，由是感激，遂許先帝以驅馳。」諸葛亮在《出師表》中的陳述，也是我真實的心聲。

《駱駝向左》這本書的名字比較怪異，顧總解釋道：「我比較喜歡駱駝，它看起來是個龐然大物，但是它不會對你構成很大的威脅，當然也不是誰都可以隨便欺負它。」「在地圖上看，『向左』就是向西。另外，在巴黎塞納河畔，右岸代表金錢和權力，而左岸則是精神與文化的象徵。我在向左岸偷渡。」「駱駝雖無虎豹盛氣凌人之勢，也非苟且偷生之輩，忍辱負重，為人厚道。」

顧總的表達能力很強，不像一般的企業老闆很難把握主要矛盾但還能心安理得地固執己見。他在長達 37 年的攝影生涯中，始終偏愛膠片攝影，一方面是因為一種情懷，一種儀式感和控制性的滿足；另一方面，他認為膠片代表着一種態度，「膠片攝影的過程很慢，實際上慢也是一種態度。人做事最後看的是正確性，而不是看他的速度。」[1] 速度與正確性的辯

1　https://www.jianshu.com/p/db62df5522b2，2023 年 10 月 24 日。

證關係，其實也是法律個案的本質問題。顧總總結得比我清楚。

「近距離觀察作品，每一個細節都清晰可見，正因為它極其真實，所以旋轉後所呈現出來的不可思議的近乎玄幻的影像才會在觀眾內心產生強烈的衝突，這種效果是數碼攝影所不能企及的。」「我只使用定焦鏡頭，偏愛膠片的感覺。對我而言，支架子、構圖、測光、上膠片，然後手握快門線，會感覺所有的事情都在掌握之中，這時從容地燃起一支煙，吸起來會感覺比平時更有滋味。在靜靜地守候光線，景物移動到期待位置時的愉快，是在許多其他時光中無法感受到的，不可替代。」這何嘗不是對個案客觀事實與法律事實以及個案解決路徑的基本心態頗具說服力的描述。

疫情三年，更讓人習慣逃避熱鬧，正如余華《在細雨中呼喊》中說：「不再裝模作樣地擁有很多朋友，而是回到了孤單之中，以真正的我開始了獨自的生活。有時我也會因為寂寞而難以忍受空虛的折磨，但我寧願以這樣的方式來維護自己的自尊，也不願以恥辱為代價去換取那種表面的朋友。」但我是顧總磁石吸來的「鐵片兒，釘子，螺絲帽和小別針」，一晃就是 22 年，這是塵世風煙中特別的信任。正如莫言所說，「朋友，能走過三個月的已不容易，能堅持六個月的值得珍惜，能相守一年的堪稱奇蹟，能熬過兩年的才叫知己，超過三年的值得記憶，五年後還在的，應該請進生命裏。十年後依然在的，那就不是朋友了，已經是親人了，是生命的一部分了。」

還收顧總公司法律顧問費用，是不是有些不應該？這個問題，疫情後要當面好好討論一下。

五、中關村

我在中關村住過一段時間，那是一棟 1980 年代的老樓，院子裏有不少科學家、工程師，對面就是北大的東門。四環的邊上，就是海龍大廈，劉強東在海龍練過攤，賣過電腦配件。我當時給海龍也沒少作貢獻，因為

攢過好幾台電腦，只會用，不會修。攢的電腦經常有兼容問題，後來會修電腦的幾個朋友直接拉黑了我。

中關村的鼎好當時也很火爆，但現在寥落得讓人覺得有些陌生，雀兒也懶得到訪，潮起潮落自有規律和定數。但南邊的新中關是一個異類的存在，在網絡電商超乎尋常的打壓下，仍保持超高人氣，不能不說是一種奇蹟。

新中關的主人是王總，出生於體制內的領導，是新中關奇蹟的締造者。商海中錦上添花容易，但在廢墟上重生，絕非平庸者能做到。「新中關」西北側是慈禧太后位於中關村的最大行宮，後為李蓮英故居。西側的「白家大院」建於康熙年間，是清太祖努爾哈赤的次子禮親王代善的私家宅園，大清國軍機處就在這裏，光緒年間為安鐸園。歷史的因緣和合，是新中關的底蘊所在。

新中關原係「光耀東方系」的一處物業。光耀東方創始人李貴斌，山東聊城人，生於 1960 年代，在聊城銀行系統工作 20 餘年。2003 年，李貴斌接手聊城新東方廣場，並將其成功盤活，賺到了經商生涯的第一桶金。自此李貴斌投身商海，成立光耀東方集團，逐步擴張商業版圖。其冠縣鑫隆公司的子公司北京新湖陽光物業管理有限公司，持有北京世紀天樂大廈項目。據亞星化學（600319.SH）2015 年披露的數據，新湖陽光物業資產總額超過 22 億元。[1] 光耀東方集團物業遍佈北京、上海、河北、山東、山西等地。記者粗略統計，僅據光耀東方官網，其旗下大型物業即有22 項，其中九項位於北京：光耀東方中心、光耀東方廣場、中電信息大廈、京威世紀建築大廈、新中關大廈、中關村（7.000, 0.20, 2.94%）、時代廣場、世紀天樂大廈、美博匯大廈、CBD 東舍。[2]

2017 年，李貴斌病逝後，其百億資產引發糾紛，其妻子、央視女主

1　《百億光耀東方內鬥 5 年，遺孀一審奪回家產，爛尾樓之王東山再起？》，野馬財經，2022 年 5 月 26 日，https://www.163.com/dy/article/H8AV6THG0519875F.html.

2　郝成：《光耀東方董事長去世引發百億家產爭奪　妻子發起訴訟》，載《中國經營報》，2018 年 1 月 13 日。

播徐珺，已在山東、北京兩地發起諸多訴訟，要求確認多家企業股權變更無效。徐珺之外，一個叫黃芳萍的女士，也正在以刑事訴訟向「光耀東方」索要屬於自己的權益，而所涉及的資產價值近 70 億元，且在那次「股權轉讓」中，同樣有李貴傑參與，也出現了假公章和零對價。黃芳萍係北京海天房地產開發有限公司法定代表人、董事長。該公司係中外合作企業，出資方為廣州市萬興經濟發展公司和隆格蘭（澳大利亞）有限公司，其中，廣州萬興出資 5500 萬美元，佔 91.67%；隆格蘭出資 500 萬美元，佔 8.33%。[1]

新中關大廈在一系列洶湧澎湃的訴訟海嘯中，權屬分離清晰，獨善其身，本身已足以說明領導人的魄力和遠見。新中關的特色小館，囊括了各大菜系，同時還有美國、墨西哥風味，還有電影院觀影，出租率頻招同行妒忌，包括一些小的業主。商舖的統一經營，即部分小業主所有的涉案房屋為產權式商舖，所有權與經營權相分離，業主共同將商場整體委託給一公司統一經營管理，以保證和實現商場整體功能的發揮和商舖個體利益的最大化。但由於租金利益的分配，部分業主試圖通過仲裁、訴訟將商舖返還，但解除統一經營公約，勢必影響商場整體功能的發揮，損害其他業主的合法權益及社會公共利益。

由此，商舖統一經營訴訟成為國內首例該領域的集團性訴訟，2017年 10 月，在北京仲裁、法院訴訟戰線一一展開。本次產權商舖系列商事爭議涵蓋產權商舖分割、特定條款效力認定、所有權限制、商舖回收、統一經營界定、統一經營機構選定、格式條款考量、司法判例、開放式大型商場權利保障等疑難商事爭議諸多環節，代理團隊成員緊密協作、調查取證，憑藉專業扎實的法律方技，最大限度地維護了當事人的利益，為當事人挽回了巨額經濟損失。「涉案業主雖擁有商舖所有權，但未保證商場整體功能的發揮和保障大多數業主的利益，其所有權應當受到其他商舖業主

1　郝成：《光耀東方董事長去世引發百億家產爭奪　妻子發起訴訟》，載《中國經營報》，2018年 1 月 13 日。

整體意志的限制」,「涉案商舖業主在簽訂第一屆統一經營公約時,已對所有權的行使作出了合理讓渡,並自願接受其他業主權利的限制和約束。涉案商舖業主要求收回商舖的請求不具有事實與法律依據」等相關代理觀點被系列法院、仲裁等爭議機構充分採納。

　　該宗案件由於涉及法院一審、二審、再審,以及仲裁並舉,參與律師數量開創了先例。經此大戰,新中關統一經營基礎完全夯實,缺陷獲得彌補。王總的運籌帷幄取得了全方位實效。為此,可以大膽放手,專心培養新人。相識 15 年,終見王總笑意。

　　閑暇之於,王總對我的《法律與文學相鄰》一書給予了肯定:「春節期間拜讀了你的大作,深感震撼。你這本書太有特色啦!我覺得在圖書館分類時都不容易:說是法律的書吧,卻通篇洋溢着文學詩人的浪漫情懷,同時偏偏作者又是一個律師,字裏行間彰顯着解說法律制度時的理性和嚴謹。這本書文學家、詩人寫不出來,法律人也寫不出來,你別出心裁、獨樹一幟,出了一本絕對另類的傑作!還沒有讀完,但是已經很崇拜你啦!」雖是戲謔,也是誠懇之言,權當杯間笑言。

六、CRU 的一課

　　CRU 給團隊上的一課,是最後一課。很多課,只有一次。

　　CRU 是英國商品研究所的簡稱,又稱英國商品研究機構、英國商品研究局。主要從事國際市場分析,研究金屬、礦業、化學行業的成本和預測未來市場發展情況,其數據在國際非常權威。CRU 也深諳中國大宗商品市場動態,致力於協助行業客戶制定重要的商業決策,[1] 在業界非常知名,因此它們發佈的中國區數據總是為相關機構盜取,存在眾多著作權侵

---

1 《英國商品研究所(CRU)中國首席執行官 John Johnson 一行蒞臨規劃院交流合作》,冶金規劃研究院,2018 年 8 月 27 日,http://www.mpi1972.com/xwzx/yndt/201808/t20180827_78875.html.

權問題，同時亦存在中國客戶的欠款問題。在 2017 年，這些問題均由團隊打理，提供法律建議和意見。

CRU 每月出版鋼材、長材、板材、扁平材（不鏽鋼）、煉鋼原材料、鐵合金、鎳鉻鉬七份月報；每周發佈八個加權價格指數。在這八個價格指數中，用於碳鋼的主要是國際（全球）、板材、長材、北美、歐洲、亞洲指數，另外還有不鏽鋼、生鐵廢鋼價格指數。國際（全球）鋼材價格指數的形成：選擇美國中西部、德國、中國南方城市港口 39 個鋼材市場中的五種鋼鐵產品（熱軋卷板、冷軋卷板、熱鍍鋅版、螺紋鋼、型材）的市場交易價格進行採集，而後對這五個鋼鐵產品在北美、西歐和亞洲市場的消費份額加權後得出國際（全球）鋼材價格指數，即 CRUspi，該指數以加權平均價格為基準，確定指數為 100，每周發佈一次。

2017 年 6 月，CRU 在北京的辦事處來到幸福二村的辦公室，主要是為討論他們在北京擬成立一間諮詢公司，成為一間真正的經營實體，更好地主張相關民事權利。同時，還有一件相對較小的法律事務，就是完善一下與中國客戶之間的交易合同。他們已在此前版本的基礎上，用中文提出了自己的修改意見。在會議現場，對此修改意見，我現場進行了補充和完善，包括爭議解決條款等等，CRU 辦事處當時來了好幾個負責人，均表示肯定。

修改意見我已囑託助理詳盡列出，「逐字校對，發我確認後，再發送 CRU」。遺憾的是，助理是從美國回來不久的孩子，對自己的理解過於自信。兩天後，我沒有收到助理的文件，卻收到了 CRU 負責人助理的電話：「你的律師，一定是剛從國外回來的吧？翻譯的漢語非常蹩腳，完全沒有領會咱們在會議室討論的意思，直接發來的版本，還不如我們之前的。BOSS 很生氣。」

BOSS 很生氣的結局可想而知，我們沒有解釋和挽回的機會。對於一向嚴謹、不拘言笑的英國 gentlemen 而言，我們團隊此前五年辛苦建立的標籤已徹底被摧毀，新的標籤是「嚴重不負責，不專業，審核沒有內控」，這樣的法律服務是與 CRU 不匹配的。

　　不久之後，2017 年 9 月 11 日，CRU（北京）諮詢有限公司成立，註冊地位於北京市東城區東直門南大街 1 號北京來福士中心辦公樓 13 層 1605 室，距離我們很近，法定代表人為羅伯特‧裴爾曼，也是我們的老朋友。經營範圍包括經濟貿易諮詢、會議服務、承辦展覽展示，還是熟悉的工作。但朋友已不再來往，信任很脆弱，並不是恆久的耐用品，百折不撓，這是信任的品格，也是一種公平。

　　2021 年 12 月 22 日，英國商品研究所（CRU Group）宣佈，推出全球碳排放分析工具，為大宗商品領域提供基於準確數據分析的全價值鏈碳排放數據，助力企業可持續發展。CRU 中國區首席執行官 John Johnson 表示：「這是英國商品研究所 CRU 繼今年整合全球專業人才成立可持續發展研究部門後的又一舉措，是我們利用自身專業知識，在碳排放和可持續發展領域為全球和中國企業提供的碳減排量化分析工具。」[1]

　　團隊與權威一起成長和分享的機會的悄然逝去就在不經意間。也許一萬個復盤也不會出現的情況，就是發生了。這兩天，網上有一則達輝律師事務所將一違反所保密規定的年輕律師開除，然後這個清華碩士畢業的男性律師選擇了自殺，網上充滿對律師事務所 PUA 員工的批判和指責，呼籲關心年輕律師的成長。[2] 客觀而言，不能簡單以死亡後果為判斷事件的標準，否則，這是另一種不公平和狹隘。違反規定帶來的法律後果，一般的民眾大抵是無暇考量的。違反保密是存在刑法考量的，只是我們不願意面對而已。我還遇到一個年輕的五年級律師，從小家庭優渥，能彈吉他和唱歌，但在一次炒股加槓桿以後一蹶不振，拚命借錢，朋友一律傾囊相助，但他仍在一個晚上突然選擇自殺，所接手的案件都在停滯狀態，費用不知所蹤，更不關心妻兒。

1　《英國商品研究所 CRU 推出碳排放分析工具　助力全球碳排放價值鏈數據化》，全國能源信息平台網，2021 年 12 月 23 日，https://baijiahao.baidu.com/s?id=1719932548353331809&wfr=spider&for=pc.

2　《達輝律師事務所事件的隨想》，2022 年 9 月 3 日，https：//www.163.com/dy/article/HGC0HVK20552BKA8.html.

　　在死亡和壓力層面，年輕律師和資深律師存在不同角度，但是結果並沒有太大的區別。張湧濤是北京一名非常知名的律師，做過北京律協的副會長，是「律師事業的拓荒者」，[1] 2005 年因病醫治無效在北京逝世，享年 43 歲。「消費維權鬥士」、知名律師邱寶昌 55 歲辭世。天同律師事務所創始人、無訟網絡科技創始人蔣勇律師，於 2021 年 6 月 22 日不幸逝世，享年 50 歲。原全國律協會長于寧，2016 年 6 月 1 日，因突發心臟病，在北京去世，享年 62 歲。這樣的例子不勝枚舉，例例驚心。

　　大抵青年者自殺，值得哀悼和悲憫，但不值得同情。生者被迫面對更多的課題和壓力。作家阿秀說：「一個人把自己看得很重很高，很簡單；但一個人把自己看得很輕很低，卻很難。」樊錦詩也說：「不要太把自己當一回事兒，要把事情當一回事。」戰戰兢兢，如履薄冰，我們都是大千世界的微塵。

　　追究責任、嚴厲批評、開除、悔恨，本根都不是對於五年信任和更多生命期待最值得的方式。莫言在《晚熟的人》中說，「真正的強大不是忘記，而是接受，接受世事無常，接受孤獨挫敗，接受突如其來的無力感，接受自己的不完美，接受困惑不安焦慮和遺憾。調整好自己的狀態，找到繼續前行的力量，成為更好的自己。」

　　CRU 給團隊上過的最後一課，猶如都德的最後一課，彌足珍貴，團隊應該「具有一種獨特的能力，那就是內在成長，轉變整合過去與未知，療愈傷口，尋找失落之物，將已經崩潰瓦解的內在結構重新建構的能力。」我認真體會尼采在《超越時間的冥想》的句子，再次向 CRU 表示感謝。

1　《張湧濤｜律師事業的拓荒者》，載《首都律師》2019 年第 5 期，https://www.beijinglawyers.org.cn/cac/1573799783031.htm.

七、華潤置地

香港華潤大廈（China Resources Building），是港島海傍的顯著地標，很有味道的辦公樓，位處香港灣仔港灣道，距離香港入境處不遠。於1983 年落成，2009 年委託呂元祥建築師事務所進行翻新工程，2012 年竣工。翻新後的華潤大廈轉為一座注重可持續發展的甲級辦公樓、零售商場及酒店綜合大樓。

很多內地企業的老闆選擇華潤作為 office 所在地，主要是因為華潤大廈非常符合北方寫字樓的格局和氛圍，且食堂也是不錯。

香港華潤是華潤置地有限公司（HK1109）的物業。置地是華潤集團旗下的地產業務旗艦，是中國內地最具實力的綜合型地產開發商之一，從 2010 年 3 月 8 日起香港恆生指數有限公司把華潤置地納入恆生指數成分股，成為香港 43 隻藍籌股之一，是中國地產行業規模最大、盈利能力最強的地產企業之一。2018 年，華潤置地全年綜合營業額為 1211.9 億元人民幣。截至 2018 年底，土地儲備覆蓋全球 70 個城市，總土地儲備達 5957 萬平方米。截至 2019 年上半年，公司資產總計 7270.79 億元。2020 年 5 月 13 日，華潤置地更是名列 2020 福布斯全球企業 2000 強榜第210 位。

2007 年 6 月，小紅樓的辦公室迎來了華潤置地的法務部領導，他們慕名而來，也帶着考察團隊的任務，團隊的法律服務綜合素質能否匹配華潤置地的發展，是考核的重點。於是，此後的三年，團隊接受了華潤置地一系列法律服務項目，包括訴訟和非訴訟，訴訟中有小區綠地侵權糾紛、物業管理費催繳糾紛、商品房買賣合同糾紛。非訴訟中有與相對方《土地使用權轉讓補償協議》《土地使用權出讓合同》的法律審核，以及《關於宣武區廣安門外大街 305 號住宅及配套項目規劃設計方案的審查意見》等。地域涉及北京、吉林、海口等。

這是一段對團隊房地產法律服務項目系統賦能和沉澱的經歷，不同模塊需要運用專業知識和技能，避免或減少不同模塊中可能出現的疏漏，對

業已發生的法律糾紛採取法律救濟措施，減少或避免可能造成的損失。房地產開發不同階段，需要擬定不同解決方案，需要在不同節點使原則性和靈活性充分結合，需要談判和訴訟有機結合。如同列夫‧托爾斯泰在《智慧曆書》中所言：「我們應該隨時準備改變觀點，拋棄偏見，帶着開放、接納的心靈而活。」

2022 年 8 月，「華潤置地有限公司原黨委書記、董事局主席、首席執行官唐勇涉嫌嚴重違紀違法，目前華潤集團紀委正對其進行紀律審查，經國家監委指定四川省監委管轄，四川省監委指定綿陽市監委管轄，綿陽市監委正對其進行監察調查。」[1] 這是一個驚人的消息，唐勇是華潤自身培養的幹部，在華潤工作近 30 年，從基層幹起，直至董事局掌握方向，51 歲折戟沉沙，不能不令人扼腕。唐勇正值中年，真正的輝煌沒有如期到來，卻斷崖下跌。余秋雨在《文化苦旅》中深刻表達一種煩心和惆悵：

> 人生就是這樣，年少時，怨恨自己年少，年邁時，怨恨自己年邁，這倒常常促使中青年處於一種相對冷靜的疏離狀態和評判狀態，思考着人生的怪異，然後一邊慰撫年幼者，一邊慰撫年老者。我想，中青年在人生意義上的魅力，就在於這雙向疏離和雙向慰撫吧。因雙向疏離，他們變得灑脫和沉靜；因雙向慰撫，他們變得親切和有力。但是，也正因為此，他們有時又會感到煩心和惆悵，他們還餘留着告別天真歲月的傷感，又遲早會產生暮歲將至的預感。他們置身於人生渦旋的中心點，環視四周，思前想後，不能不感慨萬千。

余華在《活着》中也觸及了中年的感受：「曾經以為老去是很遙遠的事情，突然發現年輕已經是很久以前的事了，時光好不經用，抬眼，已然半生。所謂的中年危機，真正讓人焦慮的不是孤單，不是貧窮，更不是衰老，而是人到中年你才發現，你從來沒有按照自己喜歡的方式活過。」個體、企

---

1 《華潤置地有限公司原黨委書記、董事局主席唐勇被查》，《證券時報》，2022 年 8 月 24 日，https://baijiahao.baidu.com/s?id=1741987607770731240&wfr=spider&for=pc.

業、家國，無不存在對中年的界定和思忖，我們需要真正審視自己，才能審視世界。

於是，想到王朔在《動物兇猛》一書中也說：「當受到壓力時我本能地選擇妥協和順從，寧肯採取陽奉陰違的手段也不挺身站出來說不！因為我從沒被人說服過，所以也懶得去尋求別人的理解。人都是頑固不化和自以為是的，相安無事的惟一辦法就是欺騙。」負能量不但消耗了自己，也消耗了別人。

個人也有品牌，譬如三國的甘寧、馬超和呂布；「公司」也有品牌，譬如魏蜀吳。但願一些漂泊和沉寂，能使一些生命和憂慮「遠離中心，脫離浮躁，讓生命真正沉潛下來。」「我一次次陷入絕望，默默祈禱，為了此刻也為了來生，為了戰勝內心的軟弱」——這是郭玉潔在《眾聲》中的打磨。

余秋雨說：「千般荒涼，固本為始；萬般蹀躞，務實為歸。」窗外突然驟風狂雨，翻出蔣捷的《虞美人·聽雨》：

> 少年聽雨歌樓上，紅燭昏羅帳。壯年聽雨客舟中，江闊雲低，斷雁叫西風。而今聽雨僧廬下，鬢已星星也。悲歡離合總無情，一任階前，點滴到天明。

八、香港上環

2017 年也是一特殊的年份，師父說，「你必須獨自肩挑一些事了」，那一刻，我想起了哪吒與師父太乙真人拜謝的情景，也是萬般不捨。

儘管跟隨了師父 16 年，但真正直面障礙與挑戰時，我才深切明白師父之前的不易，更能深刻認識自己的不足和缺陷，然而我必須咬牙啃下來，因為我不能給師父丟人。

責任意味着專業方向的重塑，也意味着固有思維的破與立。一個意外的機會，我被安排一次專題授課，就是「2018 中關村國際化大講堂」，其

宗旨是以進一步提升中關村企業國際化市場開拓能力，拓寬企業、機構管理人員的國際化視野，提高相關人員國際化能力素質為目的，由中關村管委會着力打造的交流平台。授課對象為企業中負責國際化業務的高級管理人員，相關行業協會、產業聯盟、各分園管委會國際化業務負責人，重點為獨角獸企業、行業領軍企業、瞪羚企業和金種子企業等。當時我講了有兩部分內容：「海外投資與併購一般原理」及「典型案例解析」，涉及海外投資之融資方式、海外投資之基本模式選擇、海外投資之境內審批程序、海外投資之法律風險管控等方面，同時結合相關案例進行了延伸，如美國 SPL 收購案 —— 子公司現金股權收購；鋰精礦收購案 —— 控股股東「攔截式」收購；環保技術升級 ——「私募過橋」收購等併購案，臨時拉磨，準備得不是太充分，只能是勉強及格。

跨境法律服務專業化方向，也是法律服務市場發展的重大轉折，我必須做好準備。2018 年的秋天，我開始到香港讀書，讀的是文學，這是自己的課餘愛好。工作中讀書的挑戰是超出想像的。香港的學分要求分外嚴格，我經常在北京與香港兩地奔襲，好在基本沒有落下課程，三門功課還獲得了 top1，更重要的是我對香港的理解和認知，開始從表層走向深層。

施展在《中國史綱》中說：「中國是擁有超大規模性的」「能夠擔負起這樣一個世界海路樞紐的功能，能夠擔負起這樣一個責任，有這樣的能力」「從空間上來說，古代的中國，中原、草原、西域綠洲、雪域高原、海洋，對這幾個方向，它們彼此之間的相互構造性、相互生成性、相互依賴達到了如此之深的深度，以至於你脫離其中一方完全無法解釋另一方」。期間的底層思維、開放性思維非常關鍵。沒有草原思維，只有農耕思維，那麼長城就是邊界；沒有海洋思維，那麼海岸線就是局限。

法學不惟是知識，更是思維的開拓和延展，於是走出去已是必需的向度。在擁擠的街區下，香港是世界上唯一擁有真正英漢雙語普通法體系的司法管轄區，也是中國唯一的普通法司法管轄區。這一獨特的社會價值觀和營商環境，無疑使香港成為內地以外最具中國特色的城市和中國以內最國際化的城市。憑藉普通法體系，香港可以從事與內地往來的中間業務，

促進境內外資本流動和投資。對外，香港是國際資本的中轉中心，業已成為亞太地區國際法律及爭議解決服務中心。在「連接中國內地與世界」方面，發揮穩定且獨特的重要媒介作用。[1]

　　作為全球最自由的經濟體之一、第六大貿易實體，以及第三大外來直接投資目的地，香港正受惠於環球製造活動及需求復甦。香港本地生產總值 2021 年全年增長 6.4%；香港在首次公開招股集資方面繼續表現良好，尤其作為生物科技公司上市和綠色債券發行的平台，表現更為亮眼。中國內地企業駐港地區總部的數量在持續上升，截至 2021 年，香港已有 252 家內地駐港地區總部，對比 2000 年的 69 家，增幅近 3.65 倍，直逼駐港美資公司的數量，現時美國、中國內地企業駐港地區總部分別佔全部駐港地區總部總數的 17.4% 及 17.3%。

　　香港是全球最大的離岸人民幣業務樞紐，處理全球約 75% 的離岸人民幣結算業務。據統計，香港在 2021 年上半年的離岸人民幣存款超過 8000 億元，約佔全球離岸人民幣存款的六成。憑藉開放的市場環境、完善的法治、與國際接軌的市場制度、以及充足的專業人才庫等優勢，香港成為了舉足輕重的國際金融中心，在資金對流中發揮重要的節點作用。香港不單單是中國內地與國際聯通的媒介，也成為推進人民幣國際化的重要角色。

　　判例在英美法系國家有兩大原則，其一為「先例拘束原則」（stare decisis），其二為「辨別異同的技術」（art of distinguishing）。先例拘束之原則，指類似之案件須作與先前判決類似之判決。此乃判決先例有助於維持裁判的一致性、持續性及法安定性的達成。而辨別兩事件之事實是否類似，必作目的論上考慮，若兩事件所達成的目的不同，必須作反對的模擬，運用辨別異同的技術，以避免受「先例拘束之原則」的拘束。[2]香港有賴於獨立的司法機構所支持的成熟穩健法律制度和法律基建。法官的任

1　鄭若驊：《在普通法下保持繁榮安定》，載《香港律師》2021 年第 9 期。
2　楊仁壽：《掌握英美法規及判例的基本常識》，載《海商法》，2016 年 1 月 4 日。

命只按其司法及專業才能作出。法官審理案件時只按法律和證據，無懼無偏，獨立行事而不受任何干涉。香港的案例不時在海外被引用，正好說明國際法律界信任香港健全和高質素的司法制度。正如終審法院首席法官在2021年法律年度開啟典禮上指出：「獨立的司法機關對於香港的法治以及妥善執行司法工作極為重要；這對於公眾和商界（不論本地抑或海外），對我們的司法制度的信心，以及香港作為「一國兩制」下的一個法治社會所享有的國際聲譽，同樣重要」。前英國最高法院法官及香港地區終審法院非常任法官岑耀信勳爵亦提出類似觀點：「香港司法機構完全致力於維持司法獨立和法治。香港歷任終審法院首席法官都曾在公開聲明中明確表示這一點。這些聲明並非口惠而實不至，而是代表了經驗豐富、有勇氣和有獨立思想的法官的信念。」[1]

我試圖丈量香港的每一寸街道，包括地下道。作家林曉寧這樣描述過香港的過街地下通道：「颱風來的那幾天，他們一般都不會選擇外出，是地下道裏人數最多的時候。有手機的流浪漢抱着手機玩，沒手機的則睡覺，地下道裏會傳來此起彼伏的呼嚕聲。聲音連成一片，撞到頭頂上方厚實的水泥天花板，在空曠的地下道裏迴響。」香港的人文，永遠具有不可思議的包容性。

但開設分所的困難和挑戰，是肉眼可見的大把支出。香港是消費社會的標杆，能經受住租金差響、人力成本、執業保險的衝擊，就是堅強的。這就是主席和管委會早在2008年之前，在天時地利的條件下，最終仍沒有開設分所的原因。主席在古崖居的山上，不止一次地問過我：「行不？不能勉強。」

2019年上半年，一系列複雜的手續從北京總部開始，所有分所所在地司法局、律協均要出具合規手續，中間個別分所由於歷史原因，出具手續存在近乎不可逾越的障礙，好在求爺爺告奶奶，一路求佛唸經，完成全部手續提交香港律師會。2019年8月23日，我們終於拿到執照，沒有紅

1　鄭若驊：《在普通法下保持繁榮安定》，載《香港律師》2021年第9期。

酒和香檳，有的只是茫然與搜索。辦公地點選在上環的中遠大廈，甲級寫字樓，租金如傳說中的昂貴，這是最初的體驗。

《莎士比亞十四行詩》裏有這樣的句子：「為了討好白天，我告訴它你是光明，在陰雲密佈時你將把它映照。我又這樣說去討黑夜的歡心，當星星不眨眼，你將為它閃耀。」今日想來，別有滋味。更尤記魯迅在《熱風·隨感錄四十一》中強調：「只是向上走，不必聽自暴自棄者流的話。能做事的做事，能發聲的發聲。有一分熱，發一分光，就令螢火一般，也可以在黑暗裏發一點光，不必等候炬火。」我深知余光中說的那句話：「人生有許多事情，正如船後的波紋，總要過後才覺得美的。」

然而不可思議的體驗在繼續。2019 年，香港的街頭開始不再平靜。我在上環的 2109 房間，感受風雲變幻。接下來的兩年，就是連續的疫情封關，通關的消息仿佛是海浪拍打礁石產生的泡沫，一一升起，再一一破裂。

三年來，康達香港還不是本土化的律所，仍歸屬於海外律所的隊伍，它只能關注內地法律業務，香港業務就是繳納租金、差餉、一系列年鑒、審計報告和保險，這是一種從地下九層開始的創業，而非從正負零基線開始的建築。「你是上帝展示在我失明的眼睛前的音樂、天穹、宮殿、江河、天使、深沉的玫瑰，隱祕而沒有窮期。」博爾赫斯的話，總迴響在耳邊。

偶然間，我讀到在 1997 年 7 月 2 日的《文匯報》登載的「中國法制建設的勝利軍 —— 中國康達律師事務所」，一字一句都是 25 年前的宣告。今天的我生活、工作在 25 年前的未來裏，更需要堅定步伐。

加西亞·馬爾克斯說：「人並非因日漸老去才停止逐夢，而是因停止逐夢而日漸老去。」因為夢，我從家鄉的困頓和泥濘中爬出，更要在香港的泥濘中繼續前行。遲子建在《泥濘》中說：「我熱愛這種渾然天成的泥濘，泥濘誕生了跋涉者，它給忍辱負重者以光明和力量，給苦難者以和平和勇氣。一個偉大的民族需要泥濘的磨礪和鍛煉，它會使人的脊梁永遠不彎，使人在艱難的跋涉中懂得土地的可愛、博大和不可喪失，懂得祖國

圖 1　康達在 1997 年 2 月走進香港

圖 2　1997 年康達創始合夥人在文匯報上建言

之於人的真正含義：當我們愛腳下的泥濘時，說明我們已經擁抱了一種精神。」

九、金立手機

　　金立手機，在手機江湖中一度是「中神通」的存在，在「手機論劍」中，完全可以獨步天下。深圳市金立通信設備有限公司成立於 2002 年 9 月 16 日，註冊資金兩億元人民幣。2005 年，金立拿到了 GSM 和 CDMA 手機生產牌照，並且獲得年產 700 萬台的許可。2006 年，金立手機年銷量即突破 400 萬台。2007 年，金立手機年銷量突破 800 萬台，增長 100%；同年，金立獲得「廣東省著名商標」榮譽稱號。2011 年，金立成為手機行業唯一一個「中國馳名商標」。2013 年，據 HIS 市場調研顯示，金立全球排名第 11 位，全球已有超過 1.1 億的金立手機用戶。[1]

　　「八荒六合唯我獨尊功」是《天龍八部》中的絕學，這樣的絕學，劉立榮在金正的摸爬滾打中，業已練就。「小霸王」和「金正」成功的經驗，讓劉立榮明白，電子產品一定要有自己的核心技術，才能擁有競爭力。他發現諾基亞等外企雖然技術成熟，但其文字輸入法對國人並不友好，並且以英文為主的語言使用起來也極為不便。[2]

　　在諾基亞和摩托羅拉盛行的年代，金立異軍突起。高峰時刻，金立建有生產基地金立工業園和印度工廠，在廣東東莞松山湖的金立工業園有金立大廈，佔地面積 258 畝，投資 23 億；年產能高達 8000 萬台。同時，擁有深圳、北京、海外、OS 四個研發院，自主研發產品獲得了 1557 項國家專利，開發的 amigo 操作系統更新至 3.5 版本，帶有更加人性化的體驗。

1 《昔日國產手機巨頭金立再成失信被執行人，客服稱仍在生產手機》，2022 年 7 月 1 日，https://baijiahao.baidu.com/s?id=1737145861183695286&wfr=spider&for=pc.

2 《金立手機創始人：一賭輸掉 7 億美金，負債 200 億跑路，至今去向成謎》，2022 年 8 月 27 日，https://it.sohu.com/a/580294475_121161298?scm.

劉德華、馮小剛、余文樂相繼做過金立的形象代言，「金品質、立天下」的廣告詞，一度風靡大街小巷。

然而手機依舊在，幾度夕陽紅。因營銷上投入過大、產品競爭力不足，再加上董事長劉立榮的賭博事件，金立公司資金鏈斷裂，2018 年金立集團被法院裁定破產。[1] 根據一份供應商整理的數據，截至 2017 年 12 月 31 日，金立總資產約 201 億，總負債 281 億，淨負債 80 億元，徹底地資不抵債。[2] 金立自此跌下神壇。據不完全統計，2017 年底至 2018 年法院宣佈破產階段，金立涉案總金額已達 44.43 億元，其中執行標的總金額為 13.57 億元，未履行總金額達 11.97 億元，被列為失信被執行人九次，限制消費令更高達 65 次。

我在香港的一間酒店和劉總有充分的溝通，他依然自信，不失風度，但多少有一些落寞，因為控制人之爭暗流湧動，公司的財務賬冊在不同地方輾轉，一會兒向東，一會兒向西。奧斯卡‧王爾德說過，「大多數人都將自己活成了別人。他們的思想是他人的意見，他們的人生不過是模仿，他們的熱情不過是引述。」但劉立榮不是。

在歷史學家湯因比眼中，人類社會發展的規律即「挑戰和應戰」，文明即是在「挑戰和應戰」這對矛盾中誕生和延續的。應戰成功，文明可以繼續向前發展，反之則會導致文明的衰落。金立手機的發展也是一個「挑戰和應戰」的過程，在持續地波浪式前進和螺旋式上升。風雲變幻，命運安排自有不同，但通過文化理念和組織制度的引領，構建一個可持續發展的平台，充分激發員工的熱情和聰明才智，為客戶提供最優質的服務，是劉立榮從未放棄的，也是手機帝國一抹亮麗的風景 —— 雖然是最後的背影。

盡調是一項繁瑣、時間成本巨大的工作，團隊在深圳的一間酒店加班

1　《昔日國產手機巨頭金立再成失信被執行人，客服稱仍在生產手機》，2022 年 7 月 1 日，https://baijiahao.baidu.com/s?id=1737145861183695286&wfr=spider&for=pc。

2　《金立成為了過去，但從金立走出來的人卻「開掛」了》，2022 年 7 月 26 日，https://baijiahao.baidu.com/s?id=1739367663334416967&wfr=spider&for=pc。

加點。我們需要為委託人負責，做好篩查和風控工作。

賈平凹在《自在獨行》中說：「人既然如螞蟻一樣來到世上，忽生忽死，忽聚忽散，短短數十年裏，該自在就自在吧，該瀟灑就瀟灑吧，各自完滿自己的一段生命，這就是生存的全部意義了。」但很多時候，因為責任、使命、榮光、立業，我們又確實活得艱難，然而正如塞林格的《麥田裏的守望者》說的：「一要承受種種外部的壓力，更要面對自己內心的困惑。在苦苦掙扎中，如果有人向你投以理解的目光，你會感到一種生命的暖意，或許僅有短暫的一瞥，就足以使我感奮不已。」

後來，因為種種原因，金立手機的重組並沒有如期完成。破產程序仍在進行。辛夷塢在《山月不知心底事》中說：「或許每個人心中都有一條塞納河，它把我們的一顆心分作兩邊，左岸柔軟，右岸冷硬；左岸感性，右岸理性。」「左岸住着我們的慾望，祈盼，掙扎和所有的愛恨嗔怒，右岸住着這個世界的規則在我們心裏打下的烙印 —— 左岸是夢境，右岸是生活。」

手機，是夢境，還是生活？也許根本就沒有答案。

十、時代的標籤

尤瓦爾·赫拉利在《未來簡史》中說：「我們每個人都出生在某個特定的歷史現實中，受特定的規範和價值觀制約，也由獨特的經濟和政治制度來管理。我們都會覺得自己所處的現實是理所當然的，認為這一切純屬自然、不可避免、無法改變。但我們忘了世界是由一連串的意外事件所創造的。」

行文到此，需要作一簡單的總結：人是社會關係的總和，由社會關係標定。1970 年代出生的人，便是由一系列社會現實勾勒而成的。這些現實的制約和管理，不可超越。

我一出生，便趕上了計劃生育的嚴格實行，1975 年以後出生的，有

姐妹兄弟幾乎是不可能的事情。我們上學的時候，沒有「九年義務教育」一說，小學和中學都是收學費的，學費是橫亘在我面前的一座大山，愚公移山的精神仿佛也無法搬移。學習一向不是實質性的挑戰和困難，但學費卻是。九月通常是開學的日子，也是上交學費和雜費的日子，我總是焦慮、憂愁。九月，新的學期就要開始，也是能夠真正湊齊、交上學費的日子，老師的眼光到那時才會有變化，我懸空的心才能落下。

　　我自認不具備向別人求助的心理素質，也就更不用說掌握求助的方法。近日和高中同學聊天，她提到高中時的兩件事：「第一件事，高一期末英語考試的時候，一大張卷子，試題是兩面的，我不知道為啥就做了一面，根本沒發現還有一面。然後時間到了，才看見另外一面，我慌了，英語老師監考，到我跟前收卷子，我哭了，一把鼻涕一把淚，我說我沒看到另外一面，可是也沒辦法，老師把卷子收走了。我心裏特別絕望，想着完了，整整一面都沒有做，一定過不了了，不及格就面臨留級。分數還沒有公佈的時候，碰到那個美女英語老師，她給我說，別難過了，我給你加兩分，過了。我的那個天，我這心裏那個高興。然後我順利升級到高二了。另外一件事，高三按成績排座位。我那成績一定是坐後面，我不喜歡坐後面。於是我給胡老師說，我就坐第一排，哪都不去。於是第一排那位置是胡老師幫我佔的，有人去坐，胡老師說這個位置有人了。有同學知道我的位置是胡老師佔的，很是憤憤不平，說胡老師偏心。現在想想自己也真是的，當時成績比我好的，沒坐到那個位置的，該多生胡老師的氣。反正高中於我，除了怕那個校長怕得要死，其他的想起來都蠻好的。」

　　我引述她的話，只是想說明，我的高中同學很早就能夠找到真正的自己，明白自己所需。而我整天只能為吃飯發愁，也沒有求助的能力。這樣的自我圈定和限制，讓自己不斷萎縮，包括身體和心理。人的成長是一種高貴的體驗，而我使之變成了負擔和欠缺。我的世界只有糧食、糧票和省吃儉用，現在看來，這些只能是自我設定的鐵柵欄。

　　人是自己內心的囚徒，我堅持這樣的判斷。在我的大學，有「鯉魚躍龍門」「雞犬升天」的概念，類似於課本中的「朝為田舍郎，暮登天子堂」。

我 1991 年考上大學，學費是人民幣 200 元整，這在當時絕對是一般家庭的不能承受之重。意料之內的借錢、湊錢，這樣的窘迫仿佛沒有盡頭。錢，可以摧毀一個人的夢想。很多時間，我的夢想如朝露，見到光便乾涸。我仿佛一直在一個可怕無休止的夢魘中無法醒來。

在我上大學之前，大學生畢業之後，是分配工作的。畢業生不用到處投遞簡歷。打印、複印、面試、等待、到處求請，這些都是特殊年代下的肩膀無法扛起的。1995 年的春節是我雞犬不寧的世界的開端，大規模的簡歷派送開始，郵政快遞本身就是一筆不菲的支出，何況直接奔赴廣州、深圳、珠海、廈門，因此我只能放棄異地求職。

現在的考研是不需要單位證明和檔案的，但那時嚴格的檔案和證明是《西遊記》中的「無底洞」和「火焰山」，是沒有芭蕉扇、蛻上幾層皮也要過去的鴻溝。時代留下的，更多的不是個體身體的印記，而是心理的創傷，需要漫長持久的療愈。

在我們之前的研究生，畢業後在國有體制內是要分房子的，但等到我們畢業的時候，分房子一說基本廢棄。好在我根本就沒有抱希望，所以痛苦會少很多。但我的一個同學傷心欲絕，頭髮基本焦慮成「飛機場和鐵絲網」。

怨天尤人不應是個體的命題。每個時代有每個時代的特徵，也有每個時代的課題。這種課題需要個體認真、嚴謹作答，而非一味甩鍋和悲天蹌地。其實，時代只是一個場景，儘管如影隨形，猶如《時間旅行者的妻子》中所言：「你有沒有這樣的感覺，坐在一列火車上，沿途跟着一條河，你看着它在晨光暮靄中變換着色彩，看着它洗滌一縷縷陽光，看着它映襯一片片星輝，看着它或是洶湧或是平靜，然而一直相隨，不離不棄。」

但個體是場景的主人，而非奴隸。我們相信某種場景下的秩序。尤瓦爾‧赫拉利在《人類簡史》中說，「並非因為它是客觀現實，而是因為相信它可以讓人提高合作效率、打造更美好的社會。」人可以打造場景，而非屈服於場景。

我認為，在每一個時代，路遙在《平凡的世界》中說的那句話都是對

的：「每個人都有一個覺醒期，但覺醒的早晚決定個人的命運。」時代賦予個體的命題就是覺醒，而非沉睡，更非沉淪。但覺悟絕非易事，更何況過程中如何破無明，證法性，若無法達到「事一心、理一心」，斷除見、思兩惑，也只能當作茶談。王薀在《師者》中有不少心法：

> 需要知道光是要真正進入無生忍的境界就極為困難，最起碼便要破除無明之障，如果未到此階，千萬不要妄言見性，以免着魔，沒有達到無生境界的人，平日裏境界還沒有到來，已經到處尋覓，等到境界呈現則又攀緣執着，等到境界已經消失卻又不斷憶念。可是，如果真正悟得無生境界的修行人卻大不相同，境界的來與去，與他的心了不相干，無生也無滅，就像面前睹鏡一般來去無止，但是，雖然在這個境界當中，觀察他在平日裏做人處世，倫理綱常仍然不會逾矩⋯⋯這期間總有許多尚要觀察之處。

時代，是個體的境遇，無所謂好壞，無所謂暗淡和輝煌，在一定層面，是一種不可脫解的局限和限定，但另一層面確實需要加持和幫扶。「我確信完美只能是部分的與偶然，因此無需苦苦追求，當事物解體時事物的真實實質自己會顯露出來。」卡爾維諾在《如果在冬夜，一個旅人》中的討論，本質也是時代的問題。

十一、桂林灕江

桂林，因象山、灕江聞名，有所謂「桂林山水甲天下」之稱。桂林之於我，印象最深刻的還是空氣中瀰漫的桂葉與桂花特殊的香味，沁人心脾。

桂花其實有更多名字，比如「金桂」「丹桂」。汪曾祺在書中說：「桂花以多為勝。」桂花不似一般花朵柔脆，缺乏人情煙火。桂花在成熟時，是可以搖晃的，搖下來的桂花，朵朵完整、新鮮，可以做茶和桂花糕。記得林清玄就說：「今年的桂花都采盡了，今年的桂花茶也飲完了，秋日已

盡，不必掛懷，我們也不必在心裏埋下桂花的種子。『風波不信菱枝弱，月露誰教桂葉香』，明年的桂花一定會和今年一樣香，明年遇到的人一定比今年更好。」

灕江的水面總是在清晨蒸騰起一團水霧，宛如仙境，水波中偶有漁船經過，漁夫戴着斗笠，鸕鷀矗立船頭。

台灣地區的蔣先生，個子不高，偏瘦，在桂林的灕江江畔投資建設了一座高爾夫球場，他那一段時間經常從台北飛往廣州，然後轉到桂林。在茶酣耳熱之際，對於灕江投資這檔子事，他頗愉悅。但當投資無法回收，手握一大堆行將作廢的高爾夫球票時，蔣先生開始焦慮和發愁。他開始轉道北京，開始在小紅樓訴說他的種種不公正待遇。蔣先生的執行依據是2002 年 11 月 22 日廣西壯族自治區高級人民法院依法作出的（2002）桂民監字第 9 號《民事判決書》。

桂林灕江高爾夫俱樂部實業有限公司成立於 1992 年 12 月 5 日，註冊資本 4360 萬美元，實際到位人民幣 1901.55 萬元；登記機關為桂林市工商行政管理局，股東為桂林華僑農場，出資 300 萬元，佔 8.26%；香港惠成國際開發實業股份有限公司，出資 4000 萬元，佔 91.74%。註冊號為企合桂林總字第 000199 號。2001 年 4 月 20 日，由桂林惠華高爾夫鄉村俱樂部實業有限公司變更名稱為桂林灕江高爾夫鄉村俱樂部實業有限公司。

2010 年，灕江高爾夫主要存在的問題是對外負債數額巨大，土地補償問題尚未得到解決。系列法律服務的目標在於：對於桂林當地農民而言，解決了農民土地補償問題；對於債權人而言，如何實現債權利益；對於桂林當地政府而言，解決農民抗議問題，維護當地穩定；對於桂林中院、廣西高院而言，解決久拖未結的執行案件。這是一宗並不複雜的民事執行案件，但基於被執行人的特殊性，涉及台灣地區、香港地區，同時關涉地方土地補償和原股東利益，蔣先生作為普通債權人，其權利的維護存在相當大的挑戰。

南寧、桂林、北京是我們和蔣先生頻繁溝通的城市，最後一次和蔣先生討論案件是在台北，在一個今日肯定是「網紅」的牛肉面館。那一次，

是陪同虎哥、朝哥、磊哥一行，我也是第一次到台灣，並且喝上了有名的「金門高粱」和「烏龍茶」。中間我們也會討論很多工作外的話題，譬如季羨林在《悲喜自渡》說過的「一個人倘若能管理好自己的情緒，消化人世悲喜，縱然會經歷坎坷，也必能得到一定圓滿。」又譬如梁漱溟關心的問題：「人類面臨有三大問題，順序錯不得。先要解決人和物之間的問題，接下來要解決人和人之間的問題，最後一定要解決人和自己內心之間的問題。」

總覺得打高爾夫是熱鬧的，而建設高爾夫球場的人，是孤獨的。蔣先生身上就有這樣的氣質。他的兒子繼承了這一份資產。

允新方企業股份有限公司是台灣的一家企業，擁有在瓷磚領域的眾多專利，其中一項名稱為「無機板材表面修復方法及其修復劑」的專利技術，為一眾大陸瓷磚企業所侵權，這是一種「行業侵權」，所有的企業都存在侵權行為，「可以根據規模將侵權企業分大中小三種，然後實施打假和維權。這是一宗宏偉的計劃，令人激動，但我總感覺缺少一些時間打磨和推敲。

台灣地區的授權委託手續頗為複雜和繁瑣，並且存在一定的不確定領域。各方動員，齊心合力把授權委託搞定時，已經半年過去。允新方的一個台灣朋友在這半年期間，已經改行做起了風水和中藥，開始相面和八卦。每每提起，他總是感歎世間滄桑。

意外地，允新方在武漢另行委託律師提起了確認侵權之訴訟，沒有主張具體賠償額，意料之中，相對方在國家知識產權局提起專利無效程序，訴訟被中止。無效宣告程序成為主戰場，遺憾的是，允新方的專利最終被宣告無效，所有訴訟包括但不限於確認侵權之訴，計劃內的各地對各主要陶瓷生產商的索賠訴訟，由於權利基礎的喪失，全部傾倒，無有完卵。

安妮寶貝在《春宴》中寫道：「快速行進的時代，挾帶亢奮和焦躁，如同浪潮席捲一切。個體置身其中，無可迴避，不進則退。如果你拒絕跟隨集體意志和意願，會被看成是一個落伍的失敗的失去價值的人。你會被孤立。一個試圖與時代和人群背道而行的人，遲早要付出代價。」

專利侵權訴訟需要精準的設計、精密的落實、精巧的部署，權利基礎通常成為最常見的攻擊點，成為「阿喀琉斯之踵」。它的脆弱性，在很多個案中超出了想像。

十二、裝睡與裝醒

尼爾‧唐納德‧沃爾什說：「只要你還在擔心別人會怎麼看你，他們就能奴役你；只有你再也不從自身之外尋求肯定，才能成為自己的主人。」

22 年前，我曾經在朝陽法院經歷了一個朋友交辦的特別細微的人身傷害賠償案件。事件的大致經過是，原告騎車路過西單，在一個報亭不小心剮蹭了一個女生，然後隨同的男生言語不和，與原告拳腳相加，最後報警，在指定醫院作傷檢，都未到輕微傷級別，然後和解，雙方竟在附近的小餐館相談甚歡，被告男生的父親也參加了飯局，三個人兩斤白酒，氣氛相當融洽，下午在西單派出所做筆錄時，原告已經喝大了，總是想不起自己名字怎麼寫，最後的簽字只能是「OK」。然後，一切仿佛曲終人散。

然而半年後，原告在朝陽法院提起賠償訴訟，重要事實是「脛骨骨折」，也有醫院的診斷證明。被告男生很是詫異，一下子慌了神，委託我們代理。調取原筆錄、醫院鑒定報告，不難發現，原告的骨折，是在自己喝多後在回家的路上摔斷的。「心中憋屈，所以提告」。「不告，沒法向街坊交代」。

另有一位相識的上市公司老總，總是炫耀他的名錶和「賬戶裏日進斗金」，走路的姿勢總是輕飄的，如架雲吐霧。他沉浸在自己股票的飄紅中，在虛擬而實在的財務數字中狂喜人生。但後來不久，他就因為內幕交易、操縱股價而被羈押。很多年後已無具體消息，仿佛從來沒有存在過，如同秋日的落葉。

我在山西大同辦理過幾宗煤礦股權爭奪糾紛，沒有使用「爭議」一詞，是因為它根本無法涵蓋其中的烈度與繁雜。其中的一個股東是一位此

前能力不錯的律師，他轉身下海，投身煤礦，中間有過受益頗豐的高光時刻，更有鷸蚌相爭的暗淡，最後血本無歸，悻悻離場。他曾言「看破紅塵」，懸空寺和五台山總是好歸處。然世間真正能夠看破物質和財富浮華的，竟有幾人？

報載，曾任沈德詠祕書的辛志宏，從最高法院離職後擔任北京一家律師事務所主任，該所代理的最高法院案件標的額超過千億元，其中一樁涉及新華人壽保險有限公司股權糾紛的案件，據說是沈德詠案發的導火索之一：博智基金（外商）與鴻元公司簽訂《委託投資及託管協議》《協議書》，由鴻元公司幫助博智基金代持新華人壽的股權，後鴻元公司反悔，在新華人壽增資時，直接增資入股，導致糾紛，博智基金支付了 7.02 億元作為「分手費」。博智基金提起再審程序，最高院 2015 年 6 月以（2015）民申字第 136 號民事裁定書駁回博智基金再審申請。鴻元公司在二審解除了一審的代理律師，轉而聘用了兩家北京的律師事務所，即國宏律師事務所、東衛律師事務所，辛志宏就是國宏所主任。[1]

辛志宏律師巨額的律師費，在其律師生涯中，相信並未達巔峰，但其靚麗與輝煌，絕對已至頂端。人的才華是最殘酷的事，比物質世界殘酷多了。物質的世界太過溫柔。太多不可解決的事，都在不可見之處。每個人身上都揹着一個時代的詮釋，它存在於日常和瑣碎，在個人的克服與迎納中得到確認。你得選擇一種生命方式 —— 成為獨立的不合群者，抑或是抱團的庸常之才。

在微塵疊加的日常中，才會慢慢理解時間和歲月並不是真正可怕的東西，總還有抗衡的餘地。時間需要另一種積累和沉澱，而非舉手投降。律師的經驗、能力、氣場，是從瑣碎、堆積的案卷磨礪出來的。朗達·拜恩在《力量》中說道：「每個人身邊都有一個磁場環繞，無論你在何處，磁場都會跟着你，而你的磁場也吸引着磁場相同的人和事。」

---

1 《導致沈德詠落馬的導火索之一，係二審改判的新華人壽股權代持案（附民事裁定書）》，
　 2022 年 3 月 24 日，https://www.163.com/dy/article/H38NOL860519C2L8.html.

　　2017 年 1 月 10 日，原最高法院副院長奚曉明站在了天津市第二中級法院刑事被告席上。來自天津市檢察院第二分院的公訴人，指控奚曉明 1996 年至 2015 年涉嫌收受價值人民幣 1.14 多億元的巨額財物賄賂。其時，奚曉明先後任最高法經濟審判庭副庭長、民事審判第二庭庭長、最高法審判委員會委員及副院長。檢方認為，奚曉明利用擔任上述職務上的便利以及職權和地位形成的便利條件，為相關單位和個人在案件處理、公司上市等事項上提供幫助，直接或通過其家人非法收受相關人員給予的巨額財物，應以受賄罪追究其刑事責任。在 1.14 多億元巨額賄賂中，北大方正集團原 CEO 李友以 5000 萬元名列涉嫌行賄者榜首，騰信股份（300392.SZ）實際控制人徐煒以 3900 萬元緊隨其後。山西煤商、金業集團董事長張新明亦位列其中，律師王酉充當掮客，從張新明處收受 3000 萬元，其中 1800 萬元給了奚曉明之子奚嘉誠，餘下 1200 萬元歸己所有。奚曉明 1.14 多億元賄款絕大多數經奚嘉誠之手收受。目前，奚嘉誠正在河南省安陽市龍安區檢察院接受審查起訴。李友、張新明、徐煒、王酉等多名涉案人員均被另案處理，他們有的已開庭宣判，有的仍在審理中。[1]

　　時間沒有辦法叫醒一個裝睡的人，也沒有辦法拯救一個自我折磨的人。很多時候，「平庸的交流，儘管沒有惡意，但實質上是負面的。我不覺得我需要過多的新朋友。我能交談的已經足夠多。我要守住那些不必交談的時刻。」[2]

十三、卷案中的隕落

　　兒時去小學早課的路上會經過一片墳地，這篇墳地對我而言，就是只有發瘋般奔跑才能忘記的存在。後來，在清東陵、清西陵、明孝陵、宋

1　《最高法副院長奚曉明以案謀私受賄超 1 億多由其子經手》，2017 年 12 月 4 日，https://www.maxlaw.cn/l/20171204/900200497377.shtml.

2　https://www.sohu.com/a/85317244_207249, 2016 年 6 月 23 日。

陵、西夏王陵，我只是駐足靜思，讓歷史的鐵馬冰河之聲從耳邊穿過。

　　個體的死亡不僅是生命內穩態的破壞和終結，也和生命系統的環境密切相關。自我的鏡像效應當然引起每一個人對於死亡的擔心和思索，其他個體的死亡讓人探索人類種屬的死亡特徵。「人是什麼」這類問題應運而生。外界的突變帶來的死亡讓人恐懼，疾病等漫長的死亡過程包括環境因素，當然也會成為人類思考的對象。[1] 畢達哥拉斯說死亡是靈魂的暫時解脫；赫拉克利特則說死亡很平常，它就是我們醒時所看見的一切；德謨克利特說死亡是自然的必然性；蒙田和海德格爾則說預謀死亡即預謀自由，向死而在是人的自由原則；塞涅卡說死亡是我們走向新生的台階；費爾巴哈則說死亡完全屬於「人的規定」，它是地上「最好的醫生」；黑格爾說它就是愛本身；海德格爾則說只有它才能把此在之「此」帶到明處。中國哲學家也給出了各色各樣的謎底。莊子說：「死生，命也」；荀子說：「死，人之終也」；韓非說：「生盡之謂死」；王充說：「死者，生之效」；張載說：「死者，氣之『遊散』也」；熊伯龍說：「人老而血氣自衰，自然之道也。」鑒於此，哲學史上又進而出現了關於死亡的「有學問的無知」：蘇格拉底宣佈，關於死亡本性，「我不自命知之」；薩特也宣佈，死亡是一種雙面的「雅努斯」。[2]

　　《百年孤獨》中說：「父母是隔在我們和死亡之間的簾子。你和死亡好像隔着什麼，沒有什麼感受，你的父母擋在你們中間，等到你的父母過世了，你才會直面這些東西，不然你看到的死亡是很抽象的，你不知道。親戚，朋友，鄰居，隔代，他們去世對你的壓力不是那麼直接，父母是隔在你和死亡之間的一道簾子，把你擋了一下，你最親密的人會影響你的生死觀。」起初奶奶、外祖母的去世，已使我開始思考生死的問題，當父母的墳塋，也安靜地停駐在那條小路的近旁，成住敗空，就成了必須直視的

1　季國清：《人類永生與死亡焦慮 —— 大數據時代的人文結論》，載《北方論叢》（哈爾濱）2015 年第 3 期。

2　段德智：《「死是一個我們不能不猜的謎」—— 死亡哲學的「導論」與「後記」》，商務印書館 2017 年版，第 1 — 30、541 — 555 頁。

事情，就像沒有樹影的遮蓋，你也須在不經意間注視太陽，儘管可能被灼傷。給母親守靈，仿佛母親從沒有遠去。她的腳步不曾遠離，她也經常在我夢中出現，永恆地駐足着。

高二時，一個非常追求上進的女同學，竟選擇從他們家鄉最高的大壩一跳了之。另一個高中同學是鄰村的孩子，也非常努力上進，中國農業大學本科畢業後，留學美國，在芝加哥完成了碩士、博士的課程，妻子是瑞士人，有兩個可愛的孩子，但他的生命卻在非常年輕的年齡戛然而止，留下生者無盡的傷感。大學時的海南籍同學，畢業後找到很優質的工作，準備大幹一場，也答應好好請我吃頓飯，感謝我在畢業論文上對他的幫助。可惜，在一個大雨滂沱的夜晚，在東莞的一個立交橋下，他在自己的車裏就此別去。生命很脆弱，並不比一朵絨花更強韌。維克多·弗蘭克爾說：「生命擁有意義就是因為人的必死性。如果人類不死的話，任何行為都將被推遲 …… 到不確定性之中。」[1] 還有我們敬重的虎哥，一天天消瘦，從美國歸來，卻又永遠地離開了我們，這是最令我悲傷的隕落。

徐總是一非常優雅知性的女性，在出國之前，把她的藏書留給我很多，我一一拜讀，仿佛回到了大學的宿舍和圖書館。她的文字也非常雋秀，有林徽因的影子。但她的丈夫，在孩子尚幼的階段，在自家車裏被一紅酒瓶打死，疑點頗多，傷害致死與故意殺人之間，也許本身就隱藏着一個蓄意的陰謀，需要求證，但更需要堅持和時間。

繼承案件中，總不乏隕落的悲情，以及悲情之後的悲情。一系列的爭奪、訴訟、毀損都是隕落的附帶碎石. 有當事人為了表達某個訴求或實現某個願望（比如討要工錢），不惜爬上數十米甚至上百米高的樓頂或塔吊，以死相逼，引來眾人駐足觀看，各路媒體也競相報道。在不知不覺之間，他們向公眾傳達了這樣一種暗示：以死相逼的方式有助於維護自己的正當權利，有助於實現某種訴求，有助於達致某種正義。一些人是否在這

1　Richard Lonetto & Donald L., *Templer Death Anxiety*, Washington: Hemisphere Publishing Corporation, 1976, p.2.

樣的暗示之下，走上了一條以死相逼的不歸路？ [1]

　　這種情景仿佛是遠村喝藥赴死的農夫，家庭衝突不可化解，面子訴求堅定不移，必須支付生命的成本。死亡裏所有的一切仿佛都順理成章，而活着的日子總是漏洞百出，雜亂無章。但也總會想起史鐵生在《病隙碎筆》中的句子：「人不是苟死苟活的物類，不是以過程的漫長為自豪，而是以過程的精彩、尊貴和獨具愛願為驕傲的。」

　　伴隨着生命的興衰枯榮，將過去與現在凝結在一起，將時間匯聚起來，生成一種豐厚的意義。而死亡好似是一個終極性的破裂，驅散了愛所凝聚的時間，驅散了永存。[2] 但死亡從來不是結束，而是另一個開始。想起威爾伯有一句震耳欲聾的名言：「沒有哪個時代是歷史的終結，我們都是明天的食物。過程在繼續，大精神存在於過程之中，而非存在於某一特殊的時代或某個時刻或地方。」[3]

　　案卷中的隕落，「原也是個深淵，絕不比大海少一點辛酸」── 我想起夏爾・波德萊爾在《人與海》中的句子，也有同樣的感受。

十四、萬元戶

　　記得顧城有一首詩《我是一座小城》：「我的心，是一座城，一座最小的城。沒有雜亂的市場，沒有眾多的居民。冷冷清清，冷冷清清，只有一片落葉，只有一簇花叢，還偷偷掩藏着 ── 兒時的深情……」

　　由於物質的貧乏，兒時對於物質條件良好的家庭，我總是不乏羨慕。譬如鄰居的洗衣機、冰箱和電視機。電視機對我的吸引力非常大，因為暑假播放的《西遊記》《紅樓夢》和《射雕英雄傳》。電視除了聲音，更有

1　喻中：《死亡之路通向正義？》，2014 年 12 月 29 日，https://www.163.com/dy/article/AELRJOJ90521007N.html.

2　劉擎：《世俗時代的死亡問題》，2019 年 5 月 2 日，https://www.bilibili.com/read/cv2582605?column_from=5.

3　［美］威爾伯：《萬物簡史》，許金聲等譯，中國人民大學出版社 2006 年版，第 3 頁。

彩色畫面，這是半導體不能實現的。但電視機旁總是非常擁擠，有人會爬在樹上，坐在房頂上看電視，現在想來是不可思議的事情。

半導體和電視新聞裏提到的「萬元戶」，對我來說是一神級的存在，那該是怎樣的勞動模範才能達到的高度？這個嚴肅的問題困惑了我的整個中學階段，在大學看到睡在我上舖的廣東籍兄弟，很輕鬆就能花掉萬元，對我是一個很大的衝擊，我也從那時開始知道，「萬元戶」其實和「勞動模範」關係不大，甚至是兩個賽道。

「萬元戶」是一歷史的概念。在 1970 年代，隨着居民生活水平的逐步提高，年收入過萬元的家庭開始出現，「萬元戶」的號稱應運而生。「萬元戶」的由來，得益於 1978 年。1980 年代，一公斤大米的售價通常為 0.15 元，現在大米的銷售單價一般在 4.5 元左右，也就是說 1980 年代的購買力相當於現在的 30 倍。1980 年代，萬元戶數佔當時中國總人口的 2.8%。如果按人口比例換算的話，現在只有年收入 600 萬元的人才能與當時的萬元戶相比。[1] 因此，在那個背景下，弄丟五毛錢，就會哭鼻子三天的糗事，在今天想來，非常值得同情 —— 初中一個星期，一日三餐，連續六天，我也只花掉一元錢。

後來的「萬元戶」陸續演變成「十萬元戶」「千萬元戶」「萬萬元戶」，但從稀缺性和標示性而言，還是萬元戶更為直觀和立體。那是真正「有錢人」和「富人」的代名詞。因此，萬元戶是時代的界碑，不是可以比較的詞彙。

辦案生涯中，訴訟標的從幾千元，開始到達幾千億級別，訴訟費從個位數，開始達到七位數、八位數的量級。案卷中有當事人可以一夜賭博花掉十億美金，也有當事人可以炒股幾日內掙到十億人民幣，還有項目可以用掉 200 億的實例。2003 年，委託人的董事長年薪可以達到 1000 萬元人民幣的水準，而我還沒有年薪的概念，甚至月薪還朝不保夕。

1　《資產要達到多少，才能與 80 年代的「萬元戶」相比，你達到了嗎？》，2022 年 7 月 10 日，https://baijiahao.baidu.com/s?id=1737928421216936545&wfr=spider&for=pc.

　　歷史上，沈萬三是個有錢人，有實力給朱元璋建築南京城牆。胡雪巖也是富甲一方，然而還是經不起擠兌。民國的盛恩頤，其父是清末盛宣懷，當時朝廷的二品大員。盛恩頤的父親跟當時北洋系袁世凱、段祺瑞、徐世昌等人交情甚好，盛恩頤的岳父孫寶琦曾經當過民國的總統。盛恩頤大學也是接受過高等教育的，曾就讀於美國的哥倫比亞大學。盛宣懷在 1916 年去世，據不完全統計，留下的遺產大約 1300 萬兩，要知道當時清政府年稅收只有幾千萬兩，所以盛宣懷可以匹配「富可敵國」一詞，且不帶水分，毫無誇張。但盛恩頤由於從小被太多人寵愛，長大後變成了典型的敗家子。盛宣懷去世的葬禮跟皇帝差不多，大約花了 100 萬兩銀子，當年在上海引起不小的轟動。盛恩頤全盤接手其父生意後，不思進取，天天花天酒地。日常是晚上賭錢，白天睡覺。不停購進豪車，配上稀缺的車牌。盛恩頤娶的多名姨太太，每人均配備一棟豪宅加一台豪車，同時僱傭眾多傭人。盛恩頤奢賭，他曾一天晚上就輸掉了上海的 100 棟樓，這 100 棟樓在當今市值起碼 50 億元。

　　一缺錢，盛家就拿古董去抵押，盛家財產在盛恩頤手中 20 年就花光了。1949 年之後，盛恩頤業已窮困潦倒。他後來不得不回到蘇州的祖宅留園。留園是他的爺爺買下的，400 多年家史，留園佔地大約 23,300 平方米，並列中國四大名園之一，跟北京的頤和園、承德避暑山莊、蘇州的拙政園齊名。現為 5A 景區，著名的旅遊勝地。

　　我在蘇州的留園感慨萬千。盛恩頤曾居住在此，可他竟一貧如洗，結果在園子裏被活活餓死，享年 66 歲。艾米莉·勃朗特在《呼嘯山莊》中說：「只有孤獨才是真正屬於自己一個人的。」那一年敗光全部祖產的盛恩頤，應該能真切地理解這一句話的含義。

　　在物質主義時代，人的主體地位更加屈從於物的力量，在資本邏輯的作用下，人的獨立性被「物的依賴性」所統攝，以至於人的主體性被物化為「人力資本」。[1] 物質，究其本質亦是社會文化的組成部分，一切社

1　張梧：《後物質主義時代的文化邏輯》，載《天津社會科學》2020 年第 9 期。

會文化都是象徵和符號，而象徵和符號只有關聯在系統中，才能扮演它們的角色。[1]

我見過很風光的老闆，開限量的豪車，耗油量驚人，每一個加油站都要加油的那種。他在「北京的院子」購進過一套 2017 年標價為三億的獨棟，在新疆和西藏也有不少礦產。但華麗的袍子上面，也是佈滿了虱子 —— 他的錢大多是借來的，而且最終被牽連進一宗連環的刑事案件。

叔本華說：「在這個世界上，真正可供我們選擇的路只有兩種，要麼享受孤獨，要麼淪入世俗，凡事人群扎堆聚集，主要話題無非三個，拐彎抹角炫耀自己，添油加醋貶低別人，相互窺探搬弄是非。」而這些主題中最主要的主角就是物質和金錢。人們捨生忘死就為散碎銀兩，鞠躬折腰就為五斗小米。

物質是人心的呈現，人絕非物質的奴役。北京的恭王府是和珅積累財富的宮殿，也是他隕落的地方，猶如賴小民的「超市」。黑格爾說過：「我們從歷史中得到的唯一教訓，就是我們從未在歷史中得到過任何教訓。」也許紙醉金迷、流光溢彩對很多人而言，才是真現實。

十五、Approach

Approach 指方法、方式，（距離和時間上的）接近，接洽，通路等，[2]是比一般的道路更為有效和創新的方案。

兒時，小院子的牆上寫着兩行字：「世上無難事，只怕有心人」。在很長的歲月裏，我是不理解的。「怕」的對象，一般是不好的，但仿佛「有心人」是值得推崇的。隱約感覺，對於難事必然有一種 appoach 存在。

後來學習毛主席的《水調歌頭·重上井岡山》，其中有「三十八年過

1　王皓、夏保華：《物質與象徵之間 —— 普法芬伯格對標準技術觀的批判與社會技術系統的構建》，載《自然辯證法研究》，2019 年 9 月 27 日。

2　https://easylearn.baidu.com/edu-page/tiangong/questiondetail?id=17340508733748797208&fr=search.

去，彈指一揮間。可上九天攬月，可下五洋捉鱉，談笑凱歌還。世上無難事，只要肯登攀。」此時，我對牆上的那兩行字，才有更清晰的理解。「九天攬月」「五洋捉鱉」並非難事，因為登攀的 approach。

　　鄉下的灶台，總是會惹螞蟻的，尤其有甜食的時候，會引來成堆的螞蟻聚集。炒菜時，總是能見到熱鍋上的螞蟻，它們慌張無措，大多會丟掉生命。用一萘球，可以在榆樹上畫上一圈細細的衛生球圈兒，對於忙碌的螞蟻軍團而言，它就會成為最大的障礙。但也有勇敢的螞蟻銜來泥土和雜草，後繼者也能輕鬆逾越。螞蟻很容易「畫地為牢」，因為它們「越獄」的方法總是不多。但有一種帶翅膀的螞蟻，萘球是奈何不了它們的，它們有俯視天下的視角，一般螞蟻的二維視角是根本無法與之匹敵的，我由衷地佩服翱翔着的螞蟻。

　　田地裏的雜草叢中，常見一種螞蚱。它有和雜草一樣的保護色，如若不動，根本無法被發覺到。然而它們總是很慌張，總是忍不住展示它們飛翔的技藝，所以它們總是能夠被輕易地逮到，它們的飛翔持久力很差，且在霜降以後，基本就喪失展翅技能，冬日基本上是看不到的，它們只有三季的視野和認知。

　　野草中有一種叫「毛蒼子」的植物，成熟的果實帶着尖細的刺，人們是很討厭它們的，總是用各種辦法消滅它們，但它們總於不經意間茁壯在一個角落，在不經意間粘在你的褲腳上，走遍天涯海角。

　　莊稼地裏的豆類植物，特別依賴肥力，還有風調雨順。然而我印象中總是三年兩頭地「抗旱」「澆地」，最淒慘的一年顆粒無收。還有幾年，大人說收成是不夠來年的種子的。它們生長得特別可憐，綠豆的身高不足盈寸，只有一夾果實。它們的「等靠要」思想害死了自己。

　　有個朋友是著名的記者，對個案的採訪很有爆發力。「周元根」的導火線就是他點燃的。記者朋友很善良，有同理心，有熱情。他最大的心願是能為天下蒼生普及法律，對弱勢群體給予法律關懷。一次小酌，他表示自信心不足：「還需要時間和財力」。我沒有多說話，只是和他聊到一則中學課本上的寓言故事：「蜀之鄙有二僧：其一貧，其一富。貧者語於富者

曰：『吾欲之南海，何如？』富者曰：『子何恃而往？』曰：『吾一瓶一鉢足矣。』富者曰：『吾數年來欲買舟而下，猶未能也。子何恃而往！』越明年，貧者自南海還，以告富者，富者有慚色。」

　　任何一宗案件、一件事物，既是世界的縮影，又是世界的全部。世界上沒有一件事物是孤立的，世界猶如一個特大的房間，存在無數的門，從任何一個門都能進入這個房間，或可以此稱之為法門。彭端淑在《為學》中說：「天下事有難易乎？為之，則難者亦易矣；不為，則易者亦難矣。人之為學有難易乎？學之，則難者亦易矣；不學，則易者亦難矣。」

　　西安的法門寺是一很有名的寺院。舊址的地宮發掘了舍利子和佛家重器。其實法門的 approach，不在物化的寶物，而在寶物內化的視角，大悲憫、大慈悲、大覺悟。很多人解決問題的慣常出發點是，等我有錢了，再如何如何。仿佛有錢才是做一切事情的基礎和根本，其實是倒置的，這也正是迷途所在。

　　有些爭議需要時間，有些案件關鍵點是空間，很多複雜事件的解決需要時間和空間的轉換，有些事情的解決需要個體突破，一些事情的處理需要團隊同心協力。

　　有師父說，「五個手指不會一般齊，但握在一起時卻很有力……」一切不完美和缺陷，都是更大完美的一部分，正如卡爾維諾說的「我早就確信完美只能是部分的與偶然，因此無需苦苦追求，當事物解體時事物的真實實質自己會顯露出來」，此時同樣適用。

　　任何事情都有它的次第，時間未到，你想亦沒有；時間一到，你不想它也有。人必須有大願和信仰，需要利他和無私，不為自利求安樂，期願眾生悉離苦。否則就如周國平在《安靜》中說的：「人一旦掌握了某種技藝，就很容易受這種技藝的限制和支配，像工匠一樣沉湎其中，甚至以為這就是整個世界。」

　　迷茫中，我總反覆去讀《星光》一文：

　　　　欣賞那些自帶光環的人。不必藉由外力施展，也無需依附別

人，而是憑藉自己心裏美好的質地，散發出迷人的魅力。這樣的人，堅韌又堅定，即便陷入最晦暗的境遇，也能絕處逢生，力挽狂瀾。一點點努力，慢慢地靠近，讓自己也成為這樣的人，且願意為此修煉終身。

Approach 有很多層次和維度。正如清代陳宏謀所言：「識不足則多慮，威不足則多怒，信不足則多言」，其實現實生活中，更在於「識不足則多慮，智不足則多疑，度不足則多怨，愛不足則多情。」所謂「識不足則多慮」，指當個體認知不足時，就會過度憂慮很多事情，誠惶誠恐，缺乏安全感。如同楊絳所言：「你的問題在於想得太多，而書讀得太少。」所以人們的焦慮往往是自己見識的淺薄造成的。「智不足則多疑」，指當個體覺知不足時，就會對未見之物事缺乏信任，慣常懷疑一切，躑躅不前。還有「度不足則多怨」，指當一個人的視野、維度不足時，就容易看到別人的缺點，容易萌生心中之戾氣，充斥嗔恨與抱怨。還有就是「愛不足則多情」，指當個體內心匱乏時，通常期待在另一個地方尋求補償，即心理補償，這是很多案件、糾紛、爭議、悲劇的淵源所在。

十六、我的師父

　　人最大的運氣不是撿到錢，而是某天你遇到了一個人，他打破了你原來的思維。提高了你的認知，既而提升你的境界，帶你走向更高的境界，這就是你人生的貴人。

—— 莫言

　　每一個鐫刻着愛與善意的靈魂，都會成為我們生命中的擺渡人。所有相遇的緣分，都是為了渡你而來。而命裏最好的緣分就是：風光時提點你低調，迷茫時指引你方向，低谷時肯拉你一把，難過時陪在你身旁。

——《擺渡人》

師父是我的貴人和擺渡人。

我的師父是喬佳平先生，生於 1959 年，長我 15 歲，現康達所的主任，管理委員會主任。[1]1986 年，師父在吉林大學法學院獲得法學碩士學位之後，就留校任教；1991 年，被公派去了日本國一橋大學攻讀博士課程。1994 年的秋天，經過留學時的一名師姐和全國律協同志的介紹，經過面試之後加入康達，在這裏一幹就是將近 40 多個春秋。2001 年，康達要北上開拓瀋陽市場，考慮到師父在吉林大學法學院的求學任教經歷，便委派他擔任瀋陽分所主任，自此開啟了他的律所管理生涯。2005 年，師父進入了康達的管委會；2015 年，師父開始接任康達的主任。

2002 年，我第一次見到師父的時候，他還是康達瀋陽分所的主任，被揭懷玉，立馬關東。師父有一手好字，也有難得的中低音和好酒量。

師父的同學裏大佬雲集，但師父永遠認真、負責，手邊總有一本厚厚的工作筆記，總是密密麻麻地記錄着每日的規劃，每一案件的要點、進程關鍵點、當事人的訴求等。師父對案件經常如數家珍，對於多年前發生的事情，記憶也是清晰如昨。師父很少流眼淚，但卻為一些案件流過，因為責任。

律師是一責任標定的職業。師父說，「年齡永遠不是衡量一個人的刻度，只有責任的疊加才會讓人逐漸成長。」師父寬宏良善，不與人爭，但在案件上纖毫必較。陳彥在《裝台》一書中說，「不因自己生命渺小，而放棄對其他生命的溫暖、托舉與責任，尤其是放棄自身生命演進的真誠、韌性與耐力。」師父執業 30 餘年，委託人嘉獎無數，但師父總是低調到塵埃裏。他買車總在低配中選擇，房子也略顯平庸，唯獨對工作和弟子，從來追求高配、嚴格要求。

師父考察我兩年多後，才同意收下我。師父深知律師行業的辛勞、疲

1　喬佳平，康達律師事務所主任，法學博士，中國國際貿易促進委員會、中國國際商會調解員，彭真民主法治思想研究與教育基金理事會理事，最高人民法院環境資源司法理論研究基地研究員。

憊、壓力和重量，混日子的人，如過江之鯽，師父不希望他的弟子是走過場、耍小聰明的，師父經常提起馬爾克斯在《百年孤獨》的句子：「我們趔行在人生這個亙古的旅途，在坎坷中奔跑，在挫折裏涅槃，憂愁纏滿全身，痛苦飄灑一地。我們累，卻無從止歇；我們苦，卻無法迴避。」

師父有嚴重的胃病，也患過抑鬱症。書上說抑鬱症的病人都是完美主義者，也是對自己十分嚴厲的個體。因為對世界和他人有悲憫和體諒，而對自己只能嚴厲鞭笞，以至體無完膚。師父主要靠圍棋和唱歌緩解自己的抑鬱，《等待》是他的經典曲目，總會贏得熱烈的鼓掌和叫好聲。「明知輝煌，過後是暗淡，仍期待着把一切從頭來過」—— 師父說他是悲觀主義者。

師父從來鼓勵我學習和不斷成長，在案件磨礪的同時，更出資讓我讀書，而絲毫沒有考慮我的學習是否會耽誤工作，他總說相信我有能力平衡學習和工作。我在工作期間，陸續為著名 500 強企業提供法律服務，見到更多世面，相繼在政法大學、清華大學、北京大學、哈佛大學進行了深造，同時在歐美、澳大利亞一線院校也進行了考察。對於法律與文學、藝術、宗教、哲學、心理學均有涉獵，今日想來，更佩服師父的前瞻力。他毫無保留地把機會和資源留給年輕人，給年輕人充分緩衝、進步的時間，「所有的為難，壓在自己身上。」[1]

「以關懷代替質問，以建議代替責難，以暗示代替直言。」如同劉墉在《說話的魅力》中的原則，師父具有高超的溝通能力，常是不同場合的主導人物。師父善飲，但始終保持清醒。他知我酒量有限，所以常不讓我飲：「小楊是寫材料的，需要頭腦清醒」，並替我擋了不少酒。師父喜歡思考、追求自由、維護正義。師父從業之初，追逐權力財富已成風潮，「思考、自由和正義，都不是正事，只有賺錢才是正事」，但師父卻以為這種觀念庸常和膚淺：「你要多幹正事，整實在的，別整那些沒用的。」感謝師父沒有將弟子限定在「有用」的禁地中，正是因為太多的「沒用」之學，

1　長洱：《天才基本法》，江蘇鳳凰文藝出版社 2019 年版，第 106 頁。

弟子們才保持了仍然炙熱的靈魂，仍然敢於直面各種挑戰，對不確定性報以樂觀心態，對新事物保持足夠的好奇。記得梁文道亦說，「讀一些無用的書，做一些無用的事，花一些無用的時間，都是為了在一切已知之外，保留一個超越自己的機會。人生中一些很了不起的變化，就是來自這種時刻。」

在律師界，我創造了一項記錄：跟定一個師父，一跟就是 17 年。

瓦西里‧格羅斯曼在《生活與命運》中說：「渺小的人和高尚的人都有不足之處。他們的區別在於：渺小的人做了好事，就要誇耀一輩子；高尚的人做了好事，一點也不注意，而長期記在心裏的是他所做的壞事。」跟着師父，我總會想起戰國的王詡，他的弟子有張儀、蘇秦、孫臏、龐涓、毛遂、徐福，據說還有李斯、商鞅、甘茂、司馬錯、樂毅、范雎、蔡澤、鄒忌、酈食其、蒯通、黃石、李牧、魏僚等，個個都有了不起的成就。2021 年 6 月，師父被聘為遼寧省政府法律顧問，省委副書記、省長唐一軍向新聘任的法律顧問頒發聘書並講話。這種高度，不是一般律師能達到的。

師父對律師成長的定義是：漸漸寬宏，「克制，樸素，不怨不問不記，安靜中漸漸體會生命的盛大。」[1] 我在《法律和文學相鄰》《商法的理性》中，進一步體會並踐行着這種成長，然而還有很長的路子要走。在執業過程中，我直面過兩次重大轉折，一次是帶領數十人的團隊，另一次是在香港跨境開拓新的思維和陣地。師父總是滿懷重託和鼓勵：「敍寫出自己的意義。」他從來不以價值和意義作為我向前的規制，猶如木心在《素履之往》中說，「生命好在無意義，才容得下各自賦予意義。假如生命是有意義的，這個意義卻不合我的志趣，那才尷尬狼狽。」

師父以其獨特的法律理解、人格魅力，喚醒了一大批弟子沉睡的靈魂。很長時間裏，我沒有醉心於浮華的創收與功名，沒有迷茫於人際往來與交情攀附，而是整理了很多自己來定義的意義和滋味。周國平說，「世

1　沈奇嵐：《那個姐姐教我們的事》，中信出版社 2009 年版，第 175 頁。

上有味之事，包括詩，酒，哲學，愛情，往往無用。吟無用之詩，醉無用之酒，讀無用之書，鍾無用之情，終於成一無用之人，卻因此活得有滋有味。」

2021 年，師父在安貞醫院小住了一段時間，我前去探望，分別時，想起余光中《別時》小文：「一半的日子在整理回想，一半的日子在編織期望；別後的每秒都不是現在，我僅僅夢遊於往昔和未來。」

在每一本書的後記，都有我對師父的萬重感謝，但師父讓我在贈送給他的拙作扉頁簽字，確實讓我忐忑不安。

十七、踏秋尋葉

秋日清晨在公園跑步有一種別樣的感受，葉子還是飄落，在小徑上慢慢堆積，還沒有來得及清掃，和着草叢，醞釀成雋永的芳香。紀伯倫說過，「樹木春天開花，夏天結果，並不企盼讚揚；秋天落葉，冬天凋敝，並不害怕責難。」

2005 年 3 月，我們開始組建團隊，伊始的規模不大，從助理、祕書開始，後來又發展律師、骨幹律師，到現在分所組建和開拓不同專業化發展方向。期間，艱辛倍嚐、責難相繼。

保持對技術的偏愛，卻將自己擅長的工作讓渡給生澀的初級律師去完成，過程本身就是一種痛苦，然而，律師必須經歷瑣碎和責任的打磨，否則永遠是「紙上談兵」。這種讓渡可能存在三種痛苦：第一，低年級律師會犯錯誤，而且還會重複錯誤，你必須允許他們犯錯誤，同時將錯誤局限在有限的範圍內。第二，委託人對於年輕律師的否定 —— 年輕的律師不能負擔全部責任，只能承擔一些細節且經過嚴格把關的部分，這需要在信任層面和委託人溝通。曾有委託人一見到我們的律師就直接反饋：「這麼年輕，能行嗎？」然而等到開完庭，他的反饋則是：「很負責，不愧是你教出的徒弟。」這背後，是開庭之前和當事人多次的模擬和演練。第三，

你必須忍受低年級律師的情緒化，他們可能在一兩個月內優秀，但很難保證三五年內一貫優秀和追求上進。他們對時間的理解會存在偏差，可能無法理解超過十年，甚至更長時間跨度的疑難複雜案件，並且你必須容忍效率的犧牲，之前三個小時可以完成的工作，年輕律師三天，甚至三周仍在苦思冥想，無從下手。

事上練，心上磨，成長需要成本和犧牲。林清玄在《心無掛礙無有恐懼》中說，「人生就像一列火車，有人上車，有人下車，沒有人會陪你走到最後，碰到了便是有緣，即使到了要下車的時候，也要心存感激地告別。生命只是如此前行，不必說給別人聽，只在心裏最幽微的地方，時時點着一盞燈，燈上寫兩行字：今日踽踽獨行，他日化蝶飛去。」其實，團隊的組建和發展，更是一列火車，下車者眾，到終點者寡。近 20 多年來，有掉隊者，有違紀者，有結婚者，有另行辦所者，有改行者，有出國陪讀者，有不理解者，有嗔恨者，五味雜全。周國平在《人與永恆》中說，「被人理解是幸運的，但不被理解未必不幸。一個把自己的價值完全寄託於他人的理解上面的人往往並無價值。」團隊的管理者與年輕的律師的理解，猶如反向的拋物線，漸行漸遠。

期待與現實，是反比例關係，但期待和痛苦，成正比例關係。我經常能體會到錢鍾書在《圍城》的感受：

> 昨天囫圇吞地忍受的整塊痛苦，當時沒工夫辨別滋味，現在，牛反芻似的，零星斷續，細嚼出深深沒底的回味。臥室裏的沙發書桌，臥室窗外的樹木和草地，天天碰見的人，都跟往常一樣，絲毫沒變，對自己傷心丟臉這種大事全不理會似的。

一個非常優秀的孩子，具有成為卓越律師的潛質，但由於父親對她的期望是在國企法務工作，平穩優先，所以她最後還是落腳在央企。有一出身寒苦的後輩，我曾對其寄於厚望，但終究這孩子還是無法摒棄對物質的迷戀，只能低層次循環。還有教育背景不錯的孩子，有志於管理，也有家族創業思維的繼承，但最終還是在負能量的影響下消沉沒落 …… 師父強

調要把對年輕律師的期待變低，但我仍對培養出精英和卓越律師抱有殷切期望。經年已過，落葉飄零者眾。

「人不怕優秀，人只怕生鏽，一旦關上與外界的門，鎖一生鏽，別人走不進去，自己也走不出來了。」劉同在《我在未來等你》中的句子，我反覆咀嚼，生怕生鏽的鐵門堵塞了年輕志氣的追尋。

曾有一個弟子送我南懷瑾先生的《論語別裁》《禪宗與道家》《老子他說》《金剛經說什麼》一套書，後來便再無相見，但我買來了《花雨滿天》《參同契》《禪海蠡測》等，想來便是別樣的緣分。我對他們不免會有提醒和規勸，力圖讓他們註意一些狹隘和不必要的芥蒂。有位弟子逢年過節對我總有問候，她的進步和成績總是能第一時間與我分享。這些都是特別令我感動的緣分。還有一位律師，連續幾年地將他們老家的花生送我；未署名的快遞，總在過節時準時抵達門前 …… 這些不斷上車的年輕人，他們充滿熱忱，不懼挑戰。

「多躁者必無沉毅之識，多畏者必無卓越之見，多慾者必無慷慨之節，多言者必無質實之心，多勇者必無文學之雅」—— 曾國藩頗有組建團隊的心得。我在和年輕人的日常交流中，「結硬寨，打呆仗」也是關鍵和原則。沒有完美的個人，只有完美的團隊，五個手指雖長短不一，但握起來卻非常有力。

也有年輕律師的小伎倆被委託人直接指出：「拿洗腳的票和感冒藥來報銷」；也有年輕律師一戰即逃，潰不成軍。在列車上始終沒有下車的人，注定是孤獨的，猶如莫言在《晚熟的人》中說，「本性善良的人都晚熟，並且他們是被劣人所催熟的，當別人聰明伶俐時，他們又傻又呆，當別人權衡利弊時，他們一片赤誠，當別人心機用盡，他們靈魂開竅，後來雖然開竅了，但內心還會保持善良與赤誠，他們不斷地尋找同類，但最後變成了最孤獨的一個。」

團隊在泰國的清邁、日本的東京和中國的香港都留下了不同的腳印。如同《彼岸花》說的：

緣起，在人群中，我看見你。緣滅，我看見你，在人群中。就讓我們繼續與生命的慷慨與繁華相愛；即使歲月以刻薄與荒蕪相欺……我站在海角天涯，聽見土壤萌芽，等待曇花再開，把芬芳留給年華，彼岸沒有燈塔，我依然張望着天黑，刷白了頭髮，緊握着我火把。

當團隊專業化開始不斷攻克難關，不起訴捷報頻傳，涉外和創新開始受到關注。在機場啃食方便面時，我總是由衷地感動。要讓時間更有價值，需要我們對自己的進步「完全不自知，才顯貴重，就仿佛梔子花不知道自己有多香，蘭花不知道自己有多幽靜。天分，天性，從來都不需要發言和解釋。」[1]

十八、APEC 和金磚會議

我在 2018 年南非金磚會議和 2019 年巴西利亞的金磚會議期間，都跑過步，在南半球跑步有一種特別的感受，時間與空間都以不同的形式呈現。

海明威說，「性格的作用比智力大得多，頭腦的作用不如心情，天資不如由判斷力所節制着的自制、耐心和規律。在內心生活得更嚴肅的人，也會在外表上開始生活得更樸素。悔恨自己的錯誤，而且力求不再重蹈覆轍，這才是真正的悔悟。優於別人，並不高貴，真正的高貴應該是優於過去的自己。」他的話，在 APEC 和金磚會議的現場，讓我更有深刻的體悟。

APEC 會議與金磚會議有所差異，前者的代表性會更強一些。2017年 11 月的越南峴港 APEC 會議，是最有代表性的一次會議。我從香港直飛峴港，時間很短，那是南海的區域和視角。峴港在越南的中部有獨特的海灘。那一年參加會議的還有特朗普，他是完成在北京的訪問後飛抵峴

1　安妮寶貝：《素年錦時》，作家出版社 2007 年 9 月版，第 107 頁。

港的。近距離聽特朗普演講，確實有一種不可名狀的感覺。他有技巧性的側身，然後熟練地讀出提詞器上的內容，與一些國家的元首低頭閱讀發言稿，確實是有明顯的觀感差異。峴港 APEC 的主角，無疑是越南主席陳大光。[1]

早在 2017 年 5 月 12 日，陳大光帶領越南代表團與時任國務院副總理的汪洋在北京釣魚台國賓館共同出席「2017 中越經貿合作論壇」並發表主旨演講，我有幸近距離聽他演講。他的健康狀況非常良好，氣場強大。然而，造化弄人，當地時間 2018 年 9 月 21 日上午 10 點 05 分，陳大光因病醫治無效，在越南首都河內 108 醫院逝世。[2] 越南衛生部消息，陳大光於 2017 年患上了「罕見的嚴重病毒性疾病」，但醫師並沒有找到治療方法，陳大光曾六次赴日本接受治療。[3]

世間流變，物是人非，我不由想起納蘭性德的《浣溪沙》：「誰念西風獨自涼，蕭蕭黃葉閉疏窗，沉思往事立殘陽。被酒莫驚春睡重，賭書消得潑茶香，當時只道是尋常。」

另一影響深刻的國際人物是馬來西亞總理納吉布和馬哈蒂爾。納吉布參加過 2017 年 APEC 會議，但在 2018 年巴布亞新幾內亞 APEC 會議時，已由馬哈蒂爾取代，馬哈蒂爾自 2003 年下台，到 2018 年重新出山，中間 15 年，馬來西亞經歷了兩任總理，一個是巴達維，另一個就是貪腐醜聞纏身的納吉布。但 94 歲的馬哈蒂爾在 2020 年 2 月 24 日高調宣佈辭去政府總理職務，同時其所在的土著團結黨宣佈退出執政的「希望聯盟」，

1　陳大光（越南語：Trần Đại Quang，1956 年 10 月 12 日 — 2018 年 9 月 21 日），出生於越南北部寧平省，越南共產黨黨員，教授，博士。生前任越南國家主席、中央軍委常委。後在越南內務部、公安部任職，自 2011 年擔任公安部部長。2012 年被授予大將軍銜。陳大光於 2006 年越共十大進入越共中央委員會，2011 年越共十一大進入越共中央政治局。同年，陳大光當選國會代表進入越南第十三屆國會。2016 年 4 月 2 日，越南第十三屆國會第十一次會議選舉陳大光為國家主席。《新華社》2016 年 7 月 25 日。《越南國會選舉陳大光為國家主席》，《鳳凰資訊》，2016 年 4 月 2 日。

2　《越南衛生部：陳大光因罕見病毒性疾病去世》，海外網，2018 年 9 月 21 日，https://baijiahao. baidu.com/s?id=1612218334128516043&wfr=spider&for=pc.

3　越南快訊網，2018 年 9 月 21 日。

但馬哈蒂爾被馬來西亞最高國家元首授權繼續擔任看守內閣總理，直到新內閣組建。馬哈蒂爾這次辭職，並不是其想要主動放棄總理職務，而是想「以退為進」，繼續執掌政權。[1] 政壇人物的起伏是凡夫俗子無法理解的，「人生不過是午後到黃昏的距離，茶涼言盡，月上柳梢。」白落梅在《因為懂得所以慈悲》中深刻刻畫了人生所謂輝煌、涼熱的距離，不惟時間，還有空間，更有心性和情緒。

　　還有一位在 APEC 遇到的著名總統，就是具有獨特氣質的杜特爾特。[2]2016 年 6 月 30 日，杜特爾特宣誓就職成為菲律賓第 16 任總統，其後掌權六年，影響了菲律賓的政治生態，在中美博弈的過程中，為菲律賓尋找方向；他曾因語出驚人不斷引起西方輿論的撻伐。在杜特爾特執政之後，中國逐漸成為菲律賓最大的經濟合作夥伴，在投資貿易和外國遊客來源等方面已經超過了美國。這些做法體現了杜特爾特政府在回調對華和對美關係，希望將對美一邊倒的這種狀態儘快地調整為在中美之間實行相對平衡的大國外交政策。[3]2021 年 10 月 2 日，杜特爾特宣佈退出政壇，放棄在 2022 年全國大選中競選副總統的計劃。2022 年 6 月 30 日，菲律賓新總統小馬科斯宣誓就任該國第 17 任總統，杜特爾特正式卸任。如辛棄疾所言：「風流總被雨打風吹去。斜陽草樹，尋常巷陌，人道寄奴曾住。想當年，金戈鐵馬，氣吞萬里如虎。」

　　杜特爾特的演講幽默、風趣，有獨立意識，但他的身體也存在隱患，2018 年 10 月，在沒有預告的情況下，他突然現身香港街頭，有傳言稱他赴港是為求醫。杜特爾特在不同場合都承認身患「巴雷特食道症（Barrett's Esophagus）」。這是一種食道細胞病變的症狀，大多是由胃酸倒流引起。

1　《馬哈蒂爾以退為進，與在野勢力聯合，或將重新出任總理！》，2020 年 2 月 26 日，https://baijiahao.baidu.com/s?id=1659580523393271786&wfr=spider&for=pc.

2　羅德里戈・杜特爾特（Rodrigo Duterte），菲律賓政治家，曾任菲律賓總統。1945 年 3 月生於菲律賓萊特省馬阿辛市，律師出身，曾在菲南部棉蘭老島最大城市達沃任市長 25 年。http://www.xinhuanet.com//world/2016-05/30/c_1118958336.htm.

3　《菲律賓總統杜特爾特：有人說他是死神，有人說他是鬥士》，2022 年 6 月 29 日，https://www.sohu.com/a/561480219_516458.

「如果已經到了癌症的第三階段，那我就不再接受治療了。我不會在總統辦公室裏延長我的痛苦。」據《菲律賓星報》稱，年輕時吸煙、酗酒是導致杜特爾特患上此病的原因。杜特爾特表示，「我忽視了這個病症，我沒有停止飲酒。後悔總是遲到，所以情況變得更糟了。」[1] 能夠接受自己的不完美需要勇氣，能與自己的疾病共存更是需要勇敢。如同張德芬在《重遇未知的自己（珍藏）版》所言：「放下掌控，不再自以為自己要的都是對自己好的，要接受事情的不完美。」

　　權力的最後是離開。最大的權力的最後，是最大的離開。離開有不同形式，個體在年輕的時代，的確會追求十全十美的東西，哪怕一點點的破碎都會是一個非常大的打擊。在有了一些閱歷之後，閱歷會生動地告訴你，當個體要接近最美的一刻的時候，也是需要馬上離開的時刻。也許，權力如須彌，亦如芥子，總統與平民，並無二致。這個世界並不缺少權力和完美，而是缺少從心底給出的真心、正義、無畏與同情的人，而這樣的個體，無關權力大小。

　　於是我想起《天道》中那首著名的《卜算子·自嘲》：「本是後山人，偶做前堂客。醉舞經閣半卷書，坐井說天闊。大志戲功名，海斗量福禍。論到囊中羞澀時，怒指乾坤錯。」

十九、知識、能力和智慧

　　中學畢業後，很多同學會把書撕掉，或懷揣嗔恨把書扔進垃圾箱。其實，在大學畢業後，很多書也是同樣的結局，因為知識、能力與智慧存在於不同的位階。

　　孫笑俠在《法外知識對法科生的意義為何》中說，「知識的等級和

---

1 《杜特爾特現身香港疑為求醫　曾暗示可能患上癌症》，觀察者網，2018 年 10 月 8 日，https://baijiahao.baidu.com/s?id=1613756596417394920&wfr=spider&for=pc.

位階是一種秩序，長期形成定型、固化。知識在利用中是有消耗的，因為老問題解決了新問題又出現了，需要知識更新，逐漸新陳代謝。」這裏揭示了知識的重要特徵在於迭代與更新性，不同時代有不同知識的積累，莊子所感歎的「無生有涯，而知無涯，有涯對無涯，怠矣」也主要指知識。

知識是損耗品，也是容易被遺忘的。我是背過《英漢雙解詞典》的，對於五萬單詞的遺忘，如黃葉飛舞不可阻擋。但知識並不需要背誦，網絡異常發達的今天，搜索任何知識，均不是困難的事情。困難的是創新，創新是一種能力，不是知識簡單的疊加和融合。能力一旦擁有，大抵很難消失和遺忘，其融化在肌肉和血液裏，終生相隨，不離不棄。游泳、開車、繪畫、書法等等，均是能力的一種。能力是高於知識而存在，能力無法搜索，也非在利用中損耗，在使用中技術更加精進，諸如書中的賣油翁，善射與賣油，均歸屬能力範疇，手熟即可，而能力的高維是智慧。

智慧屬於第三等級，不是人人均可獲得。蘇星河的棋藝天下無雙，是一種能力，但通過珍瓏棋局選拔逍遙派的下一代掌門，卻是無崖子的智慧。諸葛亮嘗為《梁甫吟》，是一種知識；帶兵打仗是一種能力；但運籌帷幄，三分天下，卻是絕頂智慧。智慧與覺悟密切關聯，慧能《菩提偈》的「菩提本無樹，明鏡亦非台。本來無一物，何處惹塵埃」是智慧所現，其對生命的理解通達而透徹。

我先後兩次從北京直飛拉薩，機艙中有人尚能高談闊論，一下飛機，在到達廳，已有人開始需要攙扶。高原反應如期而至。好在我的感覺不是特別明顯，但在夜晚，睡覺變得困難，只能坐着睡覺，且分段睡眠，每段20分鐘，這是一種煎熬和苦痛。白天還是能夠攀登。工作之餘，布達拉宮、大昭寺、小昭寺我都一一探訪過；哲蚌寺、色拉寺、甘丹寺也用腳步一一丈量。困頓的頂點，我依賴寺廟一碗素齋恢復體力，那一碗素齋中，只有平素的小豆，無油、無鹽，只是文火的熬煮，但至今仍令我回味無窮。在貧瘠的睡眠中，我回味終身難忘的豆齋，幡然開始思考法律知識、能力與智慧的相序相繼。

在律師實踐中，法條知識其實並非最重要的，因為知識通常以規範概念、術語和程序來體現，也能夠通過速成培訓、聯繫而掌握。但案件處理的嗅覺、靈敏性、火候、聯結、輔助搭配等，需要法律思維，而思維即為一種能力，需要不斷地打磨，方有所成。理性和思維能力對案件有幫助，如能堅持，便能用自己最熟悉、最熟練的選擇方式，去對事物作出判斷。但超越案卷，找尋生命、價值、秩序維度的東西，則需要慧根，非智慧不能睹其萬一。因為在很多條件下，無論我們觀察到什麼，都可能失於偏頗，我們所考察的只是部分正確，局部真實。

海桑在《世界巨大》中說，「世界巨大，我以渺小來愛它；時間悠長，我以短暫來愛它。我急切，滾燙，配得上慢慢活着，也配得上突然死亡。」法律事實與客觀事實，是法律工作者直面的衝突和矛盾，但如何無限彌合，應該是一種信仰和智慧。萊昂納德・科恩在《頌歌》中說，「萬物皆有裂痕，那是光照進來的地方。」法律也遍佈裂痕，如何迎接光芒，是每一個法律者的責任。

有俗語說，「烙一張大餅，餅再大大不過鍋，鍋再大大不過灶，灶再大大不過房子，房子再大大不過院子，院子再大也大不過村莊」。這段話詮釋的規律原理，對於成長而言，至為關鍵。沒有對維度的認知，知識和能力，所謂的繁華和喧囂，只是在朋友圈的一條炫耀的消息而已；對於生命的厚度而言，並不如一朵野花寂靜開放來得旺盛、實在。

六神磊磊在《越過人生的刀鋒：金庸女子圖鑒》中，提到這本書其實是一本關於成長的書：

> 人的成長，無非就是學會面對三樣東西：面對誘惑，面對委屈，面對執念。男性和女性都是一樣的。毛姆說，一把刀的鋒刃總是難以越過。而這些就是人生的刀鋒。哪怕是再聰明機智的個體，也可能在其中某一項上倒下。「金庸小說裏的人就是這樣。康敏無法面對誘惑，權力的誘惑、被愛的誘惑，所以她變得貪婪，最後不擇手段。李莫愁無法面對委屈，於是過度地報復，到處去殺戮，不明是非。滅絕師太無法面對執念，固執地相信絕對

的善和惡，非黑即白，所以不可理喻。[1]

其實法律的本質，也是如何處理委屈、誘惑和執念的問題，無論委託人還是受託人，甚至法院、檢察院等一系列法律生態與法律群落的組成，無不如此。法律的誘惑，可以如賴小民海量的現金；法律的委屈，可以如竇娥六月飛雪；法律的執念，可以如信訪，子子孫孫無窮匱焉。因此法律更需要智慧，智慧更來自禪修，其作用不惟在於管理心念，還能使心力得到極大增強。濟群法師說，「就像光，通常情況下只能用來照明，但以凸透鏡聚成一點後，卻能引燃火苗。心也是同樣，若能將能量匯聚一處，就能制心一處，無事不辦。」

二十、每一個賈薔

《紅樓夢》第三十回「寶釵借扇機帶雙敲，齡官劃薔癡及局外」，寶玉看見一個女孩子在薔薇花架下用金簪在地上癡劃字。

> 外面的不覺也看癡了，兩個眼珠兒只管隨着簪子動，心裏卻想：「這女孩子一定有什麼話說不出來的大心事，才這樣個形景。外面既是這個形景，心裏不知怎麼熬煎。看他的模樣兒這般單薄，心裏那裏還擱的住熬。可恨我不能替你分些過來。」

而我認為寶玉真正的長大，是在三十六回「繡鴛鴦夢兆絳蕓軒　識分定情悟梨香院」。寶玉在齡官那裏碰了釘子，「卻在看到齡官面對賈薔時矯情、尖刻以及那無法掩飾的心疼時悵然若失。那一剎那，寶玉忽然醒悟，原來這個世界並不是圍繞着他而存在，得到所有女孩子的眼淚來葬，不過是一場奢望，這世界不過是各人得各人的眼淚罷了」[2]——「人生情緣，

---

1 https://www.epuber.com/2022/08/01/19991/，2022 年 8 月 1 日。

2 《萬千寵愛集一身的少年寶玉，也曾被人厭棄，一個薔字讓他領悟人生》，2022 年 8 月 11日，https://baijiahao.baidu.com/s?id=1740845329787690366&wfr=spider&for=pc.

各有分定，只是每每暗傷『不知將來葬我灑淚者為誰？』」原來這世間女子，並不是每一個人的心思都在他身上，就像齡官，她的眼裏只有賈薔，他突然明白，愛情原來是唯一的。寶玉領悟了哲學中的終極三問：我是誰？我從哪裏來？又到哪裏去？在他的內心已經發生了悄然的變化，他不再執着於自我的小情小愛，而是用赤子之心對待周圍的一切美好，懷着人性的溫暖關心弱小的人和事，完成了性別、階層和個體生命的超越。[1]

　　兒時，我一度也把自己認定為世界的中心，可以無所不能。隨着認知範圍的擴大，我開始認知世界的中心是父母，他們養育了全家，建築了小院，耕種了田地，他們無所不能。再後來，世界的中心是偉人、超人、哲學家、城市、大學，林林總總，中心太多的結果是沒有中心，我開始迷茫。其實，世界的中心還是自己的內心。

　　其實人類也是從這樣的迷茫走來，「地心說」「日心說」「月心說」「銀河系中心說」⋯⋯ 層出不窮。「存在就是被感知」，「生命的價值在於體驗」，「應無所住，而生其心」。其實，本質而言，宇宙的中心還是人類集體的心意識。貧窮人家有自己的消遣和快樂；富足門第也有自己的爭吵和難過。偏遠的農村最難聽的聲音，是用鏟子鏟掉鍋底積碳的聲音，還有鐵鍬在石磨上摩擦的聲響；但在現代的城市，裝修噪音同樣讓人無處可逃，「咄咄逼人」的鐵鑽聲仿佛可以鑽透耳膜和時間。

　　資料稱，1913 年袁世凱欲聘曹汝霖律師為外交次長，曹汝霖以家境貧困，需賺錢養家餬口為由婉言謝絕，於是袁世凱嘲笑道：「欲發財才來當官，你當律師能掙幾個錢？」曹汝霖答曰：「我做律師不計報酬，每月只掙兩千元。」然而，當時的外交次長每月工資不過只有六百元。袁世凱聞言後默默無語，過了半晌忽然嚴肅地說：「年輕人不該只圖安樂，正該為國家效力，你回去再想想，我明天就發命令了。」於是，悲劇的曹汝霖成為了第一位被迫當公務員的律師。但由此也可看出民國律師的收入在當

---

1 《萬千寵愛集一身的少年寶玉，也曾被人厭棄，一個薔字讓他領悟人生》2022 年 8 月 11 日，
　https://baijiahao.baidu.com/s?id=1740845329787690366&wfr=spider&for=pc.

時肯定是上等水平的了。[1]

　　近靠朝陽法院的律所會有排隊立案的服務，類似於醫院緊缺的掛號服務，也就是律師也可以提供黃牛服務，一次收費 10 — 20 元不等；海淀法院鄰近的律所也有代書的服務，一次 30 — 50 元不等。其間辛酸不能為外人道也。2015 年，某紙業公司與大成律師事務所簽訂了委託合同之後，又認為「服務不值這個錢」，不支付 2000 多萬的律師費，於是大成律師事務所和委託人打起了官司。經法院審理查明，原告大成律師事務所曾為某紙業公司拆遷補償事宜出具五份法律意見書，並且有相關政府部門工作人員證人證言及相關補償協議佐證，證實大成律師事務所全面履行了合同義務。雙方當庭自認在委託合同履行過程中沒有出現合同終止和解除的情況。本案中，大成律所與某紙業公司簽訂的法律服務合同係雙方當事人真實意思表示，其內容合法，為有效合同，被告也因此獲得了合同利益。最終，法院判決被告需支付原告律師費 2040 萬元。[2] 2018 年 3 月 6 日，最高人民法院公佈了十大破產典型案件，其中重慶鋼鐵股份有限公司破產重整案位列第三，金杜律師事務所擔任重慶鋼鐵破產管理人，2017 年 11 月 17 日的重整計劃顯示：律師所的管理人報酬為 8680 萬元。其中現金支付 5000 萬元，股票一千萬股償付 3680 萬元（作價 3.68 元 / 股）。這已是一個天價的數字。該案從 7 月 13 日到 11 月 17 日，總計 126 天，管理人每日報酬折合為 68.88 萬元。

　　香港地區的資深大狀一般都是每小時收費八千至一萬港幣左右，但是法庭出席一次，動輒幾十萬港幣甚至上百萬港幣。幾個資深大狀和事務律師，一審到上訴審再到終審法院，經歷香港的三審終審制，所有律師實際所花的時間肯定不少，香港梁、游兩位前議員宣誓無效被撤銷議員資格的案件，引發了全國人大常委會對於宣誓的釋法，終審法院指令兩人承擔

1　《跟民國律師比起來，時下的律師收費算高嗎？》，2017 年 3 月 1 日，http://m.cqzhihaolaw.com/plus/view.php?aid=28616.

2　《大成律師事務所 2040 萬「天價」律師費一審獲支持》，2015 年 6 月 12 日，http://dqset.hljcourt.gov.cn/public/detail.php?id=4761.

1200 萬元的律師費。[1] 另一宗著名案件僅僅一審打完，律師費就已經花去近 12 億港幣，換算成人民幣也接近十億元。最後該案還一直打到上訴庭和終審法院，花去律師費至少在人民幣十億元以上。「郭炳江的代表大狀『日薪』由一萬五千元至十五萬元不等的收費，另有審前『開會費用』，估計單是郭炳江一人的『星級律師團費』已高達五億元。」[2]

　　美國 50 個州曾在 1990 年代分別提起集體訴訟，要求全國各大煙草公司賠償捲煙消費使州政府造成的額外醫療開支。州政府委託律師進入訴訟程序，律師則按業績從中取酬，最後各州政府和幾大煙草公司之間達成了史上最大的和解協議 —— 煙草大和解協議（Tobacco Master Settlement Agreement）。煙草公司賠償各州共計約 2100 億美元，當中產生的律師費高達 34 億美元（折合約 205 億人民幣），這項協議也一直被戲稱為促進社會財富再分配的最好案例。[3]

　　紐約最高法院曾裁定一起天價律師費糾紛案件，認定已故地產大亨遺孀 Alice Lawrence 的財產管理人應當按照其約定的風險代理協議，支付給代理其財產官司的一家紐約律所 4400 萬美元律師費，即五個月收費 4400 萬美元。1983 年律所代表 Lawrence 太太參與了代理其與亡夫兄弟之間的財產權糾紛官司，該訴訟歷時 22 年，一直持續到 2005 年。2004 年，在以小時計費已經收取了 1800 萬美元律師費後，Lawrence 與律所就律師費用問題達成一致：將計費方式由按小時收費轉變為收取 40% 的勝訴費。此後不足五個月，Lawrence 太太最終勝訴，贏得 1.11 億美元。法官最終認定 Lawrence 太太修改收費協議的決定在當時其實是「精明的商業打算」，只不過後來的天價律師費超出了當事人預料的範疇，但並非律所施加不當

1　《香港梁游兩位前議員為何要承擔 1200 萬元的律師費？》，2021 年 12 月 4 日，http://www.tyzwood.com/lswj/191.html.

2　《香港天價律師費案：一個貪官請律師出庭花了 12 億……》，載《第一法商觀察》，2019 年 8 月 12 日，https://www.sohu.com/a/333130004_120073184.

3　《歷數「天價」律師費，你還覺得你請的律師貴嗎？》，2022 年 6 月 3 日，https://www.hongjibp.com/laws-1129950.html.

影響所致，因此該協議有效。[1]

　　不同個體有不同的世界和歸屬，個體均是不同世界的創造者。對於委託和收費，每一個「齡官律師」心中均有一個賈薔。不存對比，只是緣定。「時間先安頓我們繼而又迷惑我們，我們以為自己是在慢慢成熟，而其實我們只是安然無恙而已。我們以為自己很有擔當，其實我們十分懦弱。我們所謂的務實，充其量不過是逃避現實，絕非直面以對。」朱利安‧巴恩斯在《終結的感覺》中的話，不是很能讓人理解，但他說的是讓人費解的實情。

　　經歷太多案件以後，我更理解當年明月在《明朝那些事兒》中反覆強調的：

　　　　在這世上，很多事情你可以不理解，卻必須接受。只有真正了解這個世界的醜陋與污濁，被現實打擊，被痛苦折磨，遍體鱗傷、無所遁形，卻從未放棄對光明的追尋，依然微笑着，堅定前行的人，才是真正的勇者。不經歷黑暗的人，是無法懂得光明的。

白居易曾寫道：「行路難，不在水，不在山，只在人情反覆間。」博爾赫斯亦曾說：「房子實際上並沒有這麼大，使它顯得大的是陰影、對稱、鏡子、漫長的歲月、我的不熟悉、孤寂。」

二十一、信仰建築的磚石

　　朋友的孩子考取了北京的法律研究生，朋友很是喜悅。知我長期在律師界耕耘，讓孩子和我嘮幾句。在和孩子的溝通中，我還是驚詫於孩子的焦慮和惶恐。

---

1 《5 個月收 4400 萬美元律師費？紐約高院裁定有效！》，http://bar.hongjingedu.com/hjzx2017/hyzx/show_211.html.

在信息膨脹的時代，學習法律的孩子同樣直面誘惑、委屈和執着問題，他們選擇很多，充滿內卷，如何建築自己信仰的事業，是一個嚴峻的問題。

2011 年開始，我陸續在歐美、日本、澳大利亞考察遊學。印象最深刻的事有兩件，其一是它們的博物館收藏之豐沛、豔麗、包羅萬象是超出想像的。其二就是建築的形象表達和時間表達。比如歐洲教堂，在形象表達層面，有不同的風格，諸如拜占庭式（Byzantine），羅馬式（Romanesque），哥特式（Gothic），文藝復興式（Renaissance），巴洛克式（Baroque）和洛可可式（Rococo）等；在時間表達層面，它們具有自己獨特的定義。科隆大教堂（Kölner Dom，全名 Hohe Domkirche St. Peter und Maria）是歐洲北部最大的教堂，是科隆市的標誌性建築物，集宏偉與細膩於一身，始建於 1248 年，工程時斷時續，至 1880 年才宣告完工，耗時超過 600 年，仍修繕工程不斷。[1] 意大利米蘭大教堂（Duomo di Milano），是世界上最大的哥特式教堂。拿破崙曾於 1805 年在該教堂舉行加冕儀式。始建於 1386 年，1500 年完成拱頂，1965 年完工，歷時五個世紀。我在米蘭仰望教堂哥特式塔尖，它仍在修繕中。

寧遠在《遠遠的村莊》中說，「以貌取人，絕對科學。性格寫在嘴邊，幸福露在眼角，理性感性寄於聲線，真誠虛偽印在瞳仁。」在建築層面，「以貌取物」是首要的法則，但「以時取物」也仿佛更為關鍵。譬如中國歷史上最華麗的阿房宮以及兩河流域的巴別塔現在已無處可尋。中國的古建取材磚木，不如石頭恆實；多採用立柱承重，很容易因破壞而垮塌；再者，歷來改朝換代有焚毀失敗者建築的理論和傳統。

然而山西渾源的懸空寺，是讓我震驚的例外，其建在距離地面約 50 米的陡峭山崖中，作為國內唯一一座佛道儒三教合一的寺廟，始建於北魏後期，歷經 1500 年不倒。北京的潭柘寺也是北京區域最早的一座寺廟，

1　https://baike.baidu.com/item/%E7%A7%91%E9%9A%86%E5%A4%A7%E6%95%99%E5%A0%82/314040?fr=ge_ala.

距今有 1700 多年的歷史。潭柘寺毗盧閣內有一棵高大茂盛的「帝王樹」，是樹齡超過 1300 年的古銀杏，因乾隆欽賜為「帝王樹」，地位遠遠超過泰山的「五大夫松」、北海的「遮蔭侯」「探海侯」。[1]中國建築智慧體現在哲學上，天人合一，把天空和山脈規劃成建築的一部分，斗拱跳數、屋頂形式、彩畫都有級別。南方的園林，可以把日月請在園中，也是這種理念。但中國建築體現新陳代謝之理，比較多使用磚木，石材佔比低。但讓木頭實現比混凝土更大的跨度和張力是不具有現實基礎的，也不符合物理原則。因此，中國的建築多毀於經年風雨和戰火。

　　西方哥特建築多用磚石建造。埃及、希臘、羅馬等地中海區域盛產石材，而中國石材大多需從山中採掘、運輸，而山中採石規模有限，直接受到古代中國風水學傳統和山河崇拜、「五嶽五鎮」學說的影響。火山灰的存在是混凝土成為羅馬建築的關鍵所在，混凝土獨特的張力和物理特性，成為羅馬建築高大宏偉的基石性因素。而中國的火山主要分佈在東北、雲南等區域，中原不存在火山，這也是中國古建中缺乏混凝土建築的原因所在。

　　哥特式教堂雙坡屋頂很陡，內有閣樓，甚至是多層閣樓，這一點和應縣的木塔有異曲同工之趣。屋面和山牆上鑿設一層層窗戶，牆上常挑出輕巧的陽台、壁龕。高聳、通直、尖銳和頗具強烈向上能量是教堂建築的特徵，其背後的理念在於棄絕塵寰的宗教思想的體現，奔放、靈巧、上升的力量，最能直觀體現上帝神聖的精神。

　　同時，教堂亦以其堅厚、敦厚、不可動搖的形體來彰顯上帝的權威，奇突的空間推移，透過彩色玻璃窗的色彩斑斕的光線和各式各樣輕巧玲瓏的雕飾，集合營造一個「非人間」的境界，給人以神祕和幻覺。這一點在巴黎聖母院、北歐的教堂總能有切身的體會和感受。西方建築智慧體現在磚石基礎上建立的技術，是「接近上帝尺度的房子」。

1　《北京最大的寺院潭柘寺，中國封號最高的「帝王樹」將驚豔整個秋天》，2021 年 10 月 6 日，
　　https://baijiahao.baidu.com/s?id=1712829333529248595&wfr=spider&for=pc.

　　中國歷史上，拱券技術在漢代就已掌握，在相當長的時間內，我們具備建造高大宏偉建築的技術，但受多種思想因素的影響，缺乏相應的動機。木製建材的局限導致了建築柱跨、梁高的限制，直接構成了中國傳統建築難以落成足夠體量的重要因素之一。明清兩朝大木顯著短缺，建築多由小木拼接，徹底喪失了單體建築宏大的機會。同時，基於營造工匠透視法的缺位，社會地位低下，文化背景偏狹，單體建築的外貌表達普遍不如西方宏大、強勢。西方以幾何學和力學為基石的建築技法是古代中國根本無法想像也無法達到的彼岸，[1] 這也是中國古建內部空間偏狹的原因所在。

　　木結構與石結構兩種取向，主要基於地理因素和就地取材。我經常將這一點和我家泥坯建起的小院類比，小院經常會倒塌，但我們也沒有石材可用。而在不遠的西峽，他們的牆垣基本就是石頭壘砌，包括恐龍蛋。一個文明一旦選擇了一種建築範式，經過千百年的累積，急轉為另一種建築體系是不現實的，武當山的金頂建築構件，還是作坊按規格分散預製的，然後通過長江轉漢江，到了山頂現場組裝拼接，這也是中國古建的另一特點。

　　德國烏爾姆大教堂高度為 161.6 米，英國林肯大教堂高度為 159.7 米，但中國古建單體建築高度大約都在 30 多米高，即以「百尺為形，千尺為勢」，受到嚴格的風水思想的規制，譬如太和殿台基高 35 米，天壇的祈年殿，台基以上高度為當時的 9 丈 9 尺 9 寸 9 分，蘊含特殊寓意的。

　　北海的白塔、頤和園的佛香閣，只有在足夠遠的地方始能體會到其佈局的宏大和氣場，但在鄰近處，常覺平淡無味。「它有豐富變化甚多的外輪廓線，易於遠觀；同時，也有十分細緻精巧的構造和裝飾，適合欣賞；至於不遠不近，設計上很少為此時的效果而着想。」[2]

　　相近的巴黎盧浮宮和北京的故宮，兩者總的建築面積相近，但西方人

---

1 李允鉌：《華夏意匠：中國古典建築設計原理分析》，天津大學出版社 2005 年 5 月版，第 225 頁。

2 馬愛民：《論中國傳統院落的格式塔質》，2020 年 5 月 8 日，https://www.zqwdw.com/zuowendaquan/2020/0508/206646.html.

的設計意圖是完成一座多層建築物，故宮則是以廣闊、深遠的平面組織構成一個緊密的建築群，它的基地面積幾乎是盧浮宮的一倍。

意大利的磚石比薩斜塔，建於 1174 年，塔高 54.5 米；而建於 1065 年的遼代山西應縣佛宮寺木塔，高度 67.13 米，比比薩斜塔高出 13 米。木材的強度只有鋼材強度的 1/20，就是說在古代用木材建 60 多米的高塔相當於我們今天修建 1200 米高的鋼鐵建築，而且佛宮寺塔還不是中國歷史上的第一高塔，因此中國的木製高塔堪稱世界木結構建築技術的奇蹟。

建築作為一種物質環境，其背後離不開人的思維活動和觀念意識。建築之美，既包含有形層面的營建創造，更兼有無形層面的觀念意蘊。中國的木構建築如同一隻黃橋燒餅，層層疊疊，乾濕油膩爽脆焦香都分佈在不同的層次，通過一道道構造級別的工序來實現。西方的石建就好像一個巨大的裱花蛋糕，外面很熱鬧，裏面就是蛋糕坯子，也許嵌了一些草莓黃桃什麼的，品質完全取決於材料，石材是天然的，只體現採集和切割砌築的工藝。[1] 這一點，在雅典的衛城，也有更明顯的體現，巨大的石材，本身就是對人類認知的一種壓迫。如何穿透沉重和巨大，是建築永恆的命題。

對於法律而言，西方的海洋法系，亦充分體現了石材、幾何、力學集合的特點；而大陸法系，則體現了磚木、風水的特質。判例法遵循前例為要，衡平為補充；成文法以嚴格法律規定為度，補充解釋為輔。海洋法系時間標定與內部跨度具有驚人的容量，而對於社會關係的不確定調節而言，成文法有其偏狹的一面。但是普通法與大陸法並沒有什麼高下之分，且隨着社會的進階，科技的賦能，兩者實際也將必然存在融通、融合。當然，法律作為一種信仰，建築信仰大廈，應然就地取材，學習先進，趕超先進。

《易經・繫辭》說，「形而上者謂之道，形而下者謂之器。化而裁之謂之變，推而行之謂之通，舉而措之天下之民，謂之事業。」建築的磚石，

---

1 《中國傳統建築之美，感受獨特的中國美學》，2020 年 1 月 9 日，https://www.sohu.com/a/365706320_528910.

就是慣常的東西依舊可用，討厭的東西依舊討厭，但可以忍受，恐懼的東西依舊恐懼，但可以直面和消化。

二十二、薩爾瓦多的瑪雅民居

中學的歷史課本上有瑪雅文明的章節，他們有驚人的金字塔和 18 個月的年曆，分佈在墨西哥東南部、危地馬拉、洪都拉斯、薩爾瓦多和伯利茲國家。是中美洲古代印第安人文明，美洲古代印第安文明的傑出代表。

2017 年 7 月 20 日，中國 — 薩爾瓦多貿易和投資論壇[1]在薩爾瓦多首都聖薩爾瓦多市舉辦，由中國貿促會和薩爾瓦多出口投資促進局組織，我有幸成為見證者，並近距離和瑪雅文明接觸。薩爾瓦多以其迷人的太平洋海灘、衝浪勝地、葱鬱的景觀以及原始自然棲息地地貌而聞名。同時，也因其有 50 座聞名遐邇的火山而被稱為「火山之國」。薩爾瓦多是中美洲最小的國家，西瀕太平洋，東北部和西北部分別與洪都拉斯和危地馬拉接壤，首都聖薩爾瓦多是一個以商業和新興藝術聞名的多元化城市。在薩爾瓦多有知名的靛藍染料和考普諾（copinol）種植手工作坊、素有「美洲龐貝」之稱的世界遺址和瑪雅歷史、咖啡農場、火山徒步勝地等。

這次經貿論壇規格很高，基於多種因素，人員的全程出行均有全幅武裝、荷槍實彈的軍隊負責安保。這種陣仗，我參加 2018 年巴布亞新幾內亞 APEC 會議時也有經歷，那次會議是在一艘超級遊輪上進行，周圍由陸戰隊隊員負責安保。

資料說，考察中美洲瑪雅五國，這些瑪雅文明發源地的生活環境好像都是與火山有着千絲萬縷的關係，不知道瑪雅人是特意在火山肆虐的地方安頓家園呢，還是火山地帶總是跟着瑪雅人的腳步緊緊相隨而把瑪雅文

---

1 2018 年 8 月 21 日，中國與中美洲國家薩爾瓦多正式建交。國務委員兼外交部長王毅當天在北京與薩爾瓦多外長卡斯內達簽署了兩國關於建立外交關係的聯合公報，中薩關係翻開歷史新篇章。

明變得更為神祕呢。[1] 反正，在中國歷史上，中原地區缺乏火山的經歷和記載，零星見之於東北和雲南，火山的能量聚集和突然迸發，能夠孕育獨特的風景和文明，對世俗的思維和理解，亦有直接的影響。

會議間歇，我有機會考察瑪雅古民居遺址，可以看到殘留的部分瑪雅人民居。這還是我第一次親密接觸樸素平實的遠古瑪雅百姓生活的民居遺址：泥土壘砌的灶台、村居和儲藏室，封存在遠古的時間和塵土中，也許還有話語、裊裊炊煙。

在這個情景中，我總是想起遠鄉兒時的小院，有雞有鴨，豬叫狗吠，泥砌的灶台，竹編的籮筐，是時間自己劃成了自己的圓圈，還是空間生成了摺疊？我一時開始恍惚。《道德經》說，「道之為物，惟恍惟惚。惚兮恍兮，其中有象；恍兮惚兮，其中有物。窈兮冥兮，其中有精；其精甚真，其中有信。」我深以為然。

很多遺蹟中，古瑪雅人在泥土坯土中很有規則地放置了一根根竹竿和木棍用以支撐和固化牆壁平面，此與現代建築技法中所採用的鋼筋水泥澆築實際為同樣的技術原理。遺蹟民居的房門房梁普遍較低，印證了瑪雅人

圖 3　瑪雅人居屋

1 《中美洲薩爾瓦多：瑪雅古村莊的發源地》，2009 年 8 月 5 日，http://travel.sina.com.cn/world/2009-08-05/100399449.shtml.

應是比較矮小的民族。

　　西方的基督教堂通常是神的尺度，讓世俗變得渺小，從而呈達對上帝的敬畏之情。而中國的皇帝，自稱天的兒子，即天子，因此其居住的皇宮肯定應該高大，與臣民拉開足夠的距離，但也有高度的限制，不能驚擾天上的宮殿和仙人。瑪雅人的民居，極端地接近土地的懷抱，那是世俗的高度，而瑪雅金字塔的高聳入雲，又象徵敬畏的距離。

　　神權與皇權是有差別的，為了上帝，世俗百姓可以蓋巨型的紀念性宗教建築，但皇權不可以，無休止地營建宮室會遭致輿論壓力，對皇權統治的合法性產生威脅。並且中國建築群體組織極看重建築個體與建築群體的關係，如果主體宮殿體量過大，那麼將給整體佈局帶來極大麻煩。[1] 比較民居的矮小和金字塔的宏大，你會由衷地感到震撼。這種震顫，不是我們終於看到權力的表現而折服其下不能自拔，而是發現，瑪雅人居然用智慧與雙手，在那時就已締造出人們無法想像的偉大建築。金字塔的尺度遠遠超

圖 4　瑪雅人廚屋（1）

1　葛兆光：《屈服史及其他：六朝隋唐道教的思想史研究》，生活・讀書・新知三聯書店 2003 年版，第 116 頁。

出了人體，有一種斷裂感，這樣就形成了雙向的斷裂 —— 是的，宗教應然需要的就是這種斷裂。[1]

斷裂應然訴求於規則和秩序。歐洲是全民信教，基督教皇的權力、財力常常凌駕於國王之上。而中國皇帝的權力是第一位的，「普天之下，莫非王土」，所以宗教建築不可能超越皇家宮殿，於是也就不難理解遍佈華夏大地的各種石窟造像、寺廟和道觀，它們在皇權的壓力下，遠避於崇山峻嶺、海島大川，道路寧可崎嶇不堪，飛鳥難抵。

瑪雅的民居，其實隱藏了人類主流文明的深層密碼。土坯壘牆，表達着人類社會關係發展不可忽視的底層邏輯。中國的民居，有一種樸素生活方式，也是一種藝術形式。北方的山牆和院落，南方的園林和徽派建築，多為穿斗式，而故宮建築群則採用的是抬梁式，這是一種權力的高度和表達。

圖 5　瑪雅人廚屋（2）

「權與利（utile）本是一物。」[2] 所有的權利都是自然權利，都是由個人的自然權力（natural individual power）所支持的。而自然權利實際上就

---

1 《發掘物質美的奧祕：西方古代建築的演變史》，2021 年 3 月 24 日，https://baijiahao.baidu.com/s?id=1695095177098254303&wfr=spider&for=pc.

2 ［英］霍布斯：《法律要義：自然法與民約法》，中國法制出版社 2010 年版，第 77 頁。

是自由地擁有和處分其所有物的正當資格，其關鍵在於「擁有」「統治」和「處置」的「權力」（power）。[1] 現代自然權利理論有三個方面的意圖，一是向宗教神學爭奪凡間生活的權利，由此逐漸擴大「人」（而非神）的存在意義，以人的理性取代神性，以協商或契約代替永恆法的命令。二是向政教合一的舊制度爭取君主（和人民）的世俗權利，為近代早期的絕對王權鋪路，為現代的民族國家或市民國家奠定理論基礎，其核心是個體權利（尤其財產權）、自由、民主、平等的神聖性。三是為新興的資本主義對內設置合法依據，對外找到輸出的「合理」藉口，也為國際資源的不斷重新劃分作出學術論證。[2] 但自然權利也「誘使人們誤以為權利本身就是神聖的、無限的，可以不受任何客觀措施的限制。人開始以此為理由，拒絕施加在自己利己性要求之上的任何限制。為了伸張慾望，人開始以其他存在物的受損為代價，主張絕對的獨立和絕對的權利。」[3] 自然權利看似讓人初步實現了「自由」，但如果缺乏必要的限制，人就不再是上帝的子民，不再是聖賢的門徒，而最終變成了「自我」的奴隸，實質上則是慾望的俘虜。[4]

伊麗莎白·吉爾伯特在《女孩之城》中說，「到了一定的年齡之後，我們都會拖着由祕密、恥辱、悲傷和未癒合的舊傷口組成的身軀在這個世界上遊走。我們的心因為所有這些傷痕而疼痛不已、扭曲變形 —— 但不知怎的，我們還是能繼續前行。」在古瑪雅殘留的民居，你不會想到爭議解決，如同《論語·顏淵》有云：「聽訟，吾猶人也，必也使無訟乎。」

由是，一切仿佛回到原點，仿佛又重新開始。仿佛沒有前行，但已經經歷千年。

---

1 Thomas Paine, "Letter to Jefferson", in *Rights of Man, Common Sense, and other Political Writings.* Oxford University Press, 1995, p.81.

2 ［美］塔克：《自然權利諸理論：起源與發展》，楊利敏、朱聖剛譯，吉林出版集團 2014 年版，第 148 頁。

3 ［法］雅克·馬里旦：《自然法 —— 理論與實踐的反思》，鞠成偉譯，中國法制出版社 2009 年版，第 52 — 53 頁。轉引自方宇軍：《權利關係的兩極化》，2023 年 1 月 19 日，http://www.aisixiang.com/data/140187.html.

4 ［法］雅克·馬里旦：《自然法：理論與實踐的反思》，鞠成偉譯，中國法制出版社 2009 年版，第 52 頁。

春日負喧，而今日已是寒秋。

王朔說過，「曾經以為日子是過不完的，未來是完全不一樣的。現在，我就呆在我自己的未來，我沒有發現自己有什麼真正的變化，我的夢想還像小時候一樣遙遠，唯一不同的是我已經不打算實現它了。」我用很長的文字，敘寫了遙遠但並不模糊的微塵。

在微塵的視角，聚合的世間，每一刻都無常變幻。過去的心不可得，未來的心亦不可得，人必須全然地活在此時此刻。其餘的，都是妄念。任何一件事物，既是世界的縮影，又是世界的全部。世界上沒有一件事物是孤立的，世界猶如一個特大的房間，存在無數的門，從任何一扇門都能進入這個房間，或許我們稱之為法門。

萬法唯識，緣生緣滅。若是有緣，時間、空間都不是距離；若是無緣，即使相聚也終究無法會意。作者勞倫・里韋拉在《出身》中說，「對一些人來說，學到法律是用很大代價換來的成功；但對另一些人來講，這只是一種繼承。」

感謝諸位委託人的信任與同行，引用顧總在《駱駝向左》的句子：

　　　　人的一生相對人類歷史非常短暫，地球在宇宙空間更是如此渺小，我們能理解和把握的從宏觀來看似乎是微不足道的。就個體而言，個體生命的真正意義不過是體驗生命歷程的酸甜苦辣和感受自然之美妙。我特別有慾望去告訴我身邊的人們，這個世界有太多太多美好的東西是值得我們抬起頭欣賞、靜下心品味的。

我們需要用心感受的是差異而不是絕對值，換言之就是過程而非結果。生命是有厚度的，是用來發現、體驗和享受的。

案卷的背後就是考察生命的本質、價值和意義。「只有在你經歷了人生種種變故之後，你才會褪盡了最初的浮華，以一種謙卑的姿態看待這個世界」──以賈文宇《偏偏都是你》的觀點考察，每一卷案，包括自身的經歷，都是觀察世界的台階。它們仿佛是不經意間編製和組合而成，讓我經由光陰，經由山水，經由思緒、期待和夢想而走成了現在的我。路途中的很多事物，或泥土，或雲煙，或傷痕，都是卷案和微塵真正的本質。功名、榮譽、是非、爭議，並不是一案一卷真正的指向，如果能夠關照和窺知生命的瞬息，便已足夠。

感謝家人的包容和理解，疫情讓我們遠隔山水，他們卻不曾有所抱怨。感謝喬佳平先生的諄諄教導，感謝李磊先生對本書的建議和付出。在生命迴廊太多的轉角，總有深沉的期許，太多的重量凝結在歲月中，匯成暖流。

感謝本書的編輯、美編，他們的辛勤付出，才是本書獲得出版的關鍵。感謝助理江莉婕的耐心與專業，感謝太多的惦念與支持。

文字是歲月的花瓣，每片花瓣都有故事。

是為後記。

大狀筆記：一位商事律師的壓箱故事

楊榮寬　著

責任編輯　李夢珂
裝幀設計　高　林
排　　版　賴艷萍
印　　務　劉漢舉

出版　　開明書店
　　　　香港北角英皇道 499 號北角工業大廈一樓 B
　　　　電話：(852) 2137 2338　傳真：(852) 2713 8202
　　　　電子郵件：info@chunghwabook.com.hk
　　　　網址：http://www.chunghwabook.com.hk

發行　　香港聯合書刊物流有限公司
　　　　香港新界荃灣德士古道 220-248 號
　　　　荃灣工業中心 16 樓
　　　　電話：(852) 2150 2100　傳真：(852) 2407 3062
　　　　電子郵件：info@suplogistics.com.hk

印刷　　美雅印刷製本有限公司
　　　　香港觀塘榮業街 6 號 海濱工業大廈 4 樓 A 室

版次　　2023 年 11 月初版
　　　　© 2023 開明書店

規格　　16 開（240mm×160mm）

ISBN　　978-962-459-327-3